Maria Neuberger-Schmidt

Gewaltfrei, aber nicht machtlos

Erziehung mit Herz, Verstand
und Führungskompetenz

Das Buch zum
ABC-Elternführerschein®

ENNSTHALER VERLAG STEYR

Erklärung:
Die in diesem Buch angeführten Vorstellungen, Vorschläge und Beratungsmethoden sind nicht als Ersatz für eine professionelle medizinische oder therapeutische Behandlung gedacht. Jede Anwendung der in diesem Buch angeführten Ratschläge geschieht nach alleinigem Gutdünken des Lesers. Autoren, Verlag, Berater, Vertreiber, Händler und alle anderen Personen, die mit diesem Buch in Zusammenhang stehen, können weder Haftung noch Verantwortung für eventuelle Folgen übernehmen, die direkt oder indirekt aus den in diesem Buch gegebenen Informationen resultieren oder resultieren sollen.

www.ennsthaler.at

ISBN 978-3-85068-891-8

Maria Neuberger-Schmidt · Gewaltfrei, aber nicht machtlos
Alle Rechte vorbehalten
Copyright © 2012 by Ennsthaler Verlag, Steyr
Ennsthaler Gesellschaft m.b.H. & Co KG, 4400 Steyr, Österreich
Coverentwurf & Übersichtsseiten: Thomas Traxl – www.thomas-traxl.at
Titelfoto: UJac - fotolia.de
Satz & Layout: Ennsthaler Verlag

Inhaltsverzeichnis

Vorwort
von o. Univ. Prof. Dr. H. Max Friedrich

Die Erziehungsvorstellungen und Ziele sind zeitgeistig und gesellschaftlich Veränderungen unterworfen. Betrachtet man die Entwicklung der gewandelten Erziehungsstile der letzten 100 Jahre, so stand am Anfang die AUTORITÄRE Erziehung im Vordergrund. Die damals geltenden Schlagworte lauteten »Für Gott, Kaiser und Vaterland« und »Führer befiehl, wir folgen dir«. Es wurde die totale Unterwerfung unter eine Autorität gefordert. In der Nachkriegszeit kristallisierte sich in der 68er Generation mehr und mehr der ANTIAUTORITÄRE Erziehungsstil heraus, in dem möglichst keine Ge- und Verbot eingesetzt werden sollten. Dies bedeutete für Kinder eine nicht angstfreie, sondern ängstigende Erziehungsform, da Richtlinien in der Erziehung für ein Kind unumgänglich notwendig sind und bei bestmöglicher Freiheit Erziehungsgrenzen vermittelt werden müssen. Der antiautoritäre Erziehungsstil kann als gescheitert betrachtet werden, ebenso wie die danach folgende DEMOKRATISCHE Erziehung, bei der alles und jedes mit den Kindern ausdiskutiert werden sollte. Das Ziel, zur Demokratie hin zu erziehen, war zweifellos lobenswert, eignete sich jedoch nicht für eine umfassende Erziehungsnorm. Die nächste Phase eines Erziehungswandels führte zur LIBERALEN Erziehung. Wiederum war die Idee interessant und sogar wünschenswert, führte jedoch zu einer großen Verunsicherung vieler Eltern, da vor allem Kinder ab der Pubertät den PEERGRUPPEN Erziehungsstil wählten. Dies bedeutete, dass der letzte Rest elterlicher Autorität ins Wanken geriet.

Die gegenwärtige Diskussion über Erziehungsstile wird von Schlagzeilen, medialer Überfütterung, von Erziehungsratgebern, Supernannys und Mag. Dr. Google geführt.

Die gesellschaftlichen Veränderungen durch Reduktion auf Einkindfamilien, Mangel an großelterlicher Unterstützung, Arbeitsdruck, Patchworkfamilien und einzelerziehende Elternteile führen zu einem Vakuum im Imitationslernen und sozialer Identifikation. Moderne Armut wird zum erzieherischen Armutsrahmen, in dem, der Not gehorchend, wenig Zeit zur wichtigen pädagogischen Sozialisation bleibt. Die Schule ist vielfach außerstande, ihren im Schulgrundgesetz festgelegten Aufgaben zur Bildung und Erziehung nachzukommen.

Das vorliegende Buch hat es sich zur Aufgaben gestellt, erziehende Personen zur Gewaltfreiheit aufzurufen, die aber niemals Machtlosigkeit bedeuten darf. Gerade der Erziehung in der Familie, dem Grenzensetzen und der Vermittlung vom Umgang mit Gefühlen sind wesentliche Kapitel gewidmet. In sehr plastischen Beispielen werden Konfliktmanagement, Streitschlichtung und entwicklungspsychologische Strategien für Kinder von der Geburt bis zur Adoleszenz beschrieben.

Aus kinder- und jugendpsychiatrischer, individualpsychologischer Tiefenpsychologie und sozialpädagogischer Sichtweise sei diesem Buch Erfolg gegönnt, in dem im Fünf-Felder-Schema Körperlichkeit, Intellektualität, Emotionalität, Sozialisation und die Genderfrage Berücksichtigung erfahren sollen.

o.Univ.Prof.Dr. Max H. Friedrich
Vorstand der Univ.Klinik für Kinder- und Jugendpsychiatrie
am AKH Wien

Begleitwort

Sie planen, Eltern zu werden?
Sie haben sich das Leben mit Kindern leichter vorgestellt?
Sie wollen Ihr Bestes geben und stoßen manchmal an Ihre Grenzen?
Selbst wenn Ihnen schon einmal die »Hand ausgerutscht« sein sollte:
Keinesfalls wollen Sie mit Gewalt erziehen!

Dieses Buch, das die Grundlagen des ABC-Elternführerschein®s beschreibt, zeigt Ihnen, wie gewaltfreie Erziehung, basierend auf Wertschätzung und wechselseitigem Respekt zwischen den Generationen gelingen kann. Es soll vor allem verunsicherten Eltern Mut machen, zu ihrer elterlichen Autorität zu stehen, und aufzeigen, wie sie ihre Führungsqualitäten liebevoll und kompetent einsetzen können – zum Wohl ihrer Kinder, zur Schonung ihrer Nerven.

In diesem Buch enthalten sind nicht nur die Früchte meiner Arbeit mit Eltern, sondern es steht auch ein ganz persönlicher Lebensweg dahinter – der turbulente Weg einer Mutter von mittlerweile vier erwachsenen, aus zwei Beziehungen stammenden Kindern, sowie zwei Stiefkindern, die ich fünf Jahre lang in einer Patchwork-Familie durch die Pubertät begleiten durfte. Seit dem vierten Lebensjahr meiner jüngsten Tochter war ich allein erziehende Mutter. Meiner Einschätzung nach war ich eine mutige, bemühte und kompetente Mutter und ich freue mich, dass es mir gelungen ist, viele schwierige Situationen im Leben zu meistern. Allerdings habe ich auch Fehler gemacht. Darum habe ich versucht, ehrlich mit meinen Kindern, meiner Geschichte und mit meinen Stärken und Schwächen umzugehen. Ebenso habe ich begonnen, das durch Bücher und Studium erworbene Wissen zu hinterfragen, um es kritisch und lebendig in meine Arbeit integrieren zu können.

Als mein damals 15-jähriger Sohn mir attestierte, ein »guter Vaterersatz« zu sein, freute mich dies zwar, da er offensichtlich mit seiner Mutter zufrieden war, aber trotzdem weiß ich, dass er sich irrte. Auch einer allein erziehenden Mutter kann Erziehung gelingen, aber Vaterersatz kann sie niemals sein. Die häufige Abwesenheit der Väter, aus welchen Gründen auch immer, hat eine stärkere Prägung auf unsere Kinder, als es sich viele eingestehen wollen. Heute weiß ich den Wert von geordneten Familienverhältnissen noch mehr zu schätzen und das natürliche Anrecht der Kinder, mit Vater und Mutter aufzuwachsen. Alles andere kann nur die zweite Wahl oder das »kleinere Übel« sein.

Viele Jahre schien mir der in seinem Buch »Familienkonferenz« von Thomas Gordon entworfene »partnerschaftliche Erziehungsstil« der richtige Ansatz zu sein – bis ich merkte, dass ich das Wort »partnerschaftlich« im Zusammenhang mit Erziehung oft missverstanden hatte. Ich merke es aber auch bei den Eltern, die in unsere Kurse kommen, und auch in der Fachwelt.

Aus dieser Einsicht heraus habe ich ein Konzept entwickelt, das ich mit dem Bild von drei Körben darzustellen versuche: Es soll helfen, die Führungsrolle der Eltern besser zu verstehen, um spontan und stimmig, der jeweiligen Situation und dem jeweiligen kindlichen Entwicklungsstand entsprechend, das rechte Maß an Freiheit, Mitbestimmung und Gehorsam zu gewähren beziehungsweise einzufordern. Unter dem ungeliebten Wort Gehorsam verstehe ich das Recht, in bestimmten Situationen und mit Wertschätzung Anweisungen geben zu dürfen und zu erwarten, dass sie befolgt werden. Was ich konkret unter dem »3-Körbe-Prinzip« verstehe, erfahren Sie bei der Lektüre dieses Buches, in dem es darum geht, wie Sie diese Prinzipien auf Ihre persönliche Weise in Ihrem Erziehungsalltag umsetzen können.

Aufgrund der steigenden Nachfrage aus verschiedenen Regionen ist auch die Notwendigkeit entstanden, zertifizierte Elterntrainer/innen auszubilden, die den ABC-Elternführerschein® authentisch und kompetent vermitteln können. Meinem Elternwerkstatt-Team, insbesondere Katharina Grötzl und Silvia Berthold, sowie meiner langjährigen Freundin und Pädagogin Gertrud Hampel-Leikauf möchte ich für ihre klugen, kritischen und ermutigenden Anmerkungen beim Lektorat danken, ebenso Frau Mag. Dorothea Forster für ihr präzises, professionelles und einfühlsames Lektorat im Ennsthaler Verlag. An dieser Stelle möchte ich auch meinen Kindern Pamela, Rudolf, Maria, Michaela und meinen Stiefkindern Ákos und Laura sowie deren Vätern und den zahlreichen Eltern danken, die mir ihr Vertrauen geschenkt und mich zu diesem Buch inspiriert haben. Ein besonderer Dank gilt Herrn Professor Dr. Max H. Friedrich, der unsere Arbeit seit vielen Jahren kennt und unterstützt.

Liebe Leserinnen und Leser, wenn Sie bei der Lektüre dieses Buches den Wunsch verspüren, die verschiedenen Anregungen praxisorientiert zu üben, dann lade ich Sie herzlich ein, an einem ABC-Elternführerschein® teilzunehmen, und wenn Sie gerade dabei sind, ihn zu machen oder ihn vor einiger Zeit schon kennengelernt haben, dann wird ihnen dieses Buch helfen, Ihr Wissen zu vertiefen und zu festigen.

Nun wünsche ich Ihnen eine spannende und gewinnbringende Lektüre und freue mich auf zahlreiche Rückmeldungen, um zu erfahren, was Ihnen gefällt, was Sie erstaunt oder was für Sie noch offen ist.

Mit herzlichen Grüßen, Ihre
Maria Neuberger-Schmidt

Hier unsere Kontaktdaten:
Elternwerkstatt – Verein im Dienst von Kindern,
Eltern und PädagogInnen
A-1230 Wien, Tel.: +43-1-66 22 006
office@elternwerkstatt.at
www.elternwerkstatt.at

Erläuterungen zur
Anwendung dieses Buches

Gender-Erklärung

So wichtig mir die Bemühungen um weibliche Emanzipation, ein faires Verhältnis der Geschlechter zueinander und die damit verbundene geschlechtssensible Sprache sind, so kann bei deren strenger Einhaltung oftmals eine stilistische Schwerfälligkeit entstehen. Um dies zu vermeiden, werde ich in diesem Buch manches Mal nur die weibliche oder nur die männliche Form verwenden. In einigen Fallbeispielen ist von Müttern, in anderen von Vätern die Rede. Im Prinzip sind aber stets beide Elternteile gemeint und ebenso beide Geschlechter, wenn von Buben oder Mädchen die Rede ist.

Einzahl, Mehrzahl

Wenn ich von Kind oder Kindern in der Ein- oder Mehrzahl rede, so fühlen Sie sich bitte in der für Sie passenden Variante angesprochen.

Kapitel 1
Familie und Erziehung

»Wer nach Vollkommenheit strebt,
muss das Unvollkommene lieben«

Maria Neuberger-Schmidt

1.1. Erziehung – gestern, heute, morgen

So wie alle Bereiche menschlichen Lebens, ist auch Erziehung nicht nur im persönlichen, individuellen, sondern auch im jeweiligen sozio-kulturellen, gesellschaftlichen Kontext zu sehen. In den letzten 60 Jahren hat sich ein starker gesellschaftlicher Wandel vollzogen, der die Einstellung zu Erziehung und zu Fragen der Autorität enorm verändert hat.

Erziehung zu Großmutters Zeiten
Wenn wir versuchen, uns in die Welt unserer Groß- und Urgroßmütter bzw. -väter hineinzuversetzen, in Zeiten der Großfamilien ohne Waschmaschinen, Geschirrspüler und all den Errungenschaften des modernen Haushalts, können wir vielleicht nachvollziehen, dass das Eingehen auf individuelle kindliche Gefühle und Bedürfnisse blanker Luxus war. Kinder mussten funktionieren und möglichst wenig Aufwand verursachen – im Vordergrund standen die Versorgung der Großfamilie und die Weitergabe der Tradition.

Gehorsam war als oberste Tugend angesagt. Das kindliche Recht auf Eigenwillen und Individualität war kein Kriterium und wurde stark eingeschränkt. Körperliche Strafen und Machtmissbrauch wurden als »elterliche Gewalt« legitimiert – was oft gravierende

Auswirkungen auf die kindliche Persönlichkeit und ihr Selbstwertgefühl hatte. Jemand mit geringem Selbstwert wiederum kann Widerspruch schwer dulden. Er hat Angst davor, in Frage gestellt zu werden – besonders von den eigenen Kindern. Von Generation zu Generation war es also nicht leicht, das autoritäre Muster zu durchbrechen. Es wäre jedoch falsch, generalisierend daraus zu schließen, dass früher Eltern ihre Kinder nicht geliebt hätten und Autorität nur negativ erlebt worden wäre.

Grenzenlose Freiheit

Die Auswirkungen des nationalsozialistischen Regimes haben besonders deutlich gemacht, wohin missbrauchte Macht und Autorität führen können. Immer mehr Menschen wurde bewusst, wie sehr sie unter einer unterdrückenden, autoritären Erziehung zu leiden hatten, und sie wollten das ihren eigenen Kindern nicht antun. Daraus folgte der Trend zur anti-autoritären Erziehung, welche die individuellen Entfaltungsmöglichkeiten der Kinder als vorrangiges Ziel sah. Der kindlichen Freiheit sollten nur ja keine Einschränkungen auferlegt werden. Der anti-autoritäre Erziehungsstil, der besonders bei vielen Eltern der 68er Generation sehr verbreitet war, blieb ebenfalls nicht ohne unerwünschte Nebenwirkungen: Er gibt Kindern zu wenig Halt und Orientierung und fördert die Entwicklung egozentrischer Persönlichkeiten, die Schwierigkeiten haben, sich in Gemeinschaften einzugliedern.

Partnerschaftlich – Verzicht auf Autorität

In den 70er Jahren entwickelte Thomas Gordon auf der Grundlage der humanistischen Psychologie seine »Familienkonferenz«. Er vertrat einen partnerschaftlichen Erziehungsstil und zeigte Wege auf, wie Eltern mit ihren Kindern Beziehung pflegen und sie in Problemlösungen einbeziehen können. Thomas Gordon war getragen vom Ideal der Gleichberechtigung zwischen Eltern und Kindern und glaubte offenbar, auf Autorität ganz verzichten zu können. Vor allem ging es ihm darum, nicht nur die körperliche Gewalt zu verbannen, sondern Eltern dafür zu sensibilisieren, direkte oder indirekte abwertende Botschaften (Du-Botschaften) zu vermeiden. Eltern sollten Kinder durch Ich-Botschaften (authentischer Ausdruck ihrer eigenen Gefühle und Bedürfnisse) motivieren, auch auf ihre Bedürfnisse Rücksicht zu nehmen. Eltern, die seine Gesprächsregeln anwenden, getragen von einer wohlwollenden, starken Persönlichkeit, ist oft gar nicht bewusst, dass ihre Autorität im Spiel ist, denn sie SIND Autorität. Ob bewusst oder unbewusst: Immer da, wo Liebe, Autorität und gesunde Familienstrukturen zusammenwirken, wird Erziehung gelingen. Wenn nicht, kommt es zu Verwirrungen und Komplikationen.

Unsicherheit und Überforderung

Es wurden und werden viele psychologische Bücher über Kindererziehung geschrieben und darüber, wie viel Unheil falsche Erziehung mit sich bringen kann, mit vielen Anregungen und guten Ratschlägen. Die Rechte, Gefühle und Bedürfnisse der Kinder stehen absolut im Vordergrund, Autorität gilt vielen als Unwort. Durch das Ideal der Gleichberechtigung und dem damit verbundenen Autoritätsverzicht und -verlust kommen Eltern in eine Zwickmühle. Es ist, als würde man von ihnen verlangen: »Geh schwimmen, aber mach dich nicht nass!« Sie sollen Verantwortung tragen, dürfen aber keine Macht ausüben. Das ergibt ein Anforderungsprofil an Eltern, dem sich viele nicht gewachsen fühlen. So manche moderne Mütter und Väter sind verunsichert und schwach ihren Kindern gegenüber. Sie gehen so sehr auf deren Wünsche und Launen ein, dass sie die Führung abgeben und sich allzu leicht Schuldgefühle unterjubeln und manipulieren lassen. Dadurch geraten Eltern unter einen ständigen Rechtfertigungsdruck und Machtverlust. Weil Kinder auf schwache Eltern nicht hören, orientieren sie sich zunehmend an Gleichaltrigen, an der Peer-Gruppe, die einander jedoch nicht Halt und Orientierung bieten kann. Wenn Kinder sich selbst überlassen sind, geraten sie unter Geltungszwang und Gruppendruck. Um nicht missverstanden zu werden: Ich denke, dass Kinder sehr wohl die Gesellschaft von Gleichaltrigen zu ihrer Entwicklung brauchen, aber sie können nicht

Elternersatz sein, nicht elterliche Fürsorge und Geborgenheit bieten, weil sie deren selbst noch bedürfen.

Andererseits steht das moderne Leben mit seinen erheblichen Stressfaktoren oft im Widerspruch zu den eigentlichen Bedürfnissen der Kinder, die zu befriedigen manchen Eltern die Zeit und innere Ruhe fehlt. Statt sich mit ihren Kindern auseinanderzusetzen, werden sie durch bequeme Ersatzbefriedigungen aus der Konsumwelt abgelenkt und abserviert. Dadurch wird es immer schwieriger, authentische und tragfähige Eltern-Kind-Beziehungen aufzubauen, die Zeit und persönliche Präsenz erfordern.

Der gegenwärtige Trend in der Kindererziehung geht wieder hin zur Notwendigkeit des Grenzensetzens. Allerdings macht es einen Unterschied, ob ich aus der Perspektive der Gleichberechtigung oder Kraft meiner elterlichen Autorität Grenzen setze. Auch sind die Meinungen über brauchbare und akzeptable Methoden unterschiedlich. Manche Eltern wünschen sich eine »Super Nanny«, die ihnen wie eine Zauberfee die passenden Patentrezepte liefert.

Eltern haben eine Führungsrolle zu erfüllen

Im ABC-Elternführerschein® setzt man auf gewaltfreie und Halt gebende Erziehung auf Grundlage des Respekts für die Persönlichkeit, die Gefühle und Bedürfnisse des Kindes, einer Kultur der Mitsprache und des Einspruchs und auf ein klares Bekenntnis zur elterlichen Autorität. Die Teilnehmer/innen haben Gelegenheit, ihre Rolle als Führungskraft im Erfahrungsaustausch mit anderen Eltern zu reflektieren und kommunikative Schlüsselqualifikationen zur Stärkung ihrer natürlichen Erziehungskompetenz zu erwerben – für mehr Sicherheit, Gelassenheit und Freude im Erziehungsalltag.

1.2. Lebenseinstellung und Partnerwahl

Der Traum vom Glück

Wir leben in einer Zeit, in der das Streben nach dem persönlichen Lebensglück einen sehr hohen Stellenwert eingenommen hat. Wir wollen ein glückliches Leben mit einem liebevollen Partner, erfüllter Sexualität, einem netten Freundeskreis, materiellem Wohlstand, Wellness und schönen Urlauben. Wir wollen uns ein möglichst großes Stück vom Glück abschneiden und prüfen es in den diversen Alltagssituationen mit der Frage: »Was habe ich davon?«

Was bedeutet gelungenes Leben wirklich? Für mich ist es nicht das permanente Streben nach mehr, sondern die Zufriedenheit mit dem, was man hat, und sei es noch so wenig. Lebensschicksale sind sehr unterschiedlich. Wenn ich neidisch nach jenen schiele, die scheinbar mehr haben als ich, die es schöner, bequemer, leichter haben, dann bestimmt der Frust mein Lebensgefühl. Wenn ich aber für das, was ist, danken kann, dann lebe ich im Gefühl der Fülle, der Freude und der Zufriedenheit. Dann kann ich meine Aufgaben im Hier und Jetzt erfüllen und gelassen und konstruktiv an einer guten Zukunft bauen. Dann werde ich mich auch fragen: »Was hat die Welt davon, dass es mich gibt?« »Wie kann ich meine Talente und Fähigkeiten in den Dienst meiner Familie, meiner Mitmenschen und der Menschheit stellen?«

Mangelnde Vorbilder und naive Erwartungen

Immer weniger junge Menschen können heute auf das Vorbild ihrer Eltern zurückblicken und sich sagen: »Ja, so wie meine Eltern möchte ich auch einmal Beziehung leben!« Wir tragen die Sehnsucht nach einer glücklichen Paarbeziehung und einem harmonischen Familienleben in uns und holen uns die Modelle aus Film und Fernsehen, basteln uns ein inneres Traumbild zusammen, das häufig von sehr hohen Erwartungen geprägt ist. Unser Partner oder unsere Partnerin hat die unausgesprochene Erwartung »Mach mich glücklich!« zu erfüllen. Er oder sie verkörpert die Projektion unserer Sehnsüchte, an der ein realer Mensch praktisch nur scheitern kann. Umgekehrt erheben wir den Anspruch »Nimm mich so, wie ich bin!« mit all meinen Fehlern und Schwächen – die legitime Ursehnsucht jedes Menschen, die seit unserem ersten Atemzug in uns lebt.

Viele Menschen leben in Bezug auf ihre Erwartungen wie naive Kinder, mit einer gehörigen Portion Egoismus, und sind enttäuscht, wenn die Rechnung nicht aufgeht, wenn der andere nicht »mitspielt«. Nach der schönen Zeit der ersten Verliebtheit, wenn wir langsam die rosarote Brille abnehmen, stellt sich die entscheidende Frage: Können wir einander annehmen, so wie wir wirklich sind? Sind wir bereit, an unserer Beziehung zu arbeiten, um daraus eine echte Partnerschaft und eine tragfähige Basis für unser Familienleben zu machen?

Moderne Partnerwahl

Klug ist, wer sich solche Fragen schon im Vorhinein stellt, seine Partnerwahl nach tieferen Werten orientiert und sich nicht überstürzt in Beziehungen einlässt. Wer spannende Abenteuer sucht und sich vorrangig von den »Schmetterlingen im Bauch« leiten lässt, wird häufiger in Zufallsbeziehungen hineinstolpern und immer wieder Enttäuschungen erleben. Vielleicht hat man dann bereits ein oder mehrere Kinder in die Welt gesetzt. Wollen wir unseren Beziehungsfrust nicht in die nächste Partnerschaft mitnehmen, ist es sehr wichtig, dass wir uns Zeit für unsere Trauer nehmen, das Geschehene aufarbeiten und verzeihen. Nur wenn wir auch unseren eigenen Anteil am Misslingen eingestehen – können wir als reifere Menschen in eine künftige Partnerschaft gehen, die grundsätzlich in Patchwork-Familien vom Start weg um eine Nummer schwieriger sein wird. Beziehungsarbeit ist gefragt! Wer das nicht wahrhaben will, dem wird das Leben immer wieder neue Enttäuschungen bescheren.

Selbstverwirklichung und Selbstüberwindung

Noch eine Bemerkung zum Zauberwort Selbstverwirklichung, dem anspruchsvolle moderne Menschen einen hohen Stellenwert beimessen. Dies wird häufig ausschließlich mit Erfolghaben und individueller Entfaltung assoziiert. Mit Erfolg lässt sich's leicht leben! Aber welchen Stellenwert haben Rücksichtnahme und Verzicht? Wie gehen wir mit unserem Versagen, mit Schwierigkeiten und Schicksalsschlägen um? Echte Selbstverwirklichung beginnt für mich erst dann, wenn ich auch bereit bin, die Schattenseiten meines Lebens anzunehmen.

Mir scheint, dass wir dauerhaftes Glück nur um den Preis der Selbstüberwindung erwerben können. Das Leben ist nun einmal eine Bewährungsprobe. Glücklich ist, wer das akzeptiert und sich ehrlich den Herausforderungen seines Lebens stellt. Der wird es nicht immer leicht haben, aber dem wird Leben gelingen – was auch immer das für den Einzelnen bedeuten mag.

1.3. Beziehungskultur

Gesellschaftlicher Wandel

Der Zerfall der traditionellen Familie begleitet die Entwicklung der letzten Jahrzehnte in unserer modernen, westlichen Kultur. Soll man gegen dieses gesellschaftliche Drama ankämpfen oder diesen Zustand akzeptieren, indem man einfach beginnt, das Wort Familie neu zu definieren? Die traditionelle Kernfamilie wird häufig nur noch als eine der möglichen gleichwertigen Formen von Familie angesehen. Dennoch stellt die intakte, traditionelle Familie immer noch die Ursehnsucht junger Menschen und das ideale Nest für unseren Nachwuchs dar.

Der moderne Mensch wollte sich von gesellschaftlichen und moralischen Zwängen befreien und war bereit, für sein individuelles Glück einen sehr hohen Preis zu bezahlen. Die zunehmende Eigenständigkeit und Unabhängigkeit hat es insbesondere Frauen ermöglicht, aus unerträglichen Zwängen auszubrechen und ihr Leben selbst in die Hand zu nehmen. Das Positive daran: Heute bleibt man nicht mehr deshalb beisammen, weil man muss, sondern weil man es wirklich will. Aber wir dürfen nicht vergessen, dass gesellschaftliche Normen nicht nur Zwangsjacke, sondern auch Schutz für das Individuum und für die Familie sind. Ich wage zu behaupten, dass die modernen Menschen mit ihrer neuen Freiheit nicht glücklicher geworden sind. Die vielen Alleinerziehenden und Patchwork-Familien sind meist nicht Resultat einer bewussten Wahl, sondern einer Situation, die sich irgendwie so ergeben hat. Die Belastungen für Eltern und Kinder sind meist nicht kleiner, sondern größer geworden und dementsprechend auch die unerfreulichen Nebenwirkungen.

Nach der wohl notwendigen individuellen Liberalisierung der letzten Jahrzehnte geht es jetzt darum, chaotische Entwicklungen zu erkennen und nach einem neuen Gleichgewicht zu suchen. Vielen jungen Familien gelingt das bereits und die moderne Psychologie bietet allerlei Möglichkeiten, Paare und Familien dabei zu unterstützen, gute und gesunde Grundlagen aufzubauen, das Gleichgewicht in den Beziehungen immer wieder neu zu finden und so einen lebendigen Prozess zu fördern. Die Hochzeit in Film und Märchen ist nur ein vorläufiges Happy End. In der Wirklichkeit fängt jetzt erst eine spannende Geschichte an und das Leben führt Regie.

Die Balance zwischen Geben und Nehmen

Jeder, der in längeren Beziehungen gelebt hat, wird das gelegentliche Gefühl kennen, zu kurz zu kommen, das Gefühl, mehr zu geben als zu empfangen. Es ist der Nährboden für Beziehungsfrust. Interessanterweise stellt er sich meist auf beiden Seiten ein. Um dieser gefährlichen Emotion keine Macht zu geben, müssen Sie sich einmal vor Augen führen, dass wir immer zu den eigenen Gefühlen und Bedürfnissen einen direkten Zugang haben, zu jenen des Partners aber nicht. Jeder spürt, wo der eigene Schuh drückt. Beim anderen kann ich es nur indirekt nachvollziehen, wenn er es mir erzählt und ich obendrein genug Aufmerksamkeit und Einfühlungsvermögen aufbringen kann und will. Daher erscheint das eigene Problem immer größer und wenn wir versuchen, das Geben und Nehmen streng quantitativ zu bemessen, ergibt sich dabei immer eine »optische

Täuschung«. Ohne es zu wollen, nehmen wir die eigenen Bedürfnisse wichtiger als die des Partners, geben wir den eigenen Bemühungen einen höheren Stellenwert als jenen des anderen.

Daraus ergibt sich ein wichtiger Aspekt für gelungene Beziehungskultur, welcher in modernen Zeiten oft als naiv abgewertet wird, nämlich das Glück des anderen wichtiger zu nehmen als das eigene. Das klingt nach Aufopferung, und davon will der moderne Mensch nichts mehr wissen. Frauen scheinen dieses Geheimnis in ihrer tiefen, weiblichen Intuition immer schon geahnt zu haben.

Das Merkmal glücklicher Beziehungen besteht in der Grundhaltung: »Dein Wohl ist mir wichtiger als das eigene.« Wirklich beziehungsfähig sind nur jene Menschen, die in der Lage sind, ihre eigenen Bedürfnisse zu artikulieren und zu vertreten, die aber auch fähig und bereit sind, sie gegebenenfalls hintanzustellen.

Wenn idealer Weise beide Partner aus der Bereitschaft handeln, mehr zu geben als zu nehmen, dann wird sich das subjektive Gefühl einer stimmigen Balance auf beiden Seiten einstellen.

Nicht mit Anerkennung sparen

Eine weitere menschliche Eigenschaft ist es, Störungen stärker zu registrieren als das Positive, sei es bei den Kindern oder dem Partner. Dass es den ganzen Tag harmonisch war, nehmen wir kaum zur Kenntnis, eine Missstimmung aus nichtigem Anlass registrieren wir jedoch mit Verärgerung.

Wenn ich in Paarberatungen die Qualitäten des einen herausstreiche, meint oft der andere: »Ja, das ist doch selbstverständlich!« Warum aber sollten wir nicht auch das Selbstverständliche würdigen? Dass wir füreinander sorgen, Pflichten erledigen, für den Partner und die Kinder da sind, Solidarität statt Egoismus leben etc.? Familie und Gesellschaft würden ohne diese täglichen Selbstverständlichkeiten zusammenbrechen und im Chaos versinken.

Tagtäglich werden viele Gelegenheiten verpasst, einander Wertschätzung auszudrücken. Dabei ist es lebenswichtiges Vitamin C für unser Selbstwertgefühl und unser Wohlbefinden. Wenn ich genug positives Feedback erhalte, bin ich auch eher bereit, gelegentliche Kritik anzunehmen, anstatt sie in einem Reflex der Kränkung zurückzuschmettern.

Wir alle brauchen Anerkennung und Ermutigung. Warum geizen wir dann so sehr bei anderen damit? Ich plädiere nicht für ein exzessives, oberflächliches Schmeicheln, sondern für den wohlwollenden Blick auf die Qualitäten Ihres Partners oder Ihrer Partnerin und dies bei passender Gelegenheit in stimmigen Worten immer wieder auszudrücken. Im Zweifelsfall: lieber einmal zu viel als zu wenig. Was Ihnen anfänglich womöglich gekünstelt vorkommen mag, wird mit der Zeit und mit der Übung zu etwas wohltuend Natürlichem. Diese Übung brauchen Sie nicht allein auf Ihren Partner beschränken. Sie können sie bei Ihren Kindern, Ihren Nachbarn, Kollegen und Vorgesetzten, einfach überall anwenden, wenn Sie mit Menschen zu tun haben. Ich bin überzeugt, wir hätten mehr Lächeln in den Gesichtern und unsere tägliche Arbeit würde mehr Freude machen.

Ihr Partner ist die wichtigste Person in Ihrem Leben
Wir sollten auch bedenken, dass gerade unser Lebenspartner am meisten von unseren eigenen Belastungen abbekommt. Er oder sie ist Teamkollege, Manager, Blitzableiter, Kuschelecke, Vertrauter, Feuerwehr, Finanzminister, Koch oder Köchin, Putzfrau und Butler, Reparaturstelle etc. Niemand sonst kennt mich besser mit all meinen Licht- und Schattenseiten, mit meinen Fehlern und Schwächen. Das macht weich, aber auch verletzlich. Wenn Paare beginnen, auf den Schwachpunkten des anderen herumzutrampeln, dann geht es häufig unter die Gürtellinie und eine Negativspirale beginnt sich zu drehen.

Niemanden dürfen und müssen wir mit unseren eigenen Problemen mehr belasten als unseren Partner. Daher sollten wir gerade mit dieser Person besonders verständnisvoll und wertschätzend umgehen, hilfsbereit und rücksichtsvoll sein, damit wir uns tagtäglich und womöglich lebenslänglich einander »zumuten« können. Und wenn kein Partner da ist, dann ist es besonders wichtig, darauf zu achten, dass wir nicht mehr oder weniger unbewusst einem unserer Kinder diese Rolle zuzuteilen.

Verzeihen können

Da niemand perfekt sein kann und Verletzungen gerade in nahen Beziehungen sich nie ganz vermeiden lassen, sollten wir immer eine Haltung der Offenheit, des Dialogs und auch des Verzeihens einnehmen.

Lebensaufgabe Beziehung:
Einander helfen, bessere Menschen zu werden

Liebevoller, weiser und reifer zu werden ist die zentrale Lebensaufgabe jedes Einzelnen. Sie erfordert eine ehrliche Auseinandersetzung mit den verschiedenen Lebenssituationen und viel ehrliches Bemühen und Selbstüberwindung. Paare können einander in einzigartiger Weise dabei unterstützen.

Warum »Ändere dich!«-Botschaften auf Widerstand stoßen

Allerdings lauert hinter diesem Bemühen auch eine große Gefahr. Die Fehler und Schwächen, oder positiv ausgedrückt, das individuelle Verbesserungspotenzial erkennen wir beim anderen meist leichter als bei uns selber. Nachdem wir uns selbst infolge »optischer Täuschung« naiv als das Maß aller Dinge erleben (»So wie ich bin, ist es gut, ist es ›normal‹«), messen wir andere Menschen, insbesondere unseren Partner, nach unserem persönlichen Maßstab. Abweichungen sind »nicht OK«. Leicht sind wir dazu geneigt, mit mehr oder weniger eifrigen Bemühungen »an die Arbeit« zu gehen, den andern verändern zu wollen. Wenn wir jedoch mit »Sei anders!«- oder »Ändere dich!«-Botschaften konfrontiert werden, reagieren wir naturgemäß mit Abwehr oder Rückzug, worauf der andere seine Bemühungen noch verstärkt. Der »Teufelskreis« beginnt sich zu drehen.

Paradox: Um mich ändern zu können, muss ich mich zuerst einmal akzeptiert fühlen

Wie aber können wir tatsächlich wichtige und positive Veränderungen herbeiführen? Als Grundsatz sollten wir uns merken: Ich kann immer nur mich selbst verändern, nicht den anderen. Positive Veränderungen entstehen nur unter Freiwilligkeit, nicht unter Zwang. Ich muss also auch Handlungsspielraum lassen und dem anderen die Möglichkeit geben zu »kommen«.

Zunächst sollten wir prüfen, was wirklich wichtig ist, was wirklich stört. Ist das Verhalten des Partners falsch an sich oder liegt es an meiner subjektiven Sicht der Dinge? Sind wir uns über Werte und Ziele einig? Ist mein Partner überhaupt in der Lage sich zu ändern? In der Art und Weise und in der Geschwindigkeit, die ich mir wünsche? Oder ist ein geduldiger Lernprozess mit viel Toleranz aussichtsreicher? Schaffen wir es alleine oder brauchen wir Hilfe von außen? Hilfreich ist auch der offene Austausch mit anderen Paaren.

Die wichtigste Frage ist jedoch: Was kann ich an MEINEM Verhalten verändern, um eine Trendwende einzuleiten? Denn einzig und allein darauf habe ich tatsächlich Einfluss.

Es müssen auch Prioritäten gesetzt werden. Wenn Ihr Partner oder Ihre Partnerin 10 Eigenschaften hat, die Sie stören, dann entscheiden Sie sich zunächst nur für die wichtigste und konfrontieren Sie ihn wertschätzend mit der einen Angelegenheit. Nehmen Sie seine Sicht der Dinge ernst und fragen Sie, wie Sie ihn dabei unterstützen und welche Erwartung Sie im Gegenzug erfüllen können. Geben Sie einander Zeit, daran zu arbeiten. Würdigen Sie jedes Bemühen, jeden Erfolg. Um schlechte Gewohnheiten abzulegen, brauchen wir viel Ermutigung. Es ist wie bei Kindern. Schließlich müssen wir für jeden kleinen Lernschritt über unseren eigenen Schatten springen. Das erfordert eine gute Portion Selbstüberwindung und Selbstdisziplin.

Liebe, Konsequenz, Nachsicht und Treue sind einige der Eigenschaften, die wir benötigen, um einander zu helfen, bessere Menschen zu werden – ein lebenslanges Programm.

Egal, welche Probleme Sie mit Ihrem Partner oder Ihrer Partnerin haben: Kritik sollte immer mit Wertschätzung erfolgen und am besten unter vier Augen. Wenn Kinder erleben, dass ihre Eltern solidarisch und respektvoll miteinander umgehen, dann fühlen sie sich gut und geborgen. Dann lernen sie gutes Sozialverhalten und Achtung vor den Eltern wie von selbst.

1.4. Wie gehen wir mit Belastungen um?

Nach einer hoffentlich sorgenfreien Kindheit in der elterlichen Geborgenheit hat der junge Mensch gelernt, für sich selbst zu sorgen und Verantwortung in der Gesellschaft und in seiner Beziehung zu übernehmen. Mit der Geburt eines Kindes kommt eine weitere gewaltige Herausforderung auf ihn zu. Die mit einzigartiger Freude verbundene Elternschaft stellt junge Mütter und Väter auch auf eine besondere Belastungsprobe. Die äußeren Rahmenbedingungen sind unterschiedlich angenehm oder schwierig, wie auch jedes einzelne Kind. Es gibt die pflegeleichten Babys und die Schreihälse, die zarten und die robusten, die gesunden und die kranken. Auf alle Fälle erfordert ein Neugeborenes Pflege und Verfügbarkeit beinahe rund um die Uhr. Wenn ein Säugling im Tragetuch am Leben seiner Erwachsenen teilhaben darf, kann es den natürlichen Rhythmus der Eltern spüren, sich geborgen fühlen und vertrauensvoll in das Leben hineinwachsen.

Obwohl einerseits natürlich und selbstverständlich, kann es aber auch zur extremen Belastungsprobe werden: das neue Arbeitspensum, Verzicht und Einschränkungen, turbulente und schlaflose Nächte. Sind mehrere Kinder da, steigert sich der Arbeitsaufwand. Die junge Mutter braucht ganz dringend die Unterstützung ihres Partners, der aber nicht immer ausreichend verfügbar und belastbar ist. Womöglich muss er selbst erst lernen, dass seine Frau nicht mehr für ihn allein da ist. Schön ist es, wenn ein junges Paar auch mit der Unterstützung von außen rechnen kann. Sind bereits Kinder da, so ist es empfehlenswert, sie in die Pflegehandlungen mit dem neuen Säugling mit einzubeziehen. Dadurch erfahren sie Wertschätzung und werden weniger eifersüchtig. Mit der Zeit merkt man, dass mehrere Kinder nicht automatisch ein Mehrfaches an Arbeit bedeuten wie ein einzelnes, dass sie miteinander spielen, miteinander Spaß haben und nicht ständig die alleinige Aufmerksamkeit der Eltern beanspruchen – was bei klugem Familienmanagement eine spürbare Entlastung bedeutet.

Psychologen weisen mit Recht darauf hin, dass wir in schwierigen Situationen auf zusätzliche Ressourcen zurückgreifen sollten, denn nur wenn es uns selber gut geht, sind wir in der Lage, das zu geben, was erforderlich ist und von uns erwartet wird. Die gegenseitige Unterstützung und die Ausschau nach inneren und äußeren Ressourcen sind überaus wichtig.

Für mich stellt sich allerdings auch die Frage, ob ich überhaupt wirklich bereit bin, meine Belastungen anzunehmen. Wie haben das frühere Generationen ohne Pampers, moderne Einbauküchen, Waschmaschinen und Geschirrspüler geschafft? Bei durchschnittlich doppelt bis dreimal so vielen Kindern wie heute?

Mir scheint, dass die Bereitschaft, zu verzichten und Schweres auf sich zu nehmen, ebenfalls eine andere war. Viele unserer Mütter und Großmütter beteten schlicht und einfach um die Gnade, Schwierigkeiten zu meistern, ohne zusammenzubrechen. Und die meisten wuchsen über sich selbst hinaus, ohne Drogen, Alkohol und Psychopharmaka. Viele schafften es auch noch, liebevoll und gut gelaunt zu sein und sich über jeden einzelnen Entwicklungsschritt ihrer Kinder und jede kleine Erleichterung in ihrem Leben zu freuen. Ich hatte das Glück, meine Mutter nie jammern, anklagen oder beschuldigen zu hören. Sehr wohl aber konnte sie ausdrücken, was sie von wem erwartete. Der Vergleich meiner eigenen Lebenssituation mit jener vieler moderner Menschen hat mich zum Nachdenken gebracht. Auch ich habe die Erfahrung gemacht, dass es sich lohnt, Schwierigkeiten tapfer und klug zu durchleben anstatt vor ihnen zu flüchten – und womöglich viele neue Probleme dadurch erst zu schaffen. Für den Vater gilt das genauso wie für die Mutter, egal ob sie sich zu einer traditionellen oder modernen Arbeitsteilung entschließen.

Mit dieser Schilderung möchte ich keinesfalls verallgemeinern, idealisieren oder bagatellisieren. Ich habe tiefe Achtung vor dem persönlichen Schicksal jedes Menschen. Belastungen lassen sich nicht vergleichen. Jeder Mensch hat seine individuellen Möglichkeiten und Belastungsgrenzen. Eine Hürde, die einer mit Leichtigkeit nimmt, macht dem anderen schwer zu schaffen. Daher sollten wir lieber einander helfen statt zu beurteilen oder gar zu verurteilen. Aber ich möchte jede Mutter und jeden Vater ermutigen, sich ehrlich und tapfer den jeweiligen Herausforderungen ihres Familienlebens zu stellen. Denn gerade darin liegt ein enormes Potential an Selbsterfahrung und Selbstverwirklichung, das uns zu reiferen und liebesfähigeren Persönlichkeiten werden lässt.

Trotz allem gibt es kaum tiefere Freuden im Leben eines Menschen als die Elternschaft. Es ist ein unglaublich großes Geschenk der Liebe, die Entwicklung eines kleinen Menschen begleiten und die Zuneigung und Zärtlichkeit eines Kindes erfahren zu dürfen.

1.5. Ist Erziehung out?

Auch das Wort Erziehung hat in der modernen Pädagogik eine beträchtliche Abwertung erfahren. In vielen Menschen entsteht dabei das Bild vom Ziehen und Zerren, was einem möglichen gewalttätigen Eingriff in Kinderseelen gleichkommt. Ziehen, das mutet sich wie Gewaltanwendung an, zumindest wie Manipulation. Es löst Aversionen aus, weil es im Widerspruch zum Ideal einer freien und demokratischen Erziehung steht, die Kinder als gleichberechtigte Partner sieht und um die freie Entfaltung ihrer individuellen Persönlichkeit und Wesensart bemüht ist. Es wurde nach Alternativen im deutschen Sprachgebrauch gesucht wie Begleiten oder Ähnliches. Ein richtig passender Ersatz wurde allerdings bis heute nicht gefunden. Ebenso wie Macht und Autorität bekam auch das Wort Erziehung einen negativen Beigeschmack. Deshalb wollen manche Menschen einfach lieber darauf verzichten.

Wenn Erziehung mit Zwangsbeglückung oder Manipulation assoziiert wird, dann ist es berechtigt, erzieherische Maßnahmen äußerst kritisch zu betrachten. Wenn es unser Ziel ist, die Entwicklung freier, kreativer und verantwortungsbewusster Persönlichkeiten zu fördern, ist dann elterliche Autorität und Einflussnahme überhaupt berechtigt? Welche Art von Erziehung ist heute gefragt?

In Freiheit begleiten?
Gleichberechtigte Begleitung mit einem Maximum an Freiheit führt nicht automatisch zur gesunden Entfaltung des Kindes, zu Ich-Stärke, Kompetenz und Verantwortungsbewusstsein. Im Gegenteil: Häufig führt ein Zuviel an Freiheit zu Orientierungslosigkeit und Chaos, Labilität, Willkür und Ich-Bezogenheit. Viele junge Menschen von heute haben nicht gelernt, sich in eine Gemeinschaft einzugliedern, sich Gesetzen und Regeln unterzuordnen, und scheitern häufig daran, ihren Platz in einer Gesellschaft zu finden, welche diese Eigenschaften überall verlangt: im Unternehmen, im Staat, im Verkehr etc. Im Endeffekt fühlen sie sich dann keinesfalls frei, sondern im Abseits, an den Rand gedrängt, um ihre Chancen betrogen. Sie sind dann umso eher in Gefahr, in eine Abwärtsspirale von Arbeitslosigkeit, Drogen, Prostitution oder Kriminalität zu geraten. Und dafür tragen Eltern und Erzieher und zu einem gewissen Grad auch das ganze gesellschaftliche Umfeld Verantwortung.

Man kann nicht nicht Einfluss nehmen
Würde man Kinder sich selbst überlassen und alles entscheiden lassen, wäre auch das eine Art von Einflussnahme, eben die der erzieherischen Abwesenheit. Einfluss nehmen heißt für mich nicht automatisch manipulieren. Autorität ausüben heißt nicht automatisch unterdrücken. Die Frage an Eltern und Erzieher ist, welche Art von Einflussnahme sie ihren Kindern gegenüber ausüben wollen und welche Art von Autorität sie vertreten. Es gibt auch eine positive Autorität, die mit Liebe, Verständnis und authentischem, bewusstem und konsequentem Handeln einhergeht, ohne jegliche körperliche

oder psychische Gewalt. Zu dieser Art von elterlicher Autorität will ich mich hier bekennen.

Gleichwertig, aber nicht gleichberechtigt

Erziehen ist mehr als begleiten: Für mich beinhaltet das Wort »begleiten« etwas Kameradschaftliches, Gleichberechtigtes und Unverbindliches. Deshalb ist es mir für die Beziehung zwischen Eltern und Kindern zu wenig. Ich möchte mich bewusst für das Wort »erziehen« entscheiden, weil es mit einer Beziehung zu tun hat, in der die Eltern die Verantwortung für das Wohl und die Entwicklung des Kindes tragen, welches als Person wohl gleichwertig, nicht aber gleichberechtigt ist.

Erziehen heißt für mich ein klares Bekenntnis zu elterlicher Verantwortung und Autorität, zur elterlichen Führungskompetenz und Macht. Ich spüre, dass jetzt bei manchem Leser Widerstand oder Widerwille hochkommt. Bitte um Geduld! Was ich damit meine, darauf komme ich noch ausführlich zu sprechen.

Die Macht des Gärtners

Mir persönlich gefällt das Bild vom Gärtner. Er schafft günstige Rahmenbedingungen für Boden, Luft und Sonne. Er pflegt seine Sprösslinge, indem er gießt, düngt, stützt, Unkraut jätet usw. In ihrer Wesensart entfalten dürfen sich die Pflanzen und Blumen dann ganz von selbst – jede nach der ihr eigentümlichen Gesetzmäßigkeit. Der Gärtner merkt an ihrem Wohlergehen, ob seine Maßnahmen richtig waren, und kann sie an die jeweiligen Bedürfnisse und Gegebenheiten anpassen. Das ist seine Form der Kommunikation mit den ihm anvertrauten Lebewesen. Manche Gärtner reden auch noch mit ihren Pflanzen, worauf sie angeblich mit besonders freudigem Wachstum reagieren. Der Gärtner trägt die Verantwortung für die ihm anvertrauten Sprösslinge. Werden sie vernachlässigt, sind ihre Lebenschancen stark eingeschränkt, so auch bei Kindern.

Einen wichtigen Unterschied gibt es allerdings zwischen Pflanzen und Menschen: Blumen widersprechen nicht, wie es Menschenkinder tun.

1.6. »Ich weiß, was gut für dich ist!«

Auch dieser Satz löst heutzutage »Allergien« aus, ist er doch äußerst ambivalent besetzt. Gerne wurde er insbesondere von früheren Generationen dazu verwendet, kindliche Wünsche zu unterdrücken und sich hinter der »Maske Autorität« zu verschanzen, um der heranwachsenden Generation nicht Rede und Antwort stehen zu müssen und Kritik mundtot zu machen. Unterdrückte Konflikte erzeugen jedoch Widerstand und feindselige Gefühle, das ist allgemein bekannt. Manche Menschen spielen gerne mit ihrer Macht unter dem Mäntelchen der Fürsorge – nicht nur im Kinderzimmer.

Bevormundung in bester Absicht

In bester Absicht oder warum auch immer, zu starke Bevormundung kann zu Entwicklungshemmungen führen, zur Entfremdung zu mir selbst. Manchen Menschen ist eine chronische Unsicherheit förmlich ins Gesicht geschrieben. Nicht selten hat sie ihre Wurzeln in ihrer Erziehung, geprägt von ängstlicher oder unterdrückender Bevormundung.

Wenn ein anderer behauptet, zu wissen, was gut für mich ist, dann traue ich bald selbst nicht mehr meinen eigenen Empfindungen und Meinungen, sondern schaue auch noch als Erwachsener stets auf eine höhere Instanz, um Bestätigung oder Erlaubnis einzuholen.

Für Kinder mit starker Persönlichkeit ist dieser Satz ein Reizwort und provoziert Protest und Widerstand, spätestens in der Pubertät.

Unsere eigene »Landkarte« prägt unser Weltbild

Weiß nicht jeder selbst am besten, was gut für ihn ist? Gilt das nicht auch für unsere Kinder? Selbst wenn wir zu wissen glauben, was für unsere Kinder gut ist: Wir dürfen nicht vergessen, dass wir doch immer von unserer eigenen subjektiven »Landkarte« ausgehen, von unserer Persönlichkeit, geprägt von unseren persönlichen Erfahrungen, Wünschen und Ängsten.

Respekt und Wertschätzung

Um Kindern wirklich gerecht zu werden, müssen Eltern versuchen, sich in sie hineinzuversetzen, dem Geheimnis ihrer Persönlichkeit nachzuspüren, um ihr Wesen, ihre Neigungen und Talente zu erkennen. Das erfordert einen tiefen Respekt vor der sich entfaltenden, einmaligen Persönlichkeit des Kindes und ein behutsames, achtsames Hinhören. Darum ist das einfühlsame, aktive Zuhören eine der wichtigsten Schlüsselqualifikationen für Eltern und alle Menschen, die einen respektvollen und wertschätzenden Umgang miteinander pflegen wollen.

Wenn Eltern ihren Kindern diese Haltung entgegenbringen, bekommen sie sehr wohl ein Gespür dafür, was gut für ihre Kinder ist, und strahlen es auch aus – ohne ihnen diesen Satz selbstherrlich drüberzustülpen.

1.7. »Ich weiß, was gut für dich ist!« – die andere Seite der Medaille

Eltern und Erzieher müssen wissen, was gut für ihre Kinder ist! Das Baby und Kleinkind muss sich darauf verlassen können, dass seine Eltern in den vielen alltäglichen Situationen die richtigen Entscheidungen treffen, wie auch der Gärtner wissen muss, welche Maßnahmen zu welcher Jahres- und Entwicklungszeit zu treffen sind.

Kinder brauchen einen geschützten Rahmen

»Ich weiß, was gut für dich ist!« ist vor allem eine Haltung, die Eltern ausstrahlen müssen. Sie gibt dem Kind Sicherheit und Geborgenheit und bildet zusammen mit Liebe und Annahme den Boden zur Festigung des Urvertrauens. Nur in einem geschützten und von Eltern verantworteten Rahmen können Kinder unbeschwert ihr Kindsein ausleben.

Kinder nicht mit Freiheit überfordern

Schon früh beginnen Kinder, nach Freiheit und Autonomie zu streben und Dinge für sich selbst entscheiden zu wollen. Es beginnt mit »Selber, selber!« und hört sich später vielleicht so an: »Von dir lass ich mir nichts mehr sagen! Ich weiß selbst, was gut für mich ist!« Manche Kinder fordern sehr vehement, auf eigenen Beinen zu stehen, und trauen sich in diesem an sich gesunden Impuls oft mehr zu, als sie dann tatsächlich bewältigen können. Wenn Eltern in falsch verstandener Freiheitsideologie nicht lenkend und Grenzen setzend eingreifen, führt das beim Kind nicht zur Stärkung der gesunden Willenskraft, sondern zu Labilität, Launenhaftigkeit, Willkür und Aggression. Auch die soziale Eingliederung kann durch das zu starke Ausleben des kindlichen Eigenwillens und natürlichen Egoismus erschwert werden.

Autoritätsverlust führt zu elterlicher Verunsicherung

Nach Jahrzehnten oder Jahrhunderten restriktiver Erziehungskultur ging die Tendenz der letzten Jahrzehnte eher dahin, Kindern sehr viel eigene Entscheidungsfreiheit zuzugestehen. Daher wurde in bester Absicht zu viel elterliche Autorität abgegeben. Das hat bei der heutigen Elterngeneration große Unsicherheit und oft auch Hilflosigkeit verursacht, welche erst recht zu elterlicher Unberechenbarkeit und nicht selten zu offener oder unterschwelliger Aggression ihren Kindern gegenüber führt. Was als kindliche Freiheit und Eigenständigkeit gepriesen wird, entpuppt sich bei genauerer Betrachtung oft als Trend zur Verwahrlosung. Erwachsen gewordene Kinder sagen dann rückwirkend: »Ich konnte machen, was ich wollte. Ich hatte den Eindruck, meinen Eltern war es sowieso egal!«

Kinder in die Krise

Bei Kindern und Jugendlichen wiederum hat der Selbstbestimmungs- und Freiheitskult dazu geführt, dass sie sich immer weniger von Erwachsenen sagen lassen. Wenn Erziehende die Steuerung abgeben, führt dies zu mangelnder Selbstdisziplin, Charakterschwäche und fehlendem Verantwortungsbewusstsein. Es verleitet dazu, dass junge Menschen immer jünger Entscheidungen treffen und Erfahrungen machen, für die sie noch nicht reif sind. Das führt zu Überforderung und Entwicklungsstörungen, zu schwerwiegenden Krisen und verpatzten Lebenschancen. Wie viele Umwege und Leid könnten unserer Jugend erspart bleiben, wenn sie auf gut gemeinte und fundierte Ratschläge von Eltern und Pädagogen/innen hörte!

Eltern mit Führungskompetenz

Erziehung gelingt am besten dann, wenn beide Seiten aufeinander hören und einander ernst nehmen und wenn Eltern und Erzieher fähige Berater und Mentoren sind, die auf Basis von Liebe und Annahme Kinder bei der Entscheidungsfindung unterstützen, mit Widerstand umgehen und Einsicht fördern können. Die kompetente Anwendung der Coaching-Formel »Verstehen, Klären, Lösen« ist hier die erforderliche Schlüsselqualifikation. Kinder brauchen gefestigte Persönlichkeiten, die ihnen Interesse und Aufmerksamkeit schenken und die sie als Vorbilder achten können.

Entwicklungschance für beide Seiten

Der Weg in die Eigenständigkeit ist ein Prozess lebendiger Entwicklung, der beide Seiten emotional fordert. Die Verantwortung bleibt aber bei Eltern und Pädagogen/innen. Sie müssen Einfühlungsvermögen und Führungskompetenz beweisen, um die wahren Bedürfnisse ihrer Kinder Bescheid wissen, sie liebevoll auf ihrem Reifungs- und Loslösungsprozess begleiten und die täglichen Herausforderungen auch als Chance für ihre eigene Entwicklung sehen.

Kapitel 2
Erziehung und die Frage der Macht

»Wer liebt, herrscht ohne Gewalt
und dient, ohne Sklave zu sein«
Zenta Maurin

2.1. Grundsätzliche Überlegungen

Viele Menschen haben ein derart gestörtes Verhältnis zum Thema
Macht, dass man sie in der Erziehung am liebsten ganz abgeschafft
hätte. Weil mit der Ausübung von Macht die Gefahr von Gewalt
und Machtmissbrauch einhergeht, wurde sie in den letzten Jahrzehnten in der Pädagogik generell negativ bewertet. Man wollte sie
aus der Erziehung verbannen. Deshalb ist sie nicht etwa verschwun-
den, sondern sie treibt seltsame Blüten, oft im Verborgenen. Viktor
Adler sieht in der Frage der Macht das zentrale Motiv für mensch-
liches Handeln.

Wir müssen uns vor Augen halten, dass sich ein gesundes Selbstwertgefühl nur dann entwickeln kann, wenn sich ein Kind akzeptiert, ernst genommen und handlungsfähig, also mächtig fühlt, im
Gegensatz zu ohnmächtig. Macht ist also nichts Negatives an sich,
auch nicht die elterliche Macht, sondern es kommt darauf an, wie
wir damit umgehen. Lassen Sie mich einige grundlegende Überle-
gungen dazu anstellen.

Grundsatz 1: Macht braucht Legitimität

Staat und Gesellschaft
Im Staat ist sie durch Verfassung, Gesetze und Verordnungen geregelt in Parlament, Regierung und Verwaltung, Polizei und Gericht. In der Wirtschaft wird sie durch Arbeitsrecht, Verträge und Vereinbarungen ergänzt. Im Leben der Demokratie geht die Macht durch freie Wahlen vom Volk aus.

Elternhaus
Die Legitimität der elterlichen Macht ergibt sich aus der biologischen Beziehung. Sie wurzelt in der Fürsorge und Verantwortung der Eltern für ihre Kinder und deren anfänglicher Hilflosigkeit und Unfähigkeit zu selbständigem Überleben.

Schule
Die Legitimität der pädagogischen Macht ergibt sich aus dem für die Durchführung des Bildungsauftrags benötigten Ordnungsrahmen.

Macht darf nur zum Dienen dienen
Grundsätzlich lässt sich sagen, dass Macht nur dort legitim ist, wo sie zum Wohle derer dient, über die sie ausgeübt wird, um ein gemeinsames, übergeordnetes Ziel zu erreichen.

Grundsatz 2: Macht braucht Befugnisse

Im Staat, bei der Polizei und in der Wirtschaft sind die jeweiligen Befugnisse klar definiert. Der Finanzminister z. B. hat klar definierte Möglichkeiten, wie er seine Steuern eintreiben kann. Ein Polizist kann Strafmandate austeilen.

Welche Befugnisse haben Eltern und Lehrer? Mir scheint, dass man ihre Befugnisse aus Angst vor Machtmissbrauch stark reduziert, indem man den Worten Macht und Autorität einen negativen Beigeschmack verpasst hat.

Gab es früher oft ein Zuviel an Autorität, so erleben wir heute eher ein Defizit. Pädagogen sehen sich häufig vor dem Dilemma, dass sie Führungsverantwortung tragen müssen, ihnen aber die dafür erforderlichen Machtbefugnisse aberkannt wurden.

Stattdessen fordert man von ihnen, Jugendliche allein über die Kunst der Motivation zu lenken. Diese ist überaus wichtig im pädagogischen Alltag und erfordert permanente Selbstreflexion und Weiterbildung. Aber es ist, als müsste der Finanzminister allein auf Aufklärung und Motivation setzen, um seine Steuern einzuheben. Ob alle Staatsbürger die Reife hätten, ihre Abgaben freiwillig in der erforderlichen Höhe abzuliefern?

Grundsatz 3: Macht braucht Kontrolle

Ethisch saubere Machtverhältnisse kommen ohne entsprechende Kontrollmechanismen nicht aus. Es bedarf mehrerer Ebenen, um Macht zu kontrollieren.

a) Durch übergeordnete Instanzen
In der Erziehung ist das zum Beispiel die Jugendwohlfahrt.

b) Im Reflexions- und Erfahrungsaustausch
auf gleicher hierarchischer Ebene
zwischen dem Elternpaar, aber auch in der Beratung, in Seminaren und im Erfahrungsaustausch von Eltern untereinander.

c) Durch jene, über die sie ausgeübt wird
Überall muss es ein Recht auf Einwand oder Einspruch geben. Es ist die Aufgabe der Eltern, die Einwände ihrer Kinder ernst zu nehmen und ihnen Gesprächs- und Konfliktkultur zu vermitteln. Immer aber sollten die Ebenen des Respekts gewahrt bleiben und Wertschätzung in beide Richtungen fließen.

In den vorangegangenen Seiten habe ich einen Schwerpunkt darin gesehen, ein Defizit elterlicher Autorität in der gegenwärtigen Erziehungskultur aufzuzeigen. Damit möchte ich aber keineswegs die Bemühungen um Liberalisierung und Demokratisierung der vergangenen Jahrzehnte abwerten, die für unsere westliche Kultur überaus wichtig waren, sondern lediglich darauf hinweisen, dass ein neues Ungleichgewicht entstanden ist, welches die Gefahr einer reaktionären Gegenbewegung in sich birgt.

Meine Aufgabe sehe ich darin, mich für ein neues Gleichgewicht einzusetzen und Eltern darauf zu sensibilisieren, in ihrem Erziehungsalltag die jeweils richtige Balance zwischen Freiheit, Mitsprache und Gehorsam zu erkennen, und sie in ihren Fähigkeiten zu bestärken, stimmig, authentisch und selbstbewusst auf die unterschiedlichen Situationen zu reagieren.

2.2. Betrieb Familie

Stellen Sie sich Ihre Familie wie einen kleinen Betrieb vor. Die Eltern sind die Vorgesetzten, die Kinder die Mitarbeiter. Da stellt sich die Frage: Haben Sie Führungskompetenz? Wissen Sie, was Sie von welchem Mitarbeiter verlangen können? Sind die Aufgaben klar definiert? Geben Sie Gelegenheit zur Mitsprache? Nehmen Sie die Sorgen Ihrer Mitarbeiter ernst? Überlegen Sie sich, was Sie von einem Chef erwarten, damit Sie gerne für ihn arbeiten, und prüfen Sie, wie weit dieses »Anforderungsprofil« auf Sie zutrifft als »Boss« Ihren Kindern gegenüber.

Wie viel Führungskompetenz haben Sie?
Die nächste Frage ist, ob Sie sich als Chef ernst genommen und respektiert fühlen. Können Sie sich durchsetzen? Wird Ihre Autorität akzeptiert? Sind Sie konfliktfähig? Können Sie delegieren? Wie locker oder mühsam funktionieren die alltäglichen Abläufe? Wie viel Kontrolle dürfen oder müssen Sie ausüben? Passt das Betriebskli-

ma? Stimmt die Vertrauensbasis? Gibt es Mobbing oder Machtmissbrauch? Macht das Zusammenleben Freude oder ist es von Chaos,
unterschwelligen Konflikten und Machtkämpfen geprägt? Wichtig ist
auch, ob das Führungsteam, die Eltern, gut kooperieren und wertschätzend und freundlich miteinander umgehen und ob Fairness
und Solidarität die Beziehungen prägen.

Eine Fülle von Aufgaben

Der Betrieb Familie hat eine Fülle von Aufgaben zu bewältigen, die
von Visionen und Zielen geleitet werden: Die materielle Existenzsi-
cherung der Familie, Gesundheit und Freizeit, die Entfaltung und
Ausbildung des Nachwuchses – das alles erfordert bewusstes Handeln, die Schaffung tragfähiger und klarer Strukturen und gerade in
unserer modernen Welt ein kluges und effizientes Zeitmanagement.

Wofür steht Ihre Familie?

Wie sieht es mit der Familienkultur, mit der »Corporate Identity« in
Ihrem Betrieb Familie aus? Welche Ausstrahlung hat er nach innen
und nach außen? Welche Rolle spielt er in der Gesellschaft? Welche
Werte und Familienregeln sind Ihnen wichtig? Wie werden diese den
Mitarbeitern vermittelt? Stärken sie ihnen den Rücken oder stellen
sie ein einengendes Korsett dar oder gar ein Gefängnis, aus dem man
am liebsten ausbrechen möchte?

Coaching und Weiterbildung

Die Liebe der Eltern zueinander und eine funktionierende Partnerschaft bieten das beste und tragfähigste Gerüst für ein erfülltes Familienleben. Bitte beachten Sie: Nicht nur die Mitarbeiter, auch die Führungskräfte müssen von Zeit zu Zeit auftanken, brauchen Coaching
und Weiterbildung, um die vielfältigen Anforderungen des modernen
Lebens zu bestehen. Das gilt auch, wenn die Eltern voneinander getrennt sind, und erhält einen besonderen Stellenwert bei Alleinerziehenden. Wie sieht es mit Ihren persönlichen Ressourcen aus? Wo holen Sie sich die Kraft, die Sie brauchen, um gut für sich selber und

Ihre Familie sorgen zu können? Der Austausch im Freundeskreis und die gelegentliche Rücksprache mit kompetenten Vertrauenspersonen helfen, die eigene Situation objektiv zu beleuchten und sogenannte »blinde Flecken« zu vermeiden, auch dann, wenn man selbst »vom Fach« sein sollte.

Familie lässt sich nicht kündigen

Ein guter Chef fühlt sich für seine Mitarbeiter verantwortlich, Eltern umso mehr. Einen wesentlichen Unterschied gibt es allerdings zwischen Firma und Familie: Eltern und Kinder genießen absoluten Kündigungsschutz! Daran kann z. B. auch eine Scheidung nichts ändern. Mit dem Erwachsenwerden erhalten die Kinder immer mehr Selbständigkeit und Unabhängigkeit und gründen eines Tages ihre eigene Firma oder Familie, in welcher die Eltern höchstens noch beratende Funktion einnehmen. Trotzdem bleiben sie mit ihren Kindern in einer lebenslangen Schicksalsgemeinschaft verbunden, die einen einzigartigen Reife- und Entwicklungsprozess für beide Seiten möglich macht, der aber auch schwierige und schmerzhafte Anteile beinhalten kann.

Wie schön ist es, wenn erwachsene Kinder sich in Liebe und Dankbarkeit von ihren Eltern lösen können, um eine neue Beziehung der Gleichberechtigung und Generationensolidarität miteinander einzugehen.

2.3. Die natürliche hierarchische Ordnung

Moderne Eltern wollen Kinder nach demokratischen Prinzipien erziehen und sie gehen vom Ideal der Gleichberechtigung aus. Im Konfliktfall wird Eltern von den meisten Experten geraten: Verständnis, Geduld, diskutieren, verhandeln, verhandeln, verhandeln – bis eine für beide Seiten akzeptable, eine sogenannte WIN-WIN-Lösung gefunden wird. Ein wunderbares Konzept für Erwachsene, in das Kinder hineinwachsen sollten.

Aber kennen Sie das? Sie haben Ihrem Kind ausreichend erklärt, warum es Zähne putzen soll, warum es einen bestimmten Film nicht sehen darf etc. Jede weitere Erklärung wird mit einem »Ja, aber ...« abgeschmettert. Da fängt man an, sich sozusagen den »Mund fusselig« zu reden, kein Argument kann motivieren und überzeugen. Hier geht es also um das Durchsetzen notwendiger Maßnahmen, nicht um Win-Win-Lösungen, weil dem Kind offenbar noch die nötige Reife und Einsicht fehlt.

Wenn ein 5-Jähriger oder 12-Jähriger bei der Debatte über das Fernsehprogramm zu seinen Eltern sagt: »Aber du schaust dir doch auch an, was du willst!«, fehlt diesen oft das passende Argument. Aus Sicht der Gleichberechtigung ist dieser Einwand stichhaltig. Wie kommen Sie dazu, Ihrem Kind Vorschriften zu machen? Das tun Sie doch auch Ihrem Partner oder Ihrer Freundin gegenüber nicht! Spüren Sie, dass das mit der Gleichberechtigung so nicht stimmen kann?

Kinder sind gleichwertig, aber nicht gleichberechtigt

Sie haben von Geburt an dieselbe Würde wie Erwachsene und verdienen dieselbe Wertschätzung – aber sie haben nicht dieselben Pflichten wie ihre Eltern und daher auch nicht dieselben Rechte – eine pädagogische Binsenweisheit, die aber durch die blauäugige Gleichberechtigungsbrille betrachtet häufig verzerrt wird.

»Ich will den Willen meines Kindes nicht brechen!«,

sagen verantwortungsbewusste und bemühte Eltern, fühlen sich aber zunehmend hilflos, wenn ihre Anweisungen ignoriert werden oder das Kind auf legitime Aufforderungen mit »Hab' keine Lust!«, »Mir doch egal!« reagiert oder wenn es sich weigert, seine Sachen in Ordnung zu halten, Hausaufgaben zu erledigen, sich gesund zu kleiden oder zu ernähren, etc.

»Kinder lernen aus den Folgen«

ist ein Slogan, der eine gewisse Berechtigung hat. Aber was ist, wenn mein Kind die Folgen auch dann nicht ernst nimmt, wenn es die zehnte Bronchitis oder Blasenentzündung hat, die Zähne bleibenden Schaden nehmen oder die Tochter mit 20 ohne Schulabschluss und Berufsausbildung dasteht? »Du hättest das besser wissen müssen!«, lautet dann der berechtigte Vorwurf der jungen Leute an ihre Eltern.

Ob wir es wollen oder nicht: Die Beziehung zwischen Eltern und Kindern ist nicht von Gleichberechtigung, sondern von einer natürlichen hierarchischen Ordnung geprägt. Die Rolle der Eltern ist die von Führungskräften. Sie tragen die Verantwortung dafür, das Unternehmensziel zu erreichen, die Existenz ihrer Mitarbeiter abzusichern und ein Klima zu schaffen, bei dem jeder seine Rechte und Pflichten kennt und ein offenes und verständnisvolles Miteinander möglich wird. Um diesen Ansprüchen gerecht zu werden, dürfen sie ihre Führungsverantwortung nicht abgeben – um dann womöglich den Kindern die Schuld am Chaos zu geben.

2.4. Elternrechte, Elternpflichten, Kinderrechte, Kinderpflichten

Die Pflicht der Eltern ist es, ihre Kinder zu lieben und für sie zu sorgen, ihre Gefühle und Bedürfnisse ernst zu nehmen. Die Pflicht der Kinder ist es, ihre Eltern zu achten und ihnen zu gehorchen. Das ist die Ausgangsbasis in der Beziehung zwischen Eltern und Kindern und entspricht der natürlichen hierarchischen Ordnung zwischen den Generationen, den »Ordnungen der Liebe«, um es mit Bert Hellinger zu sagen. So ist es auch im vierten Gebot festgelegt: »Du sollst Vater und Mutter ehren, auf dass du lange lebest und es dir wohlergehe auf Erden.«

Alle menschlichen Kulturen basieren auf dem Respekt der jüngeren vor der älteren Generation. Es widerspiegelt den Vorsprung an Wissen und Erfahrung und gewährleistet die Balance zwischen Geben und Nehmen, da das kleine Kind noch nicht die Verantwortung für das eigene Leben übernehmen kann. Umgekehrt können seine Eltern ihre Verantwortung nicht wahrnehmen, wenn es sich notorisch ihren Weisungen widersetzt und die Achtung vor ihnen verliert. Tiefenpsychologisch gesehen verliert es damit auch seine Selbstachtung. Wer seine Eltern nicht respektieren kann, hat auch Schwierigkeiten, ein gesundes Selbstwertgefühl zu entwickeln.

Heute ist erfreulicherweise viel von Kinderrechten die Rede. Was man Kindern, auch noch hierzulande und über den Globus betrachtet, alles antut, ist eine Schande für die Menschheit. Andererseits hat unsere westliche, konsumorientierte Jugend begonnen, selbstbewusst auf ihre Rechte zu pochen, manchmal auch ohne den gebührenden Respekt. Daher stellt sich für mich auch die Frage: Was ist mit den Kinderpflichten? Ich glaube, dass wir die junge Generation nicht nur mit Kinderrechten, sondern auch mit Kinderpflichten vertraut machen müssen, so wie auch Elternrechte und Elternpflichten stärker im Bewusstsein der Öffentlichkeit verankert werden sollten.

2.5. Der Kampf der Generationen

»Ich will aber nicht!« – Schon in der Trotzphase wird klar, dass sich Kinder gegen den elterlichen Willen auflehnen und ihren eigenen durchsetzen möchten. Es geht also um die Frage der Macht.

Kindlicher Widerstand ist
eine entwicklungspsychologische Notwendigkeit
Warum fordern Kinder Erwachsene so häufig zum Machtkampf heraus? Weil der Kampf der Generationen zum natürlichen Entwicklungsprozess dazugehört!

Indem sie Erwachsenen Widerstand entgegenbringen, lernen Kinder, ihren eigenen Willen und ihre Interessen zu spüren und durchzusetzen, auszuloten, wie viel Macht sie besitzen und sich gegen Übergriffe anderer zu wehren.

Wir dürfen es als Zeichen ihres Vertrauens werten, dass wir Eltern für sie die Ansprech- und Konfliktpartner Nummer Eins sind – weil sie eben zu uns eine ganz besonders enge und einmalige Beziehung haben – und dürfen ihr Trotzen und Revoltieren nicht persönlich nehmen.

Eltern und Pädagogen/innen sind aufgefordert, sich dieser Herausforderung zu stellen, wenn sie Kinder ins Leben begleiten. Dieser natürliche Machtkampf zwischen Eltern und Kindern löst bei Erwachsenen oft Angst aus und wird nicht selten mit Unterdrückung und Gewalt beantwortet. Das muss aber nicht so sein! Das natürliche Kräftemessen kann auch von Wertschätzung, Liebe und Fairness geprägt sein und kann solchermaßen einen absolut positiven Beitrag in der kindlichen Entwicklung und in unserer Beziehung zum Kind leisten.

Kinder wollen starke Eltern
Wie sollen Kinder Respekt haben, wenn Eltern schwach und nachgiebig sind und sich zu viel gefallen lassen? Es ist natürlich, dass Kinder testen, um zu wissen, woran sie sind und wie weit sie gehen können. Jedoch können sich Kinder nur dann bei ihren Eltern geschützt und geborgen fühlen, wenn sie sie als überlegen erleben und zu ihnen aufschauen können.

Konfliktkultur
Kinder wollen eine klare Antwort auf ihre Frage der Macht. Eltern, die sich zu ihrer Führungsrolle bekennen, können diese so ausüben, dass sie sich nicht zu Machtmissbrauch – meist aus Überforderung – hinreißen lassen, sondern dass sie eine Kultur des Einspruchs und Widerspruchs möglich machen, damit Kinder lernen, ihre Wünsche und Bedürfnisse, aber auch ihre Einwände so zu artikulieren, dass sie zu ernst zu nehmenden Verhandlungspartnern heranreifen können. Auch liegt es in der Kompetenz der Führungskraft, konstruktive Streitkultur zu vermitteln, bei der alle Beteiligten sich respektiert und ernst genommen fühlen.

Kinder brauchen authentische und starke Persönlichkeiten und Vorbilder – echte, wohlwollende Autoritäten.

Überforderung durch Schwäche

Wenn Eltern ihre Führungsrolle und ihre Macht abgeben, wird oft jeder kleine und notwendige Ablauf im Familienalltag zur Nervenprobe. Damit überfordern sie nicht nur sich selber, sondern vor allem auch ihre Kinder, weil es ihnen an Halt und Orientierung fehlt.

Solche Kinder werden führungslos, frech und altklug und wir bringen sie um ihre unbekümmerte Kindheit und womöglich auch um ihre zukünftigen Chancen im Leben.

2.6. Führungskompetenz und Führungsverantwortung

Was versteht man nun unter Führen oder Führung?

In einem Skriptum aus dem Fach Betriebswirtschaft meiner Tochter Michaela (Quelle leider unbekannt) fand ich zu diesem Thema folgende Aussagen:

> *»Führen ist das Richtung weisende und steuernde Einwirken auf das Verhalten anderer Menschen, um ein Ziel zu verwirklichen. Es umfasst auch den Einsatz verschiedener Ressourcen. Führen ist lehr- und lernbar.«*

Was unterscheidet nun Führen von Zwang und Manipulation? Es hat mit der Legitimität der Führungsposition, der Kompetenzen und Machtbefugnisse und mit der Wahl der Mittel zu tun. Manipulation ist versteckte Machtausübung – sowohl was das Ziel als auch die Mittel anbelangt. Sie lässt sich schwer nachweisen, insbesondere dann, wenn ihre Opfer unmündige Kinder sind oder sich scheinbar freiwillig einem Diktat unterwerfen.

*»Führen ist nichts Selbständiges an sich, nicht Selbstzweck,
sondern Mittel zum Zweck, um Visionen, Planungsvorstellungen,
Ziele, Aufträge und deren Anforderungen realisieren zu können.
Führen hat eine dienende Funktion – nämlich der Sache, dem
Ziel.«*

Diese dienende Rolle kennen Eltern zur Genüge. Mit der Geburt eines Kindes wird ein langer Lebensabschnitt dieser Aufgabe untergeordnet. Wie lässt sich nun das Dienen mit dem Bekenntnis zu elterlicher Macht und Autorität vereinbaren? Zenta Maurin hat es in bewundernswerter Weise auf den Punkt gebracht und darum steht dieses weise Zitat auch zu Beginn dieses Kapitels: »Wer liebt, herrscht ohne Gewalt und dient, ohne Sklave zu sein.«

»Effizientes Führen ist für den Erfolg unabdingbar.«

Egal, wie man die Erziehungskultur vergangener Tage beurteilen mag – es gab einen allgemeinen gesellschaftlichen Konsens darüber, was akzeptiert war und was nicht. Kinder und Jugendliche wussten, was man von ihnen erwartete, woran sie waren, was sie sich erlauben konnten und was nicht. Dadurch war es für Eltern leichter, Führungskompetenz auszuüben.

Das hat sich in unserer modernen, pluralistischen Zeit grundlegend geändert. Erziehung ist zur Privatsache geworden. Es gibt viel weniger verbindliche Werte und Methoden, auf die Eltern zurückgreifen können, und keinen allgemeinen Konsens, was erlaubt ist und was nicht. Ein Überangebot an Erziehungsratgebern schafft oft erst recht Unsicherheit. Die Jugendschutzbestimmungen wurden lockerer und können sehr individuell ausgelegt werden. Dadurch können sich Eltern kaum mehr auf diese berufen, wenn sie dringend eine Stärkung ihrer elterlichen Autorität benötigen.

Es gibt kaum jemanden, der einen 12-jährigen Raucher im öffentlichen Raum zur Rede stellen würde, und wenn, dann wehren sich viele Eltern gegen einer derartige Einmischung. Das bedeutet aber auch, dass sie nicht mehr auf die Ressource eines erziehenden Kollektivs zurückgreifen können und Eltern heute zunehmend alleine dastehen und das Grenzensetzen viel mühsamer geworden ist als in früheren Zeiten. Ist man noch dazu allein erziehend, fehlt auch der zweite, stärkende und ausgleichende Elternteil.

All das hat Erziehung heute schwieriger gemacht und es ist notwendiger denn je, sich der eigenen Werte und Führungskompetenzen bewusst zu werden und ständig daran zu arbeiten.

Welches sind nun die Ziele der Erziehung?
Das langfristige Ziel der Erziehung besteht darin, die nächste Generation, die nächsten Führungskräfte heranzuziehen. Dabei handelt es sich darum, Kindern eine gesunde und ihren Anlagen und Begabungen entsprechende Entfaltung ihrer Persönlichkeit und ihre Integration in der Gesellschaft zu ermöglichen, in einer Weise, die sie ein aktives und verantwortungsbewusstes Individuum werden lässt, das im Einklang mit sich selbst, seinen Mitmenschen und der Umwelt leben kann – das aber auch genügend Selbstbewusstsein besitzt, seine eigene Meinung zu vertreten, und genügend Mut und Zivilcourage, sich in begründeten Fällen auch gegen den allgemeinen Strom oder gegen Autoritäten zu stellen.

»Die Aufgabenstellung des Managers konzentriert sich
immer mehr auf menschliche und soziale Führung.«

Die Aufgabenstellung der Eltern umfasst nicht nur die Befriedigung von Bedürfnissen, sondern vor allem auch die emotionale und soziale Entwicklung der Kinder und die Vermittlung von Werten. Eltern sind für das Familienmanagement verantwortlich. Sie sorgen für den Lebensunterhalt der Familie und müssen auch Verpflichtungen in Staat und Gesellschaft wahrnehmen. Bei alldem sollen auch ihre eigene persönliche Entwicklung und das eigene Wohlergehen nicht zu kurz kommen.

Welche Eigenschaften haben erfolgreiche Führungskräfte?
Wie Eltern ihre Rolle als Führungskräfte sehen und welche Aufgaben
ihnen zum jeweiligen Entwicklungsstand ihrer Kinder zukommen,
wird in unseren Seminaren von den Teilnehmern aktiv erarbeitet.
Welches Anforderungsprofil haben verantwortungsbewusste Eltern
zu erfüllen? Hier einige Anregungen:
- Liebesfähig, einfühlsam, belastbar, selbstsicher,
  ausgeglichen, flexibel
- verantwortungsbewusst, positiv denkend,
  aufmerksam, kritikfähig, konsequent
- Eltern sollten Veränderungen wahrnehmen und angemessen
  darauf reagieren, das Kreativpotential der Kinder und Partner
  erkennen und schätzen und an ihre Kinder glauben.
- Hinzu kommt ein hervorragendes Zeit- und Ressourcenmanagement

Sind Eltern Übermenschen?
Ein derartiger Anforderungskatalog ist nicht selten von Versagensängsten begleitet. Müssen Eltern Übermenschen sein? Nein, sie dürfen auch Fehler haben, aber sie sollten sich ihrer Vorbildfunktion bewusst sein und offen und verantwortungsvoll damit umgehen. Eltern
müssen auch dafür sorgen, dass sie sich vor Überforderung bewahren, indem sie einander partnerschaftlich unterstützen und sich gegebenenfalls auch Ressourcen von außen holen, damit sie ihre wichtige Aufgabe der Kindererziehung gut erfüllen können.

Echt sein geht vor perfekt sein
Eltern verdienen Ermutigung und Wertschätzung und dürfen mit
ihren Sorgen und Nöten von Politik, Wirtschaft und Gesellschaft
nicht allein gelassen werden, denn sie leisten die wichtigste volks-
wirtschaftliche Aufgabe, die in einer Gesellschaft erbracht werden
kann: Sie sichern den Fortbestand unserer Zivilisation.

Freiheit, Mitsprache, Gehorsam/Autorität

In einem gut geführten Unternehmen hat jeder Mitarbeiter ein gewisses Maß an Freiheit, an Mitbestimmung, aber auch an Weisungsgebundenheit (Gehorsam). In diesem Rahmen hat er oder sie die Möglichkeit, sich zu engagieren und zu entfalten, um zum Unternehmenserfolg beizutragen und selbst einmal in eine Führungsrolle hineinzuwachsen.

Daher stellen wir uns die Frage: Wie viel Freiheit, Mitsprache und Autorität braucht ein Kind?

2.7. Das »3-Körbe-Prinzip«

In den zahlreichen täglichen Interaktionen zwischen Eltern und Kindern fällt es nicht immer leicht, schnell und gleichzeitig situationsgerecht zu reagieren. Was können Sie erlauben, was nicht? Wie lange sollen Sie mit Ihren Kindern diskutieren? Wann lieber nicht? Wann sollen Sie auf Gefühle eingehen, wann auf Ihre Autorität pochen? Das Bild von den drei Körben soll Ihnen helfen, die jeweilige Situation schnell und stimmig zuzuordnen, um rasch und kompetent reagieren zu können.

Der Korb der Freiheit

Hier bestimmt das Kind, es kann tun, was es will. Hier kann es seinen kindlichen Übermut, seine Fantasie und seine Sorglosigkeit ausleben und Lebenslust auftanken. Es ist der Bereich der Gefühle und Bedürfnisse, der Lebensfreude und der Kreativität. Ein Kind muss auch spüren, dass es so sein darf, wie es seiner Wesensart nach ist. Das gelingt, wenn Eltern die Botschaft vermitteln: »Ich mag dich, wie du bist!« »Wir freuen uns, dass es dich gibt!« Das vermittelt Selbstwertgefühl und Urvertrauen.

DAS 3-KÖRBE-PRINZIP

Eltern als Führungskräfte: gewaltfrei, aber nicht machtlos

Die natürliche hierarchische Ordnung: Eltern sorgen – Kinder folgen – Kultur des Widerspruchs
Kinder sind gleichwertig (Würde, Wertschätzung),
aber nicht gleichberechtigt (unterschiedliche Rechte und Pflichten).

Wir hören aufeinander:

Eltern auf die Gefühle und Bedürfnisse der Kinder, Kinder auf das Wort der Eltern

FREIHEIT – Kinder bestimmen

Für Gefühle und Bedürfnisse. Die Wesensart des Kindes annehmen, wie es ist

Fördert: Kreativität, Lebensfreude, Selbstwertgefühl, individuelle Entfaltung

Freiheit braucht einen geschützten Rahmen je nach Situation, Alter und Entwicklungsstand des Kindes

VERSTÄNDNIS, ANNAHME

Aktives Zuhören, Coaching

MITSPRACHE – Beide bestimmen

Bei Dingen, die Kinder etwas angehen, bei Problemen, die sie haben oder verursachen

Fördert: Kompetenz, Selbstbewusstsein, Verantwortungsgefühl, Kooperation

Kinder nach ihren Ideen fragen, wie sie Probleme lösen möchten

PARTNERSCHAFTLICHKEIT

Verhandeln, Familienkonferenz

GEHORSAM – Eltern bestimmen

Bei Dingen, welche die Kompetenzen und Einsichtsfähigkeit der Kinder überschreiten

Fördert: inneren Halt, Sicherheit, Geborgenheit, soziale Eingliederung

Regeln, Strukturen, Gebote, Verbote, Vorbilder, Werte, Familienkultur, Rituale

GRENZEN, AUTORITÄT

Anweisungen, Konsequenzen, Strafen

Übersicht 1

52

Der Korb der Mitbestimmung
Hier bestimmen beide, das Kind darf mitreden. Es gibt Angelegenheiten, bei denen Sie Ihr Kind alters- und situationsbedingt mitbestimmen und mitentscheiden lassen können. Indem Sie Ihr Kind auf diese Weise ernst nehmen, stärken Sie das kindliche Selbstbewusstsein und sein Verantwortungsgefühl. Einmal getroffene Entscheidungen sollten auch für das Kind verbindlich sein – es sei denn, es wird neu verhandelt. Dies ist der Bereich der Mitbestimmung und der Eigenverantwortung.

Der Korb des Gehorsams
Hier bestimmen die Eltern, das Kind muss folgen. In manchen Belangen hat sich das Kind einfach den Anordnungen der Eltern zu fügen. Regeln und gute Gewohnheiten können dazu beitragen, dass dieser Bereich zu einer Selbstverständlichkeit wird. Er hilft entscheidend mit, den Schutz des Kindes zu gewährleisten und die notwendigen alltäglichen Abläufe effizient und reibungslos abzuwickeln. Hier bekennen sich Eltern zu ihrer natürlichen Autorität und gewähren dem Kind dadurch Halt, Sicherheit und Geborgenheit. Es ist der Bereich der Grenzen, der Achtung und des Respekts zwischen den Generationen. Liebevolle Autorität gibt Halt, fördert Selbstdisziplin und stärkt die Liebe der Kinder zu ihren Eltern.

Schauen wir uns die einzelnen »Körbe« noch genauer an.

Korb 1: Der Korb der Freiheit

In der Deklaration der Menschenrechte steht: »Jeder Mensch ist frei und gleich an Würde geboren.« In seiner Würde ist jedes Kind frei von Anfang an. In die Freiheit des Handelns muss es erst Schritt für Schritt hineinwachsen, bis es erwachsen ist. Sensible Eltern haben Respekt vor der Persönlichkeit und Würde ihres Kindes, vor der Freiheit, zu der jeder Mensch berechtigt und berufen ist.

In welchen Bereichen hat das Kind Freiheit? Zunächst beim

Äußern seiner Gefühle und Bedürfnisse. Niemand weiß besser über das eigene Befinden Bescheid als die betreffende Person selber – auch das Kleinkind. Es weiß selbst am besten, ob es hungrig oder ängstlich ist, auch wenn es sich noch nicht adäquat artikulieren kann. Eltern müssen nicht für alle Gefühle und Bedürfnisse Lösungen anbieten, aber sie sollten sie akzeptieren und ernst nehmen.

Ein wichtiger Bereich der Freiheit ist die Entfaltung der Persönlichkeit, das Kind in seiner ganz persönlichen Eigenart zu akzeptieren und nicht durch »Sei anders«-Botschaften zu verunsichern. Jedes Kind hat seine besondere Art sich auszudrücken. Es sollte nicht dauernd gezeigt oder vorgeschrieben bekommen, wie es etwas zu machen hat. Um seine Fähigkeiten zu entfalten, braucht es die Möglichkeit zu testen und zu experimentieren. Ihre Kreativität entfalten Kinder am besten, wenn ihnen innerhalb entsprechender Rahmenbedingungen angemessene Freiheit zugestanden wird, insbesondere beim Spielen. Geben Sie Ihrem Kind so viel Freiheit wie möglich innerhalb der Grenzen, die Sie für sinnvoll erachten. Das kann auch individuell von Kind zu Kind verschieden sein. In seiner Entwicklung fordert das Kind immer mehr Freiheit und Eigenständigkeit. Grenzen werden fortlaufend in Frage gestellt und verschoben – was beide Seiten herausfordert und dort gelingt, wo Liebe und Vertrauen die Basis bilden.

Das Kind in seiner Freiheit zu respektieren erfordert sehr viel Einfühlungsvermögen und Verständnis. Daher sind hier die erforderlichen Schlüsselqualifikationen das aktive Zuhören und das Hinführen zu Selbständigkeit und Einsicht durch das elterliche Coaching-Gespräch mit der Formel »verstehen – klären – lösen«, das in einem späteren Kapitel vorgestellt wird.

Korb 2: Der Korb der Mitbestimmung

Die moderne Auffassung von Pädagogik geht davon aus, dass Kinder selbständiger und selbstbewusster werden, wenn sie angemessen mitreden und mitbestimmen können. Auch ich teile diese Ansicht. Wenn Kinder die Erfahrung machen, dass sie auf rechte Weise

(»Mama, bitte darf ich …?« »Ich hab' einen Vorschlag …«) und mit guten Argumenten bei ihren Eltern etwas erreichen können, haben sie es nicht nötig, zu trotzen und zu erpressen. Doch ist es Aufgabe der Eltern, darauf zu achten, Kinder mit der Frage »Was willst du?« nicht zu überfordern. Das hängt vom Alter und Reifegrad des Kindes ab und ob die Eltern dafür sorgen, dass vereinbarte Regeln eingehalten werden.

Wenn Sie sich gestört fühlen, ist es ebenfalls von Vorteil, Mitbestimmung einzuräumen, statt Befehle auszuteilen: »Ich hab' ein Problem: Ihr seid mitten im Basteln, aber wenn der Tisch voll geräumt ist, kann ich nicht kochen …« Wenn Sie Ihren Kindern Gelegenheit geben, selber Lösungsvorschläge einzubringen, werden sie mehr Verantwortung übernehmen und beide Seiten fühlen sich respektiert – so mancher Machtkampf kann so vermieden werden.

Die kommunikativen Schlüsselqualifikationen im Korb der Mitbestimmung sind verschiedene Verhandlungstechniken, wie sie vor allem auch Thomas Gordon in seiner »Familienkonferenz« sehr schön dargestellt hat. In vielen Unternehmen ist betriebliche Mitbestimmung eine Selbstverständlichkeit und trägt bedeutend zur Motivation der Mitarbeiter und zum Unternehmenserfolg bei.

Korb 3: Der Korb des Gehorsams/der Autorität

Warum verwende ich dieses für viele Menschen so ungeliebte Wort? Ich könnte doch einfach nur vom Grenzensetzen reden. Grenzen setzen müssen wir im Leben immer wieder, auch auf gleicher hierarchischer Ebene, wenn zum Beispiel ein Kollege oder Nachbar meine Grenzen missachtet. Hier aber geht es darum, dass Kinder lernen, sich einzufügen und unterzuordnen. Diese Tugenden stehen heute nicht hoch im Kurs, weil man häufig annimmt, dass sie dem gesunden Selbstbewusstsein im Wege stehen. Das ist ein Irrtum. Wer Führungsqualitäten erwerben will, muss zuerst einmal gelernt haben, sich unterzuordnen. Dies ist gerade in den ersten Kindheitsjahren sehr wichtig. Kinder fühlen sich gut, wenn sie sich ihren Eltern

bedingungslos anvertrauen und unterordnen können, in der Gewissheit, dass sie auch ihrerseits mit ihren Anliegen ernst genommen werden. Dann strahlen sie Heiterkeit und innere Ruhe aus. Notorische
Neinsager hingegen sind nicht selbstbewusster, sondern labiler, lau-
nenhaft, überdreht und unausgewogen.

Welche kommunikativen Strategien können Eltern anwenden, um
sich in Korb 3 durchzusetzen? Hier kommt es vor allem zum Einsatz
von Ich-Botschaften, Anweisungen, Geboten und Verboten, Regeln
und Konsequenzen. Manchmal kann auch eine Strafe angemessen
sein – vorausgesetzt, sie greift nicht auf körperliche Züchtigungen
oder Demütigungen zurück.

Wie können Eltern erkennen, auf welcher Ebene, in welchem Korb
sie jeweils reagieren sollten?

Hier einige Beispiele:
- Ihr Kind hat ein Problem, kommt mit sich selber und seinen
  Gefühlen nicht klar? Verständnis und Einfühlungsvermögen
  sind gefragt: Korb 1.
- Es missachtet Ihre Grenzen? Dann haben Sie Handlungsbedarf
  in Korb 3.
- Sie reden sich »den Mund fusselig«, aber es fehlt Ihrem Kind an
  Einsicht? Fragen Sie sich leise: »Fühle ich mich ernst genommen?« Wenn Sie die Frage mit nein beantworten müssen, ist
  ebenfalls Handlungsbedarf in Korb 3.
- Sie spüren bei Ihrem Kind ein legitimes Streben nach Autonomie? Bieten Sie Mitsprache an, um neue Vereinbarungen zu
  treffen! (Korb 2)

Für eine Kultur des Widerspruchs

Um sicher zu gehen, dass wir Eltern nicht über kindliche Bedürfnisse
»drüberbügeln«, müssen wir ihnen die Möglichkeit einräumen, Einwände zu präsentieren. Wenn Sie der Meinung sind, dass die Steu-

ervorschreibung zu hoch ist, erheben Sie Einspruch. Wenn Ihr Kind der Aufforderung »Zieh dich an, wir müssen gehen!« nicht nachkommen will, kann es mit Ihnen Verhandlungen aufnehmen und somit in Korb 2 (Mitsprache) wechseln: »Darf ich noch den Turm fertig bauen?« Grundsätzlich spricht nichts dagegen, dass Sie diesem Einwand stattgeben – aber die Führungskompetenz bleibt bei Ihnen.

Zuerst »abholen«, dann hinführen

Sie sollten sich von einem Tobsuchtsanfall im Supermarkt von Ihrem Kind nicht erpressen lassen, daher ist Korb 3 (Gehorsam) angesagt. Ein stures elterliches Nein kann die Eskalation jedoch noch verschärfen. Wie wäre es, Sie holen Ihr Kind in Korb 1 (Freiheit) ab, indem Sie zunächst Verständnis für seinen Wunsch äußern (»Du hättest dieses Spielzeugauto wirklich gerne ...«) und dann erst zu Ihrem Entschluss zurückkehren (Ich-Botschaft: »Das Problem ist nur, dass ich dir nicht jedes Mal etwas Neues kaufen will, wenn wir einkaufen gehen. Aber du kannst wählen, welches Joghurt du möchtest.« (Korb 2) So wird es Ihrem Kind leichter fallen, Ihr Nein zu akzeptieren (Korb 3).

Mit diesem kurzen Ausflug zur Kunst des Grenzensetzens möchte ich veranschaulichen, wie Sie zwischen den drei Körben flexibel hin- und herschwenken können – und Ihre Führungskompetenz beibehalten.

Vorsicht Machtmissbrauch!

Die Notwendigkeit der Wahrung elterlicher Autorität soll aber kein Freibrief für willkürliche Machtausübung sein. Gar zu leicht lässt sich Autorität missbrauchen – wenn Eltern nicht auf die Gefühle ihrer Kinder eingehen und wichtige Bedürfnisse missachten, wie Aufmerksamkeit, Zuwendung, Überforderung, bzw. »lästiges« kindliches Verhalten autoritär »abstellen«.

Hier einige Beispiele:

- Wenn Einwände abgewimmelt werden:
  »Warum muss ich die warme Weste anziehen?« »Weil ich es gesagt habe!« – »Warum darf ich nicht zu meinem Freund gehen?« »Weil ich nicht will!« – »Ich bin schon so müde, ich will nach Hause gehen!«, aber Kinder die halbe Nacht lang das Elternprogramm absolvieren müssen.
- Wenn kindliche Kritik abgeschmettert wird:
  »Mama, du hast selbst gesagt, dass man vor dem Essen nicht naschen soll!« »Sei nicht so frech!« – »Papa, du hast versprochen, mit mir zu spielen!« »Jetzt gib endlich Ruhe!«
- Wenn Meinungen der Kinder lächerlich gemacht werden:
  »Was verstehst denn du schon davon!«
- Wenn mit Angst manipuliert wird:
  »Wenn du nicht sofort aufhörst, holt dich der schwarze Mann!«
- Wenn mit Liebesentzug gedroht wird:
  »Wenn du nicht brav bist, hab ich dich nicht mehr lieb!«
- Wenn Eltern die Abhängigkeit der Kinder missbrauchen und ihre Macht ausspielen:
  »Wenn es dir nicht passt, kannst du ja gehen!«

Herausforderung in Liebe

Es war immer schon so: Kinder stellen Eltern in Frage, Kinder halten uns den Spiegel vor, Kinder machen uns auf unsere eigenen Fehler und Schwächen aufmerksam. Das tut manchmal weh. Aber wenn wir uns ernsthaft damit auseinandersetzen, dann fördern wir nicht nur die Beziehung zwischen uns und unseren Kindern, sondern auch unsere eigene Entwicklung. Wenn Offenheit, Verständnis und Wertschätzung unsere Beziehungen prägen und wir nicht alles persönlich oder tierisch ernst nehmen, sondern uns vom kindlichen Humor anstecken lassen, dann können unsere täglichen familiären Auseinandersetzungen durchaus witzig und lustvoll sein – sind sie doch die Übungswiese unserer Kinder zum Erlernen sozialer Kompetenz.

Die eigenen Kinder sind unsere größte Herausforderung. Es gibt keine schönere Anerkennung, keinen größeren Erfolg im Leben, als die Liebe und die Achtung unserer Kinder zu gewinnen. Dies wird nur möglich sein, wenn unsere Beziehung zu ihnen von Liebe und Wahrheit geprägt ist und wenn wir uns ehrlich bemühen, an uns zu arbeiten und Vorbild zu sein. Keine Angst: Kinder brauchen keine Übermenschen. Sie haben Nachsicht mit so manchen unserer Fehler, wenn sie unsere Fairness und unser ehrliches Bemühen spüren.

Kapitel 3
Die Nachrichtenanalyse

Der Schlüssel für jede gute Beziehung
ist eine klare Kommunikation
und der Respekt vor der Persönlichkeit und
Individualität des anderen.

Thomas Gordon

3.1. Die 4 Seiten der Nachricht*

Das »Nachrichtenquadrat« des deutschen Kommunikationsforschers Friedemann Schulz von Thun stellt ein hervorragendes Kommunikationswerkzeug dar, um die »Botschaften zwischen den Zeilen« zu verstehen. Da man bei der Anwendung dieses »Werkzeugs« bewusster senden (reden) und entschlüsseln (zuhören) lernt, versuchen wir in unseren Seminaren, Eltern damit vertraut zu machen – falls sie es nicht ohnehin schon sind, denn es wird häufig auch in beruflichen Weiterbildungsseminaren verwendet. Das dahinterliegende Prinzip lässt sich in wenigen Minuten erklären. Ich lade Sie ein, die beiden Graphiken zu betrachten, die 4 Seiten der Nachricht zunächst aus der Sicht des Senders (der Sender mit den 4 Zungen), dann aus der Sicht des Empfängers (der Empfänger mit den 4 Ohren), der die empfangene Nachricht hört und entschlüsseln muss.

Laut F. Schulz von Thun hat jede Nachricht gleichzeitig vier Ebenen, der Sender spricht sozusagen mit vier Zungen.

---

* Quelle: »Miteinander reden«, Teil 1, von Friedemann Schulz von Thun

DAS NACHRICHTENQUADRAT
DIE 4 SEITEN EINER NACHRICHT

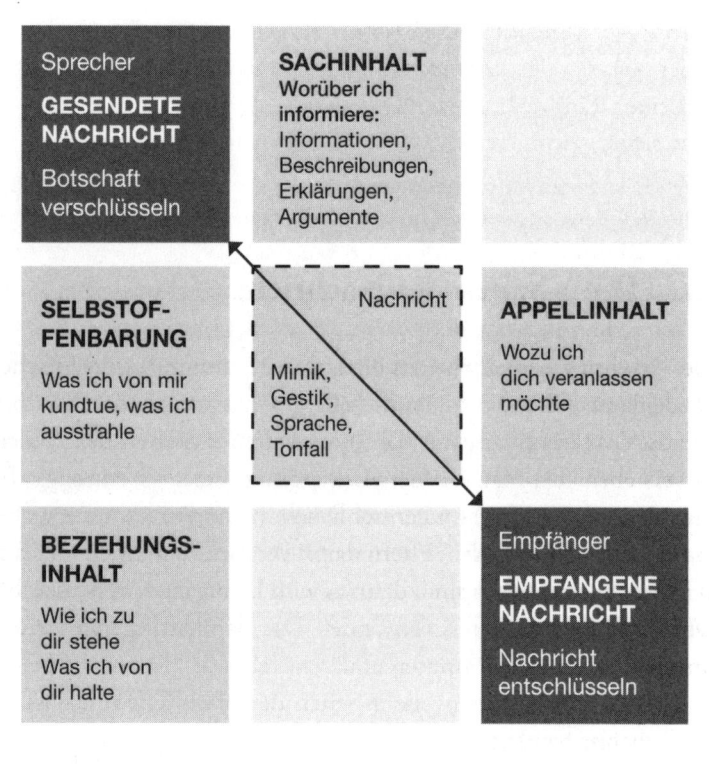

Sprecher **GESENDETE NACHRICHT** Botschaft verschlüsseln	**SACHINHALT** Worüber ich informiere: Informationen, Beschreibungen, Erklärungen, Argumente	
SELBSTOF-FENBARUNG Was ich von mir kundtue, was ich ausstrahle	Nachricht Mimik, Gestik, Sprache, Tonfall	**APPELLINHALT** Wozu ich dich veranlassen möchte
BEZIEHUNGS-INHALT Wie ich zu dir stehe Was ich von dir halte		Empfänger **EMPFANGENE NACHRICHT** Nachricht entschlüsseln

Übersicht 2

Die Sachebene

Immer, wenn jemand sendet, gibt es einen Sachinhalt. Das lässt sich mit der Frage auf den Punkt bringen: Worum geht es? Worüber informiere ich? Es sind Informationen, Erklärungen, Beschreibungen, Argumente.

Die Selbstoffenbarungsebene

Immer, wenn jemand verbal oder auch non-verbal eine Nachricht sendet, sagt er oder sie auch etwas über sich selber aus. Wir bekommen einen Eindruck, ein Bild von der Person, selbst wenn wir sie nicht sehen, wenn sie zum Beispiel im Radio spricht. Das ist die Ebene der Selbstoffenbarung oder Ich-Ebene. Nicht immer ist den Menschen bewusst, was sie auf dieser Ebene senden. Das hat viel mit Selbsterkenntnis zu tun. Oft haben wir aber geradezu einen blinden Fleck. Die Frage lautet: Wie wirke ich auf andere? Was tu ich von mir selber kund? Wir können diese Ebene ausdrücklich zum Thema machen, zum Beispiel: »Ich komme aus Österreich«, »Ich liebe Musik«, »Ich freue mich«, »Ich bin müde«, »Ich bin verärgert.« Wenn wir uns Klarheit verschaffen wollen, können wir auch danach fragen, wie wir auf andere wirken: »Welchen Eindruck hast du von mir?« Was wir hier senden, ist zum einen situationsbezogen, von unserer momentanen Befindlichkeit abhängig, aber auch von unserem Charakter, unserem Temperament, unserer Persönlichkeit, von unserem Äußeren und unserem Outfit, das zu unserer Persönlichkeit passen kann oder auch nicht.

Die Beziehungsebene

Immer wenn wir eine Nachricht senden, dann drücken wir irgendwie auch aus, wie wir zu der Person stehen, zu der wir sprechen, was wir von ihr halten, welche Einstellung und welchen hierarchischen Bezug wir zu ihr haben. Das kann idealerweise neutral wohlwollend sein und eine Haltung der Wertschätzung ausdrücken, aber auch ängstlich, unterwürfig oder abschätzend, überheblich oder demütigend. Wenn ich sage: »Ich liebe dich« oder »Ich hasse dich!«, habe ich beide Male direkt zum Ausdruck gebracht, wie ich zu dir stehe, einmal auf positive, das andere Mal auf negative Weise, das heißt, die andere Person wird es entweder gerne hören oder auch nicht, sich dabei gut oder verletzt fühlen.

Meist wird aber der Beziehungsinhalt nicht direkt, sondern indirekt, anders gesagt nicht explizit, sondern implizit ausgedrückt.

Der Appell

Auf der Appellebene bringe ich zum Ausdruck, bewusst oder unbewusst, was ich vom anderen erwarte, wozu ich ihn veranlassen möchte. Das lässt sich mit der Frage klären: »Was will ich von dir?«, »Wozu sage ich das überhaupt?«

Die Bedeutung der Nachricht ergibt sich immer aus einem bestimmten Kontext, den wir als Ganzes sehen müssen, um sie richtig zu interpretieren. Sie wird über das gesprochene oder geschriebene Wort, die Sprache, Gestik und Mimik kommuniziert, welche dem Inhalt des Gesagten die besondere Bedeutung verleihen. Nicht umsonst sagt das Sprichwort: »Der Ton macht die Musik!«

Eine der Seiten der Nachricht steht immer im Vordergrund, d. h. sie wird ausdrücklich, explizit, gesagt, während die anderen Botschaften meist unausgesprochen, implizit, darin enthalten sind.

Fallbeispiel 1:

Eine Frau macht folgende Bemerkung: »Es zieht!«

Es handelt sich hier vordergründig um eine Nachricht auf der Sachebene. Sie macht eine Feststellung. Welche Selbstoffenbarung macht sie mit dieser Bemerkung? Anders gesagt: Was glauben wir, was sagt diese Person damit über sich selber aus? Wahrscheinlich: »Mir ist kalt.« Was sagt dieser Satz über ihre Beziehung zu demjenigen aus, dem sie das sagt? Das kann neutral wohlwollend sein, es könnte aber auch einen unterschwelligen Vorwurf enthalten, je nach Tonlage (»Merkst du nicht, dass mir kalt ist?!«). Schließlich: Welchen Appell sendet diese Frau damit? Wahrscheinlich: »Mach das Fenster zu!« oder »Ich möchte dich nur informieren, dir meine Befindlichkeit mitteilen.«

Wir merken, dass die Lösungen vielschichtig und nicht eindeutig sind. Aus der Sicht des Empfängers sind es bloße Vermutungen. Ihre Deutung ergibt sich aus dem jeweiligen Kontext und lässt sich aus Ton, Mimik und Gestik interpretieren. Sehen wir uns deshalb die nächste Graphik an.

3.2. Der Empfänger mit den 4 Ohren

Betrachten Sie dazu die Übersicht 3.

Um eine Nachricht zu entschlüsseln, muss der Empfänger Vermutungen darüber anstellen, wie das Gesagte wohl gemeint sein mag. Er hört sozusagen mit 4 Ohren gleichzeitig, indem er sich intuitiv folgende Fragen stellt:

Das Sach-Ohr
Auf der Sachebene: »Worum geht es eigentlich? Ist die Information klar für mich?« Habe ich überhaupt akustisch richtig verstanden? Hier hilft Nachfragen: »Kannst du es bitte wiederholen? Ich habe dich nicht gut gehört.« Oder: »Ich habe das nicht gut verstanden. Kannst du es mir bitte erklären?« Oder: »Was bedeutet eigentlich XY?«

Das Selbstoffenbarungsohr
Auf der Selbstoffenbarungsebene fragt sich der Zuhörer: Was ist das für einer? Wie ist seine oder ihre momentane Stimmung? Wenn jemand Selbstoffenbarungsbotschaften gut entschlüsseln kann, spricht man von Menschenkenntnis.

DER EMPFÄNGER MIT DEN 4 OHREN

Intuitiv stellt der Empfänger Vermutungen darüber an, wie die Nachricht zu verstehen sei. Dies kann stimmen oder auch nicht. Wenn die Nachricht anders ankommt, als sie gemeint war, kommt es zu Missverständnissen. Daher lohnt es sich manchmal nachzufragen, anstatt davon auszugehen, dass ich weiß, wie es der Sender gemeint hat.

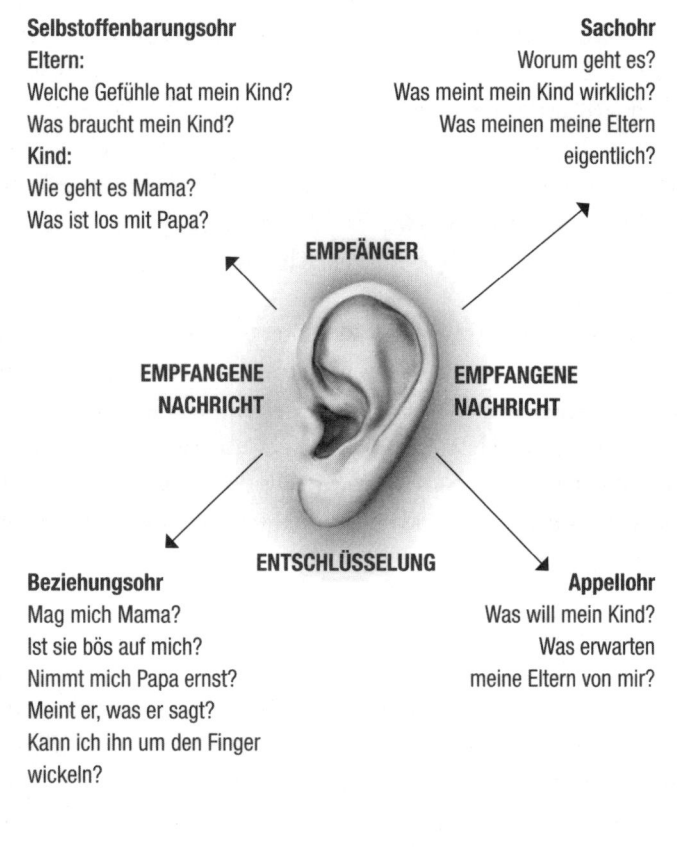

Selbstoffenbarungsohr
Eltern:
Welche Gefühle hat mein Kind?
Was braucht mein Kind?
Kind:
Wie geht es Mama?
Was ist los mit Papa?

Sachohr
Worum geht es?
Was meint mein Kind wirklich?
Was meinen meine Eltern eigentlich?

EMPFÄNGER

EMPFANGENE NACHRICHT

EMPFANGENE NACHRICHT

ENTSCHLÜSSELUNG

Beziehungsohr
Mag mich Mama?
Ist sie bös auf mich?
Nimmt mich Papa ernst?
Meint er, was er sagt?
Kann ich ihn um den Finger wickeln?

Appellohr
Was will mein Kind?
Was erwarten meine Eltern von mir?

Übersicht 3

Unser unsichtbares Schild

Ist es nicht so, als würden wir Menschen wie mit einem unsichtbaren Schild durchs Leben gehen, auf dem Botschaften stehen können wie: »Ich bin offen und kommunikativ«, »Ich bin ängstlich und misstrauisch«, »Keiner mag mich!«, »Ich bin zu kurz gekommen!«, »Ich traue niemandem«, »Ich lasse mir nichts gefallen«, »Ich habe Komplexe«, »Ich bin die Größte!«, »Ich bin ein Optimist« oder »Ich bin ein Menschenfreund«? Vor einigen Jahren sah ich einen Film mit Andreas Vitasek, in welchem die Hauptdarstellerin sagte: »Spätestens mit 40 hat jeder das Gesicht, das er sich verdient!« Ich denke, da ist etwas Wahres dran. Für mich sagt dieser lockere Spruch aus, dass uns Dinge im Leben nicht einfach nur passieren, sondern dass wir die Wahl haben, selbst an unserer Persönlichkeit zu arbeiten oder es auch bleiben zu lassen, bewusst nach Werten zu leben oder uns gehen zu lassen – und dass man es uns mit der Zeit ansieht, welche Grundeinstellung wir im Leben haben.

Das Beziehungsohr

Am empfindlichsten reagieren die meisten Menschen am Beziehungsohr. Intuitiv stellen wir uns die Frage: »Wie steht diese Person zu mir? Mag sie mich? Akzeptiert sie mich? Nimmt sie mich ernst?« Wenn wir Störungen am Beziehungsohr wahrnehmen, sollten wir es ansprechen, weil diese Ebene die sensibelste ist und die gesamte Kommunikation und Beziehung zwischen zwei Menschen beeinträchtigen kann.

Das Appellohr

Schließlich gibt es noch das Appellohr. Da stellen wir uns die Frage: »Was erwartet der Sprecher von mir?« »Wozu will er mich motivieren, überreden oder anleiten?«

Wenn Eltern versuchen, die Wünsche und Bedürfnisse ihres Kindes zu erkennen, sind sie appellorientiert. Das ist bei Babys und Kleinkindern durchaus angemessen und notwendig. Später kann die einseitige Betonung des Appellohrs in Verwöhnung ausarten – wenn wir einseitig darum bemüht sind, unseren Kindern jeden Wunsch von den Augen abzulesen, unsere eigenen Bedürfnisse dabei missachten und unmerklich beginnen, uns von ihnen dirigieren zu lassen.

Umgekehrt haben Kinder oft ein Problem mit dem Appellohr. Oft wollen sie so gar nicht tun, was von ihnen erwartet wird.

Wer effizient kommunizieren will, tut gut daran, auf alle vier Ebenen gleichzeitig zu achten. Welche Ebene gerade die wichtigste ist und auf welcher Ebene wir reagieren wollen, können wir bewusst entscheiden.

3.3. Quelle von Missverständnissen: Vermutungen und Interpretationen

Immer, wenn wir eine Botschaft empfangen, fragen wir uns intuitiv: Wie ist das gemeint? Dabei stellen wir Vermutungen an. Es ist nichts Negatives an sich, Vermutungen anzustellen und Dinge oder Ereignisse zu interpretieren, d. h., ihnen unsere persönliche Deutung zu geben. Ohne eine solche »Denkakrobatik«, denn das ist es ganz bestimmt, könnten Menschen gar nicht effizient miteinander kommunizieren. Zum Glück interpretieren wir in einem hohen Ausmaß richtig. Treffende Zuordnungen zu finden ist ein Zeichen von Intelligenz und sozialer Kompetenz. Aber es muss uns klar sein, dass Vermutungen eben nur Vermutungen sind, dass sie stimmen können oder auch nicht. Daher ist es ratsam, vorschnelle Schlüsse, die wir oft für Tatsachen halten, zu meiden, denn sie könnten falsch sein und zu Vorurteilen verleiten. Wir könnten uns irren und so dem anderen Unrecht tun.

Klärung durch Nachfragen
Daher sollten wir unsere Vermutungen klugerweise und fairerweise auf ihre Richtigkeit hin prüfen, will man nicht aneinander vorbei-

reden und Störungen aufgrund von Missverständnissen erzeugen. Es ist in der Verantwortung des Empfängers, nachzufragen.

Ich habe die Wahl: Auf welcher Ebene will ich reagieren?
Machen wir uns auch bewusst, dass wir immer die Wahl haben: Auf welcher Ebene will ich reagieren? Ich kann es mir aussuchen und dadurch das Gespräch positiv oder negativ beeinflussen. Für einen bewusst kommunizierenden Menschen gibt es keine Ausrede: »Weil er … getan/gesagt hat, musste ich … tun/antworten!« Nein! Ich hätte immer auch anders reagieren können!

Gehen wir zurück zu unserem harmlosen Beispiel »Es zieht!« Wie kann der Empfänger oder die Empfängerin darauf reagieren? Er könnte auf die Sachebene schauen und die Information einfach nur zur Kenntnis nehmen, z. B.: »Ja, finde ich auch!« Er könnte auf die Selbstoffenbarungsebene eingehen und nachfragen: »Ist dir kalt?« oder auf der Beziehungsebene reagieren, wenn er sich beispielsweise kritisiert fühlt: »Musst du schon wieder meckern?« oder etwas salonfähiger »Ich fühle mich kritisiert« bekunden. Weiters könnte der Empfänger nach dem Appell fragen: »Soll ich das Fenster zumachen?« Die Antwort könnte auch non-verbal sein, indem er einfach aufsteht und das Fenster schließt.

3.4. Unklare Botschaften

Rate doch mal!
Sehr klar drückt diese Frau mit ihrer Nachricht »Es zieht« jedenfalls nicht aus, was sie will. Manche Menschen haben die Erwartung, der andere müsse das doch erraten, und sind enttäuscht, wenn es nicht so ist. Klarer wird die Kommunikation, wenn sie sagt: »Mir ist kalt. Bitte mach das Fenster zu!« Dann sendet sie gleich auf zwei Ebenen (Selbstoffenbarung und Appell) und der Empfänger weiß, was mit ihr los ist und was sie will. Das macht es ihm leichter, sich in sie hineinzufühlen, sie zu verstehen. Sie gibt ihm eine Chance, in ihrem

Sinn zu handeln, anstatt sich zu ärgern, wenn es nicht geschieht – ohne womöglich ihren Anteil am Misslingen der Kommunikation zu erkennen.

Wenn wir es »durch die Blume« sagen

Ein Merkmal der Erziehung vergangener Tage war es, Kindern, insbesondere Mädchen, zu vermitteln: »Es gehört sich nicht, Wünsche zu äußern, anspruchsvoll zu sein. Das ist unbescheiden und unerzogen.« Durch solche Botschaften konditioniert, haben viele Erwachsene nicht gelernt, ihre Wünsche offen und adäquat zu formulieren. Sie sagen es daher »durch die Blume«, eben so, dass der andere raten muss. Damit ersparen sie es sich, offen zu ihren Wünschen zu stehen oder ehrlich Kritik zu äußern. So sehr ich Blumen liebe, als Kommunikationsmittel zur Verschleierung taugen sie wenig. Sie bringen Missverständnisse und Gefühle der Frustration auf beiden Seiten. Nachdem ich mit dieser Strategie geringe Chancen habe, meine Wünsche und Bedürfnisse befriedigt zu sehen, verleitet sie auch zu Manipulationsspielchen. Irgendwie will man ja doch erreichen, was man will. Das Leben wird kompliziert, Beziehungen werden getrübt.

Was ist dabei, offen und freundlich zu sagen, was wir wünschen und was uns stört – solange wir dem anderen die Freiheit lassen, unsere Wünsche zu erfüllen oder auch nicht? Rücksicht und Bescheidenheit sind Tugenden, die ich sehr schätze. Aber sie sollten auf dem Boden eines gesunden Selbstwertgefühls wachsen, als Tugend einer reifen statt frustrierten Persönlichkeit, die sich einem anderen zuliebe zurücknehmen, gegebenenfalls aber auch für ihre Bedürfnisse selbstbewusst eintreten kann.

Ich bin für eine offene und wertschätzende Kommunikation mit unseren Kindern von klein auf, in welcher beide Seiten einander ernst nehmen und aufeinander hören. Die Anleitung dazu können sie nur von uns Erwachsenen erhalten. Gesprächskultur gehört vorgelebt und eingeübt.

Widersprüchliche Botschaften

Manche Menschen sagen mit Vorliebe genau das Gegenteil von dem, was sie meinen.

- »Das ist aber eine schöne Bescherung!« statt »Welch ein Missgeschick!«
- »Das ist aber nicht sehr nett von dir!« statt »So eine Frechheit!«
- »Du hast uns gerade noch gefehlt!« statt »Gerade jetzt kommst du sehr ungelegen!«

Bei Kindern stiftet eine solche Sprache Verwirrung. Sie nehmen Dinge auf kindlich naive Art wörtlich. Ironie und Zynismus haben immer einen negativen Beigeschmack und sind für Kinderseelen giftig und verwirrend.

»Dann mach doch, was du willst!«,
hört man manche Eltern sagen, wenn sie vom Verhalten ihres Sohnes oder ihrer Tochter enttäuscht sind, weil er oder sie nicht auf die Stimme der Vernunft hört. Es ist ein Zeichen von Hilflosigkeit und Resignation, wenn wir Kinder auf solche Weise von uns stoßen. Denn in Wirklichkeit will man genau das nicht. Viele Konflikte ließen sich leicht lösen, wenn Eltern den Mut hätten, ihre ehrlichen Gefühle zu sagen, weil es Kinder ermutigt, dasselbe zu tun, anstatt sich in Protestreaktionen hineinzusteigern.

»Das darf man nicht!«
Stellen Sie sich vor, Ihr Kind benimmt sich unartig einer von Ihnen ungeliebten Person gegenüber. Dann kann es vorkommen, dass man das Kind verbal dafür tadelt, weil man korrekt sein will, das Kind jedoch ein geheimes Lächeln, vielleicht sogar eine gewisse Genugtuung bei Ihnen verspürt. Worauf soll es reagieren: auf das, was Sie sagen, oder auf das, was Sie ausstrahlen? Kinder entscheiden sich immer für das Letztere, denn sie sind Meister der intuitiven Kommunikation. Weil sie die Zusammenhänge aber nicht logisch zuordnen können, entsteht Verwirrung: »Was meint meine Mutter nun eigentlich?!«

Fragt das Kind nach, so heißt es meistens: »Sei nicht so frech!«, weil man sich ertappt fühlt.

3.5. Der Vorgang des Verschlüsselns und Entschlüsselns

Die beiden Vorgänge des Verschlüsselns und Entschlüsselns finden immer statt, wenn Menschen miteinander kommunizieren, meistens unbewusst. Gott sei Dank entschlüsseln wir in einem hohen Ausmaß richtig – das heißt, beim Empfänger kommt ungefähr das an, was der Sender meint, sonst wäre menschliche Kommunikation unmöglich.

Aber stimmiges Verschlüsseln und Entschlüsseln ist gar nicht so selbstverständlich. Der Sender fasst seinen Gedankeninhalt, das, was er sagen will, in Worte. Er verschlüsselt. Das erfordert die hohe Kunst, zu abstrahieren und sich auszudrücken. Der Empfänger leistet einen ebenso großen Beitrag zum Gelingen der Kommunikation, indem er entschlüsselt. Das gelingt ihm, indem er zuhört und sich intuitiv überlegt, wie das Gesagte wohl gemeint sei. Das Resultat hängt von seiner Aufmerksamkeit, seinem Wissensstand, seinen Vorerfahrungen, seinem Wohlwollen und von seiner Stimmung ab. Dabei kommt es nicht nur auf die gesprochenen Worte, sondern auch auf Mimik und Tonfall an und auf den jeweiligen Kontext, d. h. auf den Zusammenhang, in dem eine bestimmte Nachricht gesendet wird. Je besser die Beziehungsebene zwischen zwei Menschen ist, umso wahrscheinlicher ist es, dass Botschaften gut gesendet und gut empfangen werden.

Wie schon erwähnt, kann es leicht zu Missverständnissen kommen und manchmal hat man gar den Eindruck, zwei Menschen sprechen nicht dieselbe Sprache – dann kriegen sie alles in die »verkehrte Kehle« oder es scheint, als lebten sie auf einem »anderen Planeten«. Je konfliktträchtiger die Beziehung, umso häufiger tauchen kommunikative Schwierigkeiten auf. Umgekehrt können diese zu Konflikten führen, die vorher nicht vorhanden waren, weil man gerne dem jeweils anderen die Schuld an einem Missverständnis gibt, das man gar nicht als solches erkannt hat. Man nimmt es einfach gerne »persönlich«.

Die Verantwortung des Senders
Wie sieht die Verantwortung des Senders am Gelingen der Kommunikation aus?

Je klarer und kongruenter, d. h. stimmiger der Sender seine Nachricht formuliert, umso leichter kann sie der Empfänger richtig entschlüsseln. Daher tragen wir die Verantwortung dafür, klar zu senden, insbesondere wenn wir mit Kindern reden. Sehen Sie sich die Fallbeispiele 2, 3 und 4 an.

Die Verantwortung des Empfängers
Aber auch als Empfänger tragen wir ein Stück Verantwortung dafür, wie die Nachricht bei uns ankommt. Nehmen wir uns die Mühe, aufmerksam zuzuhören? Fragen wir nach, wenn uns etwas nicht klar ist, oder gehen wir naiv davon aus, dass das, was wir verstehen, genau das ist, was der Sender gemeint hat? Sind wir von Vorurteilen geprägt und denken: »Das sagt sie nur, um mich zu ärgern« oder »Ich weiß eh, was sie sagen will, da brauche ich gar nicht genau hinzuhören«?

Warum kommunizieren Menschen überhaupt?
Sie wollen informieren (Sachebene), etwas bezwecken und Anweisungen geben (Appellebene) oder über sich selber reden (Selbstoffenbarungsebene). Meiner Meinung nach ist es das Mitteilungs- und Geltungsbedürfnis, welches den Inhalt der meisten Gespräche bestimmt. Natürlich ist das auch von Typ zu Typ verschieden. Aber wir wollen, indem wir reden, etwas verarbeiten und uns dabei auch wichtig fühlen. Es geht also um das Bedürfnis nach Selbstoffenbarung, das jedem Menschen angeboren und dessen Befriedigung genauso lebensnotwendig ist wie Essen, Trinken und frische Luft zum Atmen. Wir sollten einander ermöglichen, dieses Bedürfnis in

gesunden Proportionen und auf gesunde Weise ausleben zu können. Wenn wir es Kindern ermöglichen, leisten wir den wichtigsten Beitrag für ihre psychische Gesundheit und zur Entfaltung eines gesunden Selbstwertgefühls. Dies gelingt, wenn Eltern Aufmerksamkeit schenken, sich zurücknehmen und aktiv zuhören, wenn Kinder das Bedürfnis haben, uns ihre Erlebnisse mitzuteilen.

Ich bin OK, du bist OK

Es ist vorteilhaft, wenn Menschen so miteinander kommunizieren, als würden sie auf der Ebene der Selbstoffenbarung sagen: »Ich bin OK«, und die zugrundeliegende Beziehungsbotschaft würde lauten: »Du bist OK.« Das gelingt aber nur, wenn unser Selbstwert intakt ist, wenn wir unsere Stimmungen kontrollieren können und dem anderen Wohlwollen entgegenbringen. Wenn man verliebt ist, sind diese Voraussetzungen optimal vorhanden. Aber wie ist es im Konfliktfall? Wenn ich in einer Stresssituation bin oder jemanden unsympathisch finde? Bin ich auch dann noch dazu willens und fähig?

Spüren Sie, wie wichtig offene, wohlwollende und wertschätzende Kommunikation mit Kindern für deren Entwicklung ist? Ich denke, ja, sonst hätten Sie dieses Buch erst gar nicht in die Hand genommen.

Leib und Seele

Die Art und Weise, wie wir mit unseren Kindern kommunizieren, ist prägend für ihr Wohlbefinden und die Entwicklung ihres Selbstwertgefühls. So wie der Körper die Basis unserer physischen Konstitution ist, so ist das Selbstwertgefühl die Grundlage unserer Seele, unserer Persönlichkeit. So wie der Körper braucht es Nahrung, um sich zu entwickeln. Wird der Körper verletzt, stößt man einen Schmerzensschrei aus. Wird die Seele verletzt, so reagiert sie mit Abwehr oder Rückzug, ausgedrückt in so manchen Verhaltensauffälligkeiten.

3.6. Wie unklare Botschaften auf Kinder wirken

Ist es nicht geradezu logisch, dass Kinder uns nicht ernst nehmen und anders handeln, als wir es erwarten, wenn wir unklare und doppeldeutige Botschaften senden? Wir Eltern haben daher viel gewonnen, wenn wir unsere Botschaften auf ihre Stimmigkeit (Kongruenz) prüfen.

Fallbeispiel 2: Die zertrümmerte Vase
Vater sagt verärgert: »Das ist aber eine schöne Bescherung!« statt »So ein Missgeschick!«
- *Sachebene:* »Das ist eine schöne Bescherung!«
- *Versteckte Selbstoffenbarung:* »Ich ärgere mich über die kaputte Vase!«
- *Versteckte Beziehungsebene:* »Du machst einem nur Scherereien!«
- *Versteckter Appell:* »Pass nächstes Mal besser auf!«

Eine Bescherung ist eigentlich etwas Schönes und erinnert das Kind an Weihnachten. Was soll es nun glauben: Den Worten des Vaters oder der Botschaft, die in seinem verärgerten, vielleicht sogar drohenden Ton enthalten ist? Resultat: Verwirrung!

Fallbeispiel 3: »Das darf man nicht!«
Die 3-jährige Lisa zeigt der Schwiegermutter die Zunge.
Mutter mit verschmitztem Lächeln: »Aber das darf man nicht!«
Welche versteckten Botschaften schickt diese Mutter ihrer Tochter?
- *Sachebene:* »Das darf man nicht!«
  (Die Mutter nennt eine Verhaltensregel.)
- *Versteckte Selbstoffenbarung:* »Ich mag meine Schwiegermutter nicht!« »Ich spüre Schadenfreude.«
- *Versteckte Beziehung:* »Jetzt hast du es ihr aber gezeigt!« »Dein Benehmen bereitet mir Genugtuung.« »Ich bin stolz auf dich!«
- *Appell:* »Tu das nicht!«, *Versteckter Appell:* »Mach weiter so!«

Wie soll sich die kleine Lisa nun auskennen? Die Erfahrung zeigt, dass die non-verbalen, versteckten Botschaften stärker sind als die gesprochenen Worte, welche in diesem Beispiel geradezu gegensätzlich sind. Wir dürfen uns also nicht wundern, wenn Lisa die Nachricht als Ermutigung wertet und der unausgesprochenen Erwartung ihrer Mutter »Mach weiter so!« entspricht.

Fallbeispiel 4: Robin (6 J.) in der Zwickmühle

Robin, 6 Jahre, will auf einen herabhängenden Ast klettern. Nachdem Robin eine Weile im Mittelpunkt gestanden hat, will sich die Mutter mit ihrer Freundin unterhalten und sagt: »Das musst du schon alleine schaffen!« Während sie das sagt, reicht sie ihrem Sohn halbherzig die Hand.

- *Sachebene:* »Es geht darum, ob ich dir helfe oder nicht.«
- *Selbstoffenbarung:* »Ich will dir zwar nicht helfen, aber ich tu es doch. Ich möchte mich mit meiner Freundin unterhalten, aber ich sag das nicht klipp und klar.«
- *Beziehung:* »Du schaffst es nicht allein!«
  »Ich trau dir nicht zu, auf mich Rücksicht zu nehmen!«
- *Appell:* »Lass mich in Ruh!« und gleichzeitig versteckt:
  »Stör mich ruhig, wenn du willst!«
- *Fazit:* Was soll Robin glauben? Die Mutter sendet Botschaften voller Widersprüche. Wahrscheinlich schließt er intuitiv daraus: »Sie meint nicht, was sie sagt.« Und: »Wenn ich lästig genug bin, erreiche ich, was ich will.« Die Erfahrung gibt ihm ja oft recht.

3.7. Die Macht der Worte

WORTE
beeinflussen unser Lebensgefühl
und die Meinung, die wir über uns selbst haben.

unbekannt

Wie kommunizieren wir nun als Eltern, wenn uns das Verhalten unseres Kindes stört, wenn es uns nicht ernst nimmt oder sonst irgendwie »auf die Palme« bringt? Wie sieht es in solchen Momenten mit unserer Wertschätzung aus? Wie zeige ich meinen Frust, ohne Unheil anzurichten?

Abwertende Bemerkungen sind wie Giftpfeile in die Kinderseele Betrachten wir ein Alltagsbeispiel anhand unserer Nachrichtenanalyse.

Fallbeispiel 5: »Du bist aber lästig!«
Der Kontext: Nehmen wir an, die Mutter kommt nach einem langen Arbeitstag nach Hause, will ein bisschen verschnaufen und die Post durchsehen, bevor sie sich anschickt, das Abendessen zu machen. Doch ihre 4-jährige Tochter Isabelle lässt nicht ab und will alle zwei Minuten etwas von ihr. Genervt pfaucht sie das Kind an: »Du bist aber lästig!«

Was sendet die Mutter?
Hier haben wir es mit einer Beziehungsbotschaft zu tun, leider mit einer negativen. Was steht auf den anderen Ebenen »zwischen den Zeilen?« Es ist, als wollte die Mutter sagen:

- *Sachebene:* Sie informiert: »Ich habe einen schweren Arbeitstag hinter mir.«
- *Selbstoffenbarung:* »Ich bin müde.« »Ich bin gereizt.«
- *Beziehung:* Außer »Du bist aber lästig!« kann man differenzierter heraushören »Momentan bist du mir zu anstrengend.«
- *Appell:* »Lass mich ausruhen!« »Nimm bitte mein Bedürfnis ernst!«

Was kommt bei Isabelle an?

Versetzen wir uns in die Lage der 4-jährigen Isabelle: Was hört sie? Welche Fragen stellt sie sich intuitiv? Kinder hören überwiegend mit dem Beziehungsohr. Die Beziehung zu den Eltern ist die existentielle Basis für Kinder, sind sie doch ganz von den Erwachsenen abhängig.

- *Isabelle fragt sich intuitiv:* »Ist Mama bös auf mich?« »Mag sie mich überhaupt noch, wenn sie so mit mir schimpft?«
- *Was kommt wohl bei ihr an?* Vermutlich so etwas wie: »Ich bin bös auf dich!«, »Ich mag dich nicht!«, »Du bist unerwünscht!«
- *Was schließt sie daraus?* »Ich bin unerwünscht«, »Mama mag mich nicht.«
- *Was ist das Ergebnis?* Vielleicht wird Isabelle momentan Ruhe geben, aber sie muss ihre Gefühle und Bedürfnisse unterdrücken. Das frustriert, verursacht inneren Groll. Nächstes Mal, wenn die Mutter wieder etwas möchte, wird sie weniger motiviert sein, ihrer Bitte nachzukommen.
- *Was sind die Auswirkungen?* Isabelle wird möglicherweise ein trotziges, bockiges, ein »Und-jetzt-erst-recht«-Verhalten an den Tag legen oder sich zunehmend verschließen. Dann wird sie nicht das strahlend-sonnige, selbstbewusste Kind werden können, das ihre Mutter bei anderer Gelegenheit so gerne präsentieren möchte.

Der Stempel auf der Seele

Was passiert, wenn Kinder häufig mit Negativbotschaften konfrontiert werden, vor allem wenn diese mit »Du bist immer so …« oder »Sei nicht so …« beginnen? Solche Botschaften wirken wie ein Stempel auf die Seele und haben eine enorme suggestive Kraft. Das Kind verinnerlicht: »Wenn mich Mama nicht mag, dann ist mit mir wohl etwas nicht in Ordnung. Dann bin ich wohl nicht liebenswert.« Im Kind entsteht also ein Gefühl der Ablehnung, der Unsicherheit. Dementsprechend wird es ein negatives Selbstbild und mangelndes Selbstwertgefühl entwickeln.

Kindliche Überlebensstrategien

Wenn Kinder häufig mit Negativbotschaften konfrontiert werden, müssen sie gegensteuern, um psychisch »überleben« zu können. Das tun Kinder, indem sie sich auffällig verhalten, den Kasperl machen etc. Da sie sich ohnmächtig oder unwichtig fühlen, wollen sie Macht über andere gewinnen, indem sie aggressiv werden, meist schwächeren Kindern gegenüber. Je nach Temperament können Kinder statt der nach außen gerichteten Kompensationsmechanismen ihre Aggressionen auch nach innen richten, ruhig und angepasst reagieren, um nur ja nicht die Liebe der Eltern zu verlieren. Diese Art von Wohlverhalten hat aber ihren Preis. Sie geht zu Lasten des Selbstwertgefühls und führt bei starker Ausprägung in Depressionen und Abhängigkeitsverhältnisse. Die Gefahr, später in Süchte abzugleiten, ist bei solchen Menschen besonders groß.

Ich nehme an, all das ist bei weitem nicht die Absicht von Isabelles Mutter. Sie will nur ein paar Minuten Ruhe. Das Problem: Ihr Bedürfnis nach Entspannung steht im Gegensatz zum Bedürfnis Isabelles nach Zuwendung und Aufmerksamkeit. Es liegt in der Verantwortung der Mutter, eine Strategie zu wählen, um diese Bedürfniskollision auf einen guten Nenner zu bringen. Das kann recht einfach sein. Das Gespräch zwischen der Mutter und Isabelle hätte auch ganz anders laufen können.

Lieber so:

Wie wäre es, wenn die Mutter Isabelle die nötigen Informationen gegeben hätte, um ihr zu ermöglichen, sich in Mamas Situation hineinzufühlen? Zum Beispiel so:

»Ich bin müde. Ich brauche etwas Zeit für mich (Selbstoffenbarung). Lass mich ein Weilchen niedersetzen und die Post durchschauen (Appell). Danach erzählst du mir, was du heute alles erlebt hast.«

Wie lauten die Botschaften zwischen den Zeilen? »Ich sage dir klar, wie ich mich fühle und was ich will, und trau dir zu, auf mich Rücksicht zu nehmen.«

Mit solchen Aussagen kann auch eine 4-Jährige bestimmt besser umgehen als mit der »Du-Botschaft«-Kurzformel »Du bist lästig!«, weil sie Klarheit und Wertschätzung beinhalten. Die Chance, dass Isabelle dem Wunsch ihrer Mutter nachkommt, ist wesentlich größer. Sie wird positiv motiviert, ihr zuliebe zurückzustecken.

Sie haben Einwände? Sie haben schon oft probiert, so mit Ihren Kindern zu reden, aber es hat nicht den gewünschten Erfolg gebracht? Zwei Dinge gibt es zu bedenken: Sie als Erwachsener und als Führungskraft müssen entscheiden, welches Bedürfnis nun Vorrang hat: Ihres oder das Ihres Kindes? Wer kann Bedürfnisaufschub leichter verkraften? Manchmal ist es gerade in Stresssituationen ratsam, sich zunächst einige Minuten dem Kind zuzuwenden, sein dringendstes Bedürfnis nach Zuwendung nach einem langen Tag ohne Mama zu stillen und dann erst verständnisvoll, aber entschlossen zu sagen: »Jetzt brauche ich etwas Zeit zum Entspannen. Ich möchte, dass du mich in Ruhe lässt, während ich meine Post durchlese. Danach kannst du mir beim Kochen helfen!« Solche Kompromisse funktionieren in der Praxis recht gut und motivieren Kinder zur Kooperation.

Aber auch vorbildliches elterliches Verhalten ist noch keine Garantie dafür, dass Kinder Rücksicht nehmen. Es hängt unter Umständen damit zusammen, ob schlechte Gewohnheiten bereits Tradition haben. Auch dann hilft kein Schimpfen und keine »Schocktherapie«, sondern eine »strategische Planung«, in der man sowohl die Gesamtsituation als auch alle Einzelheiten in Betracht zieht. Mit Verständnis und konsequentem Handeln lassen sich langsam, aber bestimmt dauerhafte Erfolge erzielen. Mehr darüber erfahren Sie im Kapitel »Grenzen setzen«.

3.8. Konflikte und die versteckten Botschaften

Die Nachrichtenanalyse hilft Eltern auch, ihren Kindern besser zuzuhören, sie besser zu verstehen, um kompetenter auf ihre Botschaften reagieren zu können. Das möchte ich wieder anhand eines Beispiels demonstrieren:

Fallbeispiel 6:
Der 3-jährige Hannes auf die Aufforderung, das Spielzeugauto ins Regal zurückzulegen: »Ich will aber nicht!«
Die Nachrichtenanalyse könnte so aussehen:
- *Sachebene:* »Das ist ein schönes Auto.«
- *Selbstoffenbarungsebene:* »Es gefällt mir. Ich möchte nicht darauf verzichten.«
- *Beziehung:* »Ich will nicht gehorchen. Ich möchte mich durchsetzen.«
- *Appell:* »Kauf es mir!«

Wie reagieren nun die meisten Eltern? Wir Erwachsene neigen dazu, dem Kind zu erklären, warum etwas geschehen muss oder nicht sein kann (Sachebene). Worauf das Kind protestiert und wir entweder in einen Machtkampf geraten oder nachgeben.

Nicht nur Kinder, auch viele Eltern sind empfindlich am Beziehungsohr. Sie hören die Botschaft »Ich will dich ärgern« und reagieren so: »Willst du mich ärgern?« und greifen hart durch. Die Situation eskaliert.

Andere reagieren auf den Appell und geben nach: »Na gut, ausnahmsweise!«

Was war für das Kind wohl das Wichtigste? Sein Verlangen, das Spielzeugauto zu besitzen (Selbstoffenbarungsebene). Eltern spüren meist sehr genau, was in ihren Kindern vorgeht. Aber sie kommen nicht auf die Idee, es anzusprechen. Wie könnten wir das tun?

Lieber so:
Zum Beispiel: »Dieses Auto gefällt dir so gut, dass es dir schwerfällt,

darauf zu verzichten …« Wenn wir dies in einem einfühlsamen Ton sagen, wird sich unser Nachwuchs verstanden fühlen und erleichtert zustimmen: »Ja, es ist wunderschön!« Worauf Sie sich sogar solidarisch erklären können: »Mir fällt es auch nicht immer leicht, auf etwas Schönes zu verzichten …« statt ihm »Du bist nicht OK«-Botschaften zu senden wie etwa: »Du bist undankbar! Du hast doch erst vorige Woche eines von Tante Susi bekommen!« oder »Du bist aber unvernünftig. Du hast schon so viele!« Machen Sie lieber mit einer Ich-Botschaft weiter, ohne Vorwurf: »Das Problem ist, dass ich dir nicht jedes Mal etwas kaufen kann, wenn wir etwas Schönes sehen. Komm, gib es zurück!« Sie warten ab, bis Ihr Nachwuchs Ihrer Aufforderung Folge leistet (»Danke!«) oder nehmen das Auto und legen es zurück. Sie haben souverän und ohne Krampf diese Interaktion in Ihrem Sinn beendet. Das Kind hat Aufmerksamkeit und Verständnis bekommen (Korb 1) und die Erfahrung gemacht, dass die Eltern auf die Einhaltung von Regeln beharren und bei ihrem Nein bleiben (Korb 3). Wenn das Kind protestiert, können Sie Verständnis für seinen Frust zeigen (»Ich weiß, verzichten ist schwer«), das hilft, ihn zu verkraften, aber nachgeben sollten Sie nicht.

Das »Geheimnis«

Wenn Eltern auf die Selbstoffenbarungsebene schauen, also Verständnis für die Gefühle und Bedürfnisse ihrer Kinder zeigen, fällt es diesen leichter, sich elterlichen Anweisungen zu fügen – weil sie sich verstanden und ernst genommen fühlen.

Dass Kinder stark auf die Verlockungen der Konsumwelt reagieren, sollten wir verstehen können. Dass sie sich durchsetzen wollen, ebenfalls. Es ist etwas Gesundes und Natürliches und wir sollten es nicht persönlich nehmen – sondern Führungskompetenz beibehalten und bei unserem Nein bleiben. Empfehlung: Autorität mit Liebe. Das tut Kindern gut.

Vergessen wir nicht: Immer haben wir die Wahl, wie wir auf eine Äußerung reagieren können. Diese Erkenntnis ist besonders in Konfliktsituationen hilfreich, wenn wir oft das Gefühl haben: »Weil mein

Kind dieses oder jenes gesagt oder getan hat, kann ich nur so reagieren.« Das entspricht einer eingeengten Sicht, die sich bei genauerer Betrachtung als falsch herausstellt. Immer haben wir es in der Hand, einen Konflikt anzuheizen oder zu entschärfen.

Zusammenfassend sei gesagt: Die Kritik muss sich gegen das Verhalten des Kindes und nicht gegen seine Person richten und sollte keine negativen Beziehungsbotschaften enthalten.

> **Versuchen Sie Ihre Botschaft so zu formulieren, dass das Kind auf der Beziehungsebene hören kann: »Du BIST OK« (»Du als Person bist OK, du bist mein liebes Kind«), aber »Was du TUST, ist NICHT OK.«**

3.9. Der Eisberg

Wissenschaftliche Untersuchungen haben ergeben, dass das, was Menschen wirklich motiviert zu tun, was sie tun, nur etwa zu einem Achtel (also nicht einmal 20 %) von vernünftigen, logischen Faktoren abhängt, der Rest, also ca. ⅞ oder mehr als 80 %, hängt von emotionalen Komponenten ab.

Um dies zu verdeutlichen, kann das Bild vom Eisberg helfen. Bitte betrachten Sie das Übersichtsblatt 4.

Über der Wasseroberfläche befindet sich die sogenannte Sach-Logik, welche den der Vernunft und dem logischen Denken zugeschriebenen Anteil menschlichen Bewusstseins darstellt. Unter der Wasseroberfläche liegt die Ebene der Psycho-Logik, welche die emotionalen Anteile symbolisiert, die in einem hohen Ausmaß unbewusst wirken. Je mehr Selbsterfahrung und Selbstreflexion ein Mensch besitzt, umso mehr unbewusste Anteile kann er in sein Bewusstsein holen und damit für ihn steuerbar und kontrollierbar machen, statt seinen Emotionen hilflos ausgeliefert zu sein.

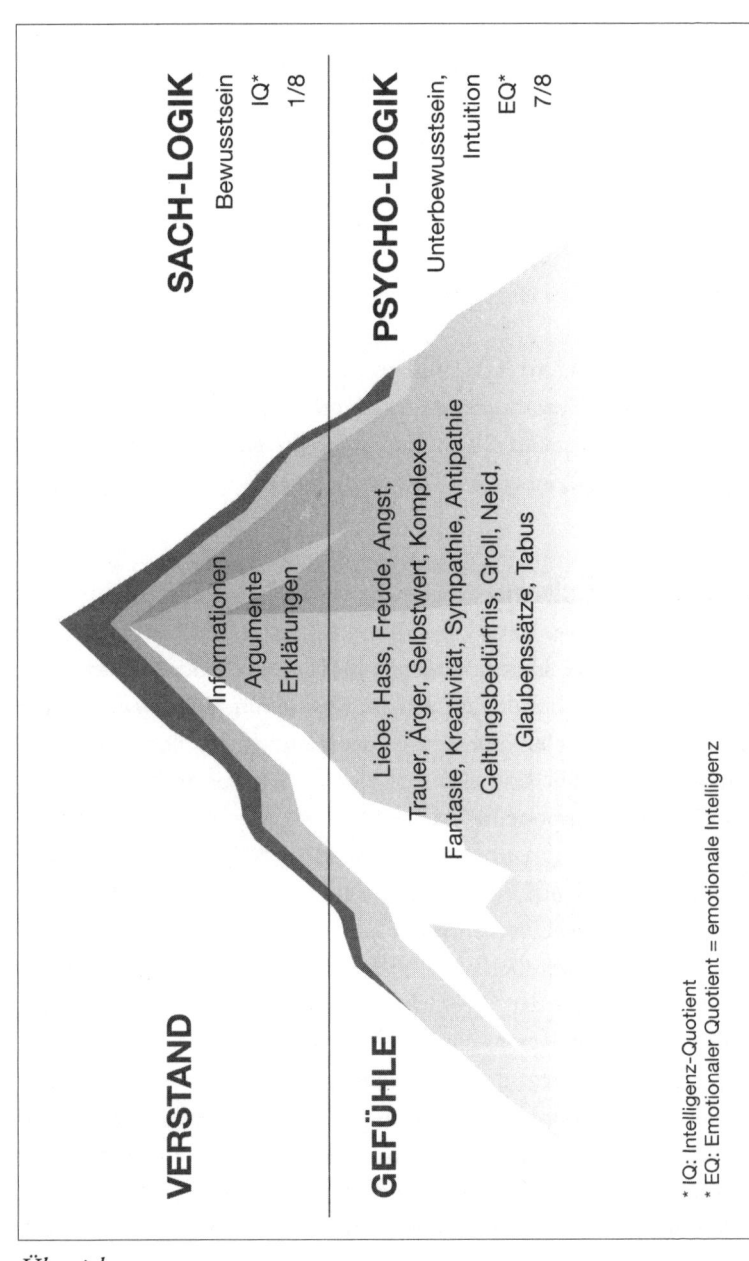

VERSTAND

SACH-LOGIK

Informationen
Argumente
Erklärungen

Bewusstsein
IQ*
1/8

GEFÜHLE

PSYCHO-LOGIK

Liebe, Hass, Freude, Angst,
Trauer, Ärger, Selbstwert, Komplexe
Fantasie, Kreativität, Sympathie, Antipathie
Geltungsbedürfnis, Groll, Neid,
Glaubenssätze, Tabus

Unterbewusstsein,
Intuition
EQ*
7/8

* IQ: Intelligenz-Quotient
* EQ: Emotionaler Quotient = emotionale Intelligenz

Übersicht 4

Die Fähigkeit eines Menschen, gute Leistungen auf der Ebene der Sachlogik zu erbringen, wird mit dem sogenannten Intelligenz-Quotienten (IQ) gemessen. An die emotionale Ebene tasten sich Psychologen mit dem EQ, dem emotionalen Quotienten, heran, der über die emotionalen und sozialen Kompetenzen eines Menschen Aufschluss geben soll. Viele Untersuchungen haben ergeben, dass wirklich erfolgreiche Menschen auch über eine hohe emotionale Kompetenz verfügen.

»Mitgift« und lebenslanges Lernen

Manche Leute glauben, das hat man eben oder man hat es nicht. Tatsache ist, dass Eltern ihren Kindern diese Mitgift durch eine glückliche und geborgene Kindheit und durch eine die Entwicklung fördernde Erziehung mit auf den Weg geben können. Aber ich denke, dass es hier auch um lebenslanges Lernen geht: Jedem erwachsenen Menschen obliegt es, durch Bewusstwerdung und Selbsterkenntnis seine emotionale Kompetenz zu erweitern. Selbsterfahrung, Therapie, Philosophie und Religion können dabei helfen, innere Ausgewogenheit, Kritikfähigkeit, Zivilcourage, Teamfähigkeit, Beziehungsfähigkeit, Belastbarkeit, Glücksfähigkeit und Sinnfindung im Leben zu erlangen.

Insbesondere Eltern tragen eine große Verantwortung nicht nur für die eigene Entwicklung, denn unaufgearbeitete Kindheitserlebnisse oder gar -traumen werden sonst unbewusst an die nächste Generation weitergegeben. Damit machen sie sich selber und vor allem ihren Kindern das Leben schwer. Anders gesagt ist es wichtig, dass Eltern dafür sorgen, dass sie sich emotional ausgewogen fühlen, dass es ihnen gut geht – schon allein ihrem Nachwuchs zuliebe.

Wenn jemand meint, dieser »emotionale Kram« interessiere ihn nicht, für ihn zählen nur Argumente und Fakten, der verkennt die Wirklichkeit und wird vielleicht Meister im Verdrängen oder Projizieren. Wenn Menschen beschuldigend und kritisierend an anderen herumhacken, dann ist das häufig ein Zeichen, dass sie so manches selbst noch nicht bewältigt haben. Denn oft stört uns an anderen gerade das, was wir am meisten verdrängen. Wenn ich dazu neige, anderen die Schuld an meinen Problemen und an meinem Versagen zu geben, dann habe ich mit Sicherheit mit mir selber ein Problem. Denn solange ich nicht annehmen kann, was ist, kämpfe ich gegen Windmühlen. Dann arbeiten wir gegen unsere eigenen inneren Energien und die unserer Mitmenschen.

Einer Sache wirklich gerecht werden können wir nur dann, wenn wir sowohl die sachlichen als auch die emotionalen Komponenten berücksichtigen.

Innerer Friede und Wohlergehen
- Wenn Sie eine düstere, chaotische oder ungeborgene Kindheit hatten, wenn die Beziehung zu Ihren Eltern gestört ist, wenn unaufgearbeitete Konflikte oder gar Hassgefühle in Ihnen sind, dann suchen Sie einen Weg, der zu Frieden und Versöhnung führt! Sollten Ihre Eltern dazu nicht bereit oder vielleicht schon gestorben sein, dann können Sie es zumindest für Ihren Teil tun, um innerlich mit ihnen zu Frieden zu gelangen.
- Wenn Sie in sich Unsicherheit, Minderwertigkeitskomplexe, Abhängigkeiten spüren, dann ist es ebenfalls Zeit für Sie, sich Ihrem wirklichen inneren Wohl zu widmen, anstatt weitere Ablenkungs- und Selbsttäuschungsmanöver zu praktizieren.
- Wenn es in Ihrem Leben viel Frust, Konflikte und Aggressionen gibt, dann lohnt es sich ebenfalls, sich zuerst mit Ihrem Innenleben auseinanderzusetzen, bevor Sie nach außen treten.

Sie haben viel zu gewinnen
Tun Sie es Ihren Kindern und Ihrer Partnerschaft zuliebe! Denn je besser Sie mit sich selbst klarkommen, umso gesünder und schöner werden sich Ihre Partnerschaft und die Beziehung zu Ihren Kindern entwickeln. Auf diesem anfangs vielleicht mühevollen, manchmal auch schmerzhaften Weg habe Sie nichts zu verlieren – aber viel zu gewinnen.

Wenn emotionale Komponenten, die sogenannte »Psycho-Logik«, bei vielen Menschen auf der unbewussten Ebene bleibt und schon bei

Erwachsenen einen so gewaltigen Einfluss ausübt, um wie viel mehr erst bei Kindern, die ja noch viel stärker von Emotionen geprägt sind.

Blockierte Gefühle, blockierte Vernunft, blockierte Leistung

Es ist allgemein bekannt und Lehrer wissen ein Lied davon zu singen, dass Kinder, die zu Hause Probleme haben, weniger gut lernen, weil der Intellekt durch blockierte Gefühle nicht voll leistungsfähig ist. Auch in der Pubertät, wenn die Emotionen der Jugendlichen durcheinandergeraten, sinken allgemein deren Leistungen. Da nutzen Nachhilfestunden oft wenig. Vielmehr muss man zuerst dem Jugendlichen helfen, mit seinen Emotionen, seinem Selbstwert und dadurch mit seinen Problemen klarzukommen.

Viele Eltern begnügen sich damit, ihre Kinder mit deren Problemen zu einem Experten zu schicken, mit der Bitte, frech und überzeichnet gesagt: »Reparieren Sie mir mein Kind!« Parallel dazu ist es wichtig, dass sich Eltern immer fragen: »Was hat das Problem meines Kindes mit mir zu tun? Gibt es in unserer Partnerschaft oder in unserem Familienleben Störfaktoren? Bekommt mein Kind genug Aufmerksamkeit und Zuwendung? Wird es zu stark bevormundet oder überbehütet? Wie offen und vertrauensvoll ist unsere Beziehung? Kann es sich mit allen Sorgen an mich wenden? Wie tragen wir Konflikte aus? Fühlt sich mein Kind von mir ernst genommen und ich mich von ihm?«

Indem ich auf die Verantwortung für die eigene Psychohygiene und die emotionalen Kompetenzen der Eltern hinweise, möchte ich Ihnen keineswegs Schuldgefühle unterjubeln – diese sind ein schlechter Ratgeber in Erziehungsfragen. Gute Eltern müssen nicht perfekt sein. Aber es ist notwendig, einen offenen und bewussten Umgang mit den eigenen Schwierigkeiten und Schattenseiten zu erlernen.

Eltern, die in unsere Seminare kommen, haben hier schon den ersten Schritt getan – sie sind offen dafür, eigenes Erziehungsverhalten zu hinterfragen und sich Anregungen zu holen, um sich selbst und ihren Kindern eine wachstumsfördernde und glückliche Beziehung zu ermöglichen. Nebenbei erfahren sie, dass sie mit ihren Problemen nicht allein sind, und fühlen sich entlastet, wenn sie erfahren, dass manche Konflikte, die vielleicht gerade besonderen Stress verursachen, geradezu eine entwicklungspsychologische Normalität darstellen.

Ich lade Sie ein, sich mit mir gemeinsam einen Schritt weiter auf die Reise durch unser Seminar zu begeben. Falls Sie es allein mit Hilfe dieses Kursbuchs tun, verweilen Sie auf einer etwas theoretischen Ebene. Wenn Sie es begleitend zu einem Seminar benutzen, dann haben Sie Gelegenheit, bei jedem Kapitel, dem sich die einzelnen Abende widmen, das angebotene Sachwissen mit Ihren eigenen Erfahrungen abzustimmen und Ihre persönlichen Fallbeispiele im Kurs zu besprechen.

Wenn ich versuche, das Nachrichtenquadrat mit dem Bild vom Eisberg in Verbindung zu bringen, dann entspricht die »Psycho-Logik« vorwiegend den Ebenen der Selbstoffenbarung und der Beziehung. Wenn zwei Menschen gut »miteinander können«, wenn »die Chemie stimmt«, dann wird es ihnen nicht schwer fallen, für ein konkretes Problem eine konstruktive Lösung zu finden. Umgekehrt bleiben sie vernünftigen Argumenten gegenüber verschlossen, auch wenn diese an sich noch so stichhaltig sind.

3.10. Vom Umgang mit Gefühlen

»Wenn sich Kinder gut fühlen, werden sie sich gut benehmen.
Wie können wir ihnen helfen, sich gut zu benehmen?
Indem wir ihre Gefühle akzeptieren!«
John Gray

Gefühle sind ein wichtiger Bestandteil unserer Persönlichkeit, beeinflussen sie doch nicht nur unser Wohlbefinden, sondern auch unsere Handlungen und Entscheidungen zu etwa 80 % – und das umso mehr, je weniger wir es wahrhaben wollen und sie infolgedessen verdrängen. »Gute« Gefühle wollen wir ja gerne zulassen (Gefühle des Wohlbefindens, der Freude und des Glücks), aber anders ist es mit den »schlechten«, weil negativ bewerteten Gefühlen wie zum Beispiel Ärger, Wut, Trauer, Eifersucht, Neid. Viele Menschen haben Angst vor Gefühlen – Angst, dass sie sie zu »unvernünftigen« Reaktionen verleiten, Angst, die Kontrolle zu verlieren, Angst, sich zu blamieren. Daher werden Gefühle häufig unterdrückt, verdrängt, projiziert, um dann erst recht in impulsiven Ausbrüchen unkontrolliert hervorzutreten und Unheil anzurichten. Bei erfolgreicher Unterdrückung »funktionieren« Menschen zwar meistens, erleiden aber einen Verlust an Lebensfreude und sind anfällig für psychosomatische Erkrankungen wie Depressionen.

Gefühle wollen »wahr«-genommen, angenommen und nicht bewertet werden. Gefühle wollen Ausdruck finden, durch Sprache oder andere kreative Methoden (Malerei, Musik, Bewegung). Indem wir lernen, Gefühle in Worte zu kleiden und in Ich-Botschaften auszudrücken, machen wir sie nicht nur uns selbst bewusst, sondern auch »salonfähig«, den anderen »zumutbar« und ich ermögliche es einer anderen Person, mich zu verstehen. Nur wenn Gefühle ausgedrückt werden können, löst sich der »Gefühlsstau« auf und wir können wieder »vernünftig« denken und handeln. Auf diese Weise können wir echte Selbstbeherrschung erlangen. Für die zugrunde liegenden Probleme können dann passende, akzeptable und sozial vertretbare Lösungen gefunden werden. Außerdem kann durch den freien Umgang mit unseren Gefühlen das darin enthaltene Potential der Freude, Kreativität und Empathie für unser Wohlbefinden, für gelungene Beziehungen und unseren Erfolg im Leben genutzt werden.

Diese grundlegenden psychologischen Erkenntnisse haben ihre Bedeutung vor allem auch in der Erziehung. Kinder sind gefühlsbetonte Wesen und äußern ihre Gefühle direkt. Freud und Leid, Lachen und Weinen werden unmittelbar ausgedrückt. Indem Eltern die Gefühle ihrer Kinder annehmen anstatt sie zu bewerten und zu kritisieren, fühlen sich diese als Person geliebt und angenommen. Sie ermöglichen es ihren Kindern, wichtige seelische Grundlagen zu entwickeln wie Urvertrauen, Freude, Selbstbewusstsein und das Gefühl: »Ich bin OK.«

Dieses wichtige Ziel erreichen Eltern einerseits durch die Anwendung des aktiven Zuhörens, verbunden mit der inneren Haltung der Annahme, andererseits durch ihr Vorbild – indem sie selber offen mit ihren Gefühlen und Bedürfnissen umgehen und diese in Form von Ich-Botschaften kindgerecht formulieren. Manche Eltern haben Angst vor »Gesichtsverlust«, Angst, dass ihre Kinder sie »durchschauen«. Diese Angst hilft nicht weiter: Denn Kinder »durchschauen« uns gefühlsmäßig sowieso. Sie haben einen ganz feinen Sensor, Unstimmigkeiten wahrzunehmen. Ist die Situation aber unklar oder widersprüchlich, werden sie verunsichert und verängstigt, weil sie damit überfordert sind. Wenn Eltern ihren Kindern aber mit Offenheit und Wertschätzung begegnen, sind sie erstaunlich verständnisvoll, da brauchen wir uns nicht zu verbergen. Sie mögen uns, so wie wir sind. Offene Kommunikation, Vertrauen und Liebe sind die besten Grundlagen in der Erziehung, die es auch ermöglichen, so manche Krisen durchzustehen.

Kapitel 4
Entwicklung fördernde
Kommunikation

*»Seiner eigenen Würde gibt Ausdruck,
wer die Würde anderer Menschen respektiert.«*

Richard Freiherr von Weizsäcker

4.1. Menschenbild und Kommunikation

Wie schon erwähnt, hat vor allem die humanistische Psychologie des
20. Jahrhunderts mein Weltbild und meine Arbeit geprägt. In meinen
theoretischen Grundlagen beziehe ich mich sehr stark auf Carl R. Rogers mit seiner nicht direktiven, personenzentrierten Gesprächs- und
Psychotherapie und auf Thomas Gordon, der seine Theorien weiter-
entwickelt hat, insbesondere in seiner »Familienkonferenz«.

Grundannahmen der humanistischen Psychologie
So wie die körperliche Entwicklung einem bestimmten angeborenen
Bauplan folgt und wir eine Instanz in uns haben, welche über Ge-
sunderhaltung oder Gesundwerdung wacht und immer wieder für
Gleichgewicht, Ausgleich und Heilung sorgt, so gibt es derartige
Mechanismen auch in der Psyche.

Nach Carl R. Rogers ist der Mensch auf seelische Gesundheit, auf
Selbstverwirklichung und »Selbstaktualisierung« ausgerichtet, das ist
das angeborene Streben nach Ausgleich, nach Gesunderhaltung und
Gesundwerdung.

Nun gibt es im Leben und in der Erziehung Faktoren, welche

diese natürlichen Bestrebungen zur körperlichen und seelischen Gesundheit begünstigen beziehungsweise behindern.

Für Carl Rogers ist die grundlegende Natur des Menschen gut. Er meint, jedes Kind habe das Bedürfnis, zu lieben und geliebt zu werden. Er spricht vom Kind, da nicht alle Erwachsenen diesem Satz zustimmen würden, weil diese Bedürfnisse oft nicht mehr anerkannt werden, aus welchen Gründen auch immer. Aber Carl Rogers glaubt daran, dass diese Flamme zeitlebens im tiefsten Inneren eines jeden Menschen erhalten bleibt. Daher bleibt jeder Mensch grundsätzlich sein ganzes Leben lang auch entwicklungsfähig.

Religion und Menschenwürde

Diese Grundannahmen der humanistischen Psychologie finden sich auch in den Religionen wieder, insbesondere in der christlichen Religion, in der ich meine Wurzeln habe. Der Mensch wird als Ebenbild Gottes gesehen, der uns als seine Kinder bedingungslos liebt. Und er schenkt uns die Freiheit, diese Liebe zu erwidern oder auch nicht. Wir alle tragen also einen Funken des Göttlichen in uns, welcher unsere tiefste Motivation ist und der unsere Sehnsucht nach Liebe sowie unser Bedürfnis nach Lebenssinn prägt. Dieser göttliche Funke kommt nie ganz zum Erlöschen, daher darf die Menschenwürde auch keinem Menschen abgesprochen werden, selbst dann nicht, wenn er sich würdelos verhält. Aber gerade deshalb darf und muss jeder Mensch für seine Taten Verantwortung tragen.

Ich sehe weitere Parallelen zwischen der humanistischen Psychologie und biblischen Aussagen. Jesus sagt: »Liebe deinen Nächsten wie dich selbst« und »Deine Rede sei Ja, Ja, Nein, Nein«. Weiters heißt es in der Bibel »Richtet nicht, damit ihr nicht gerichtet werdet.« Es geht also um Klarheit in der Kommunikation, um Wahrheit und Liebe, um das Bemühen, nicht zu richten, schon gar nicht zu verurteilen. Auf diesen Grundsätzen basiert letztendlich auch beziehungsfördernde Kommunikation.

Bei Carl Rogers finde ich diese Grundwahrheiten in seinen drei Variablen wieder, die seiner Ansicht nach völlig ausreichen, um gesunde menschliche Beziehungen zu gestalten. Wenn wir diese beherzigen und anwenden, können wir insbesondere unseren Kindern eine glückliche und gesunde Entwicklung ermöglichen. Rogers meint: »Sei einfühlsam, nicht wertend und echt!«

4.2. Drei Kriterien für Beziehungspflege

Einfühlsam, nicht wertend und echt!
Eine Zusammenfassung zur Beziehung fördernden Kommunikation mit Kindern finden Sie in Übersicht 5. Diese Aussagen gelten jedoch grundsätzlich für alle Situationen, in denen Menschen miteinander in Kommunikation treten.

3 Kriterien für geglückte Beziehungen

Nun möchte ich näher auf Übersicht 5 eingehen. Die Kurzformel »Ich bin OK, du bist OK« habe ich schon beim Nachrichtenquadrat erwähnt. Sie geht auf Thomas Harris und Eric Berne zurück und das Modell der von ihnen entwickelten Transaktionsanalyse. Für mich bedeutet sie: Ich kann mich annehmen, wie ich bin, und ich kann ebenso dich annehmen, wie du bist, egal ob du denkst wie ich und ob du tust, was ich will oder auch nicht. So zu kommunizieren ist gerade dann gefragt, wenn ich mich abgrenzen möchte. Diese Einstellung stellt die Grundhaltung der Wertschätzung anderen Menschen gegenüber dar. Auch das Kind muss sie spüren, um sich bei uns gut und sicher zu fühlen und um sich gut entwickeln zu können. Und schon an Mutters Brust haben Babys ein untrügliches Gefühl dafür, ob sie emotional angenommen werden oder nicht.

BEZIEHUNGSPFLEGE

Drei Kriterien für geglückte Beziehungen

Grundbotschaft: Ich bin OK, du bist OK

1. EINFÜHLSAMES ZUHÖREN (EMPATHIE)

Botschaft: »Ich versuche, dich wirklich zu verstehen.«

Methode: Aktives Zuhören

Wirkung: Kind fühlt sich bedingungslos geliebt und verstanden
Urvertrauen

2. AKZEPTANZ OHNE EIGENE BEWERTUNG

Botschaft: »Ich akzeptiere dich, wie du bist.« »Du bist OK.«
Methode: Aktives Zuhören – Verstehen, ohne zu bewerten
Ohne: Beurteilung, Kritik, Ermahnungen, Belehrungen

Sie ersparen Ihrem Kind: Abwehrreaktionen, Rückzug,
Verteidigung

Sie bewirken: Selbstbewusstsein, Selbständigkeit,
Selbstkritik, Einsicht

3. ECHTHEIT DER EIGENEN PERSON (KONGRUENZ)

Botschaft: »Ich bin OK« – **Methode:** Ich-Botschaft

- offen und ehrlich sein

- Mut, zu sich selber zu stehen:
  Gefühle, Bedürfnisse, Meinungen, Wünsche äußern
  Fehler und Schwächen eingestehen

- Selbstliebe: Dafür sorgen, dass es mir selbst auch gut geht:
  » körperliches und seelisches Wohlbefinden
  » bewusste Pflege der Partnerschaft
  » Selbsterfahrung: belastende Vergangenheit aufarbeiten
    (Hass, Schuldgefühle, Minderwertigkeitskomplexe etc.)

- Gesunde Abgrenzung:
  » Sagen, was mich stört (mit Klarheit und Wertschätzung)
  » Spielraum einräumen (Zeit zum Nachdenken,
    zum Reagieren geben, Einwände zulassen)
  » Einfordern, was mir zusteht (Wünsche, Erwartungen)
    ohne Gewalt und Manipulation

Übersicht 5

Empathie, Einfühlungsvermögen

Bei Punkt 1 geht es darum, ganz auf das Wesen, die Anliegen und Sorgen des Kindes einzugehen. Eltern müssen ihrem Kind Annahme, Verständnis und Wertschätzung entgegenbringen und verbal und non-verbal kommunizieren. Sie müssen für seine Bedürfnisse sorgen, seine Gefühle ernst nehmen und stimmig auf seine Äußerungen reagieren.

Keine eigene Bewertung

Zu Punkt 2: Wenn sich das Kind äußert, ist es wichtig, nicht beurteilend darauf zu reagieren. Es gilt auch, sich mit positiven Beurteilungen zurückzuhalten, denn auch sie können unsicher und abhängig machen. Beurteilungen stören den Selbstklärungsprozess und drängen in Rechtfertigung und Abwehr. Sie verhindern, dass Kinder Einsicht entwickeln.

Die Haltung des Nichtbeurteilens bezieht sich vor allem auf Situationen, wo das Kind das Bedürfnis hat, sich mitzuteilen, oder mit einem Problem zu den Eltern kommt. In dieser Situation tun Eltern gut daran, ihren Kindern ungeteilte Aufmerksamkeit zu schenken, ihnen Zeit und Raum für ihre spontanen Äußerungen zu gewähren und nicht wertend darauf zu reagieren, bis sie emotionale Entlastung spüren.

Dann erst sollten wir bei Bedarf lenkend eingreifen, um den Prozess der Selbstklärung und Einsichtsfindung zu unterstützen – vor allem, indem wir die passenden Fragen stellen, die das Kind zur Einsicht hinführen und ihm ermöglichen, Lösungen selber zu erarbeiten. Mehr darüber erfahren Sie unter der Überschrift: Eltern als Coach.

Echtheit, Kongruenz

Bei Punkt 3 geht es vor allem um mich, um meine Werte und Bedürfnisse. Ich denke an Situationen, in denen nicht das Kind das Problem hat, sondern ich: weil ich keine Zeit zum Zuhören habe, ich mich überfordert fühle, es mir nicht gut geht, ich mich von meinem

Kind genervt oder nicht ernst genommen fühle. Hier geht es darum, dass ich mich authentisch, selbstbewusst und stimmig in die Beziehung einbringe und gegebenenfalls für gesunde Abgrenzung sorge, ohne das Kind dabei zurückzustoßen oder zu verletzen.

In dieser Phase der Kommunikation ist Platz dafür, dem Kind meine Gefühle und Ansichten klar mitzuteilen und es alters- und entwicklungsgerecht damit zu konfrontieren. Eine Ich-Botschaft ist gefragt. Wenn mich mein Kind authentisch und echt erlebt, gebe ich ihm damit die Möglichkeit, seinerseits Verständnis für meine Bedürfnisse zu entwickeln und eigenverantwortlich darauf zu reagieren. Nur im Dialog zwischen Ich und Du, in der liebevollen und wertschätzenden Beziehung zu Mutter und Vater und anderen Bezugspersonen ist gesunde Entwicklung möglich. Hier kommt dem Grenzensetzen und der Übernahme elterlicher Führungskompetenz und Erziehungsverantwortung besondere Bedeutung zu. In dieser Phase ist es sehr wohl wichtig, dass sich Eltern klar positionieren, ihre Ansichten und Meinungen in passender Weise äußern und Erziehungsverantwortung übernehmen.

Ganz bei mir, ganz bei dir und der Freiraum zum Atmen

Zwischen »ganz bei mir« und »ganz bei dir« braucht das Kind »Luft zum Atmen«. Diese schenke ich, indem ich wertschätzend auf seine Äußerungen eingehe, nachfrage und es ernst nehme. Wenn ich »ganz bei mir« bin, ist darauf zu achten, dass ich dem Kind meine Vorstellungen nicht »drüberstülpe«, dass ich meine Wünsche und Bedürfnisse klar artikuliere, dass ich Maßnahmen ankündige und dem Kind Zeit lasse, um sich auf neue Situationen einzustellen. Ich lasse ihm angemessen Zeit, auf meine Worte und Erwartungen zu reagieren, indem ich Einwände zulasse und ernst nehme. »Luft zum Atmen« lasse ich ihm auch, indem ich die Würde, Integrität und Grenze des Kindes achte und auf Demütigungen, Gewalt und Manipulationen verzichte.

4.3. Aktives Zuhören

Aktives Zuhören ist für mich die wichtigste kommunikative Schlüsselkompetenz für Eltern, aber auch für alle, die Wert auf gelungene zwischenmenschliche Beziehungen legen. Der Begriff des aktiven Zuhörens wurde von den beiden schon erwähnten amerikanischen Psychologen Carl R. Rogers und Thomas Gordon geprägt. Thomas Gordon hat das aktive Zuhören vor allem in seiner Arbeit mit Eltern ausführlich und sehr konkret beschrieben. Mit seiner »Familienkonferenz« hat er wahrlich Pionierarbeit geleistet. Rogers und Gordon haben die humanistische Psychologie und Erziehungsethik nachhaltig geprägt. Auch für meine Arbeit habe ich ihnen viel zu verdanken und in meinem Seminarkonzept ABC-Elternführerschein® hat das aktive Zuhören ebenfalls einen zentralen Stellenwert.

Haben Carl Rogers und Thomas Gordon das aktive Zuhören nun erfunden? Nein, erfunden haben sie es nicht, denn aktives Zuhören ist eine natürliche Fähigkeit des Menschen. In einem guten Gespräch zwischen zwei einander wohl gesonnenen Personen gelingt es beinahe ganz von allein. Liebende haben gar keine Probleme mit dem aktiven Zuhören, wenn jeder sozusagen an den Lippen des anderen hängt. Es gelingt jedoch schwer, wenn wir sehr ich-bezogen sind und anderen abwertend oder bevormundend gegenübertreten, wenn wir uns angegriffen fühlen oder in Konfliktsituationen.

Das Verdienst von Carl R. Rogers und Thomas Gordon liegt vor allem darin, dass sie das aktive Zuhören auf neue Weise beschrieben und einer großen Zahl von Menschen bewusst und erfahrbar gemacht haben.

Haltung und Einstellung

Wieder ist unsere Haltung und Einstellung entscheidend, die wir anderen und vor allem unseren Kindern gegenüber einnehmen. Konstruktiv und für das Kind förderlich ist eine Haltung der Liebe und Akzeptanz, der Offenheit und des Vertrauens in das Entwicklungspotential und die Fähigkeiten des Kindes. Wenn Eltern ihrem Kind Interesse und Aufmerksamkeit entgegenbringen und bereit sind, die Welt mit den Augen ihres Kindes zu betrachten und es auf solche Weise ernst zu nehmen, dann liegen sie richtig. Ebenso wichtig ist die Bereitschaft der Eltern, ihre Kinder auch dann zu akzeptieren, wenn sie unangenehme Gefühle und störendes Verhalten zeigen, wenn sie uns beispielsweise mit Wut, Zorn und Eifersucht konfrontieren. Aktives Zuhören erfordert die Bereitschaft, Gefühle nicht in gut oder schlecht, erwünscht oder unerwünscht einzuteilen, sondern unsere Kinder so anzunehmen, wie sie gerade sind, und mit Verständnis, Wertschätzung und elterlicher Führungskompetenz an der Entwicklung und am Benehmen unserer Kinder zu arbeiten.

Wieder komme ich daher auf die drei Variablen nach Carl R. Rogers zurück: Ob ich einfühlsam, nicht wertend und echt bin, hängt daher von meiner Bereitschaft, meiner persönlichen Reife und von meinem momentanen seelischen Gleichgewicht ab.

Prinzipiell gehe ich davon aus, dass alle Eltern ihren Kindern Liebe und Wohlwollen entgegenbringen. Oft liegt es einfach am mangelnden Wissen und Know-How, weshalb so viele Gespräche in der Sackgasse landen. Dabei ist es im Grunde ganz einfach, wenn wir wissen, worauf es ankommt.

Die Geschichte der Momo

In der Literatur habe ich eine wunderbare Beschreibung gefunden. Michael Ende schildert in seinem auch für Erwachsene sehr empfehlenswerten Kinderbuch »Momo«, welch wunderbare Zuhörerin seine Heldin, ein etwa 14-jähriges Mädchen ist, zu dem viele Menschen kommen, um ihr ihre Sorgen anzuvertrauen:

Was die kleine Momo konnte wie kein anderer, das war: zuhören. Das ist doch nichts Besonderes, wird nun vielleicht mancher Leser sagen, zuhören kann doch jeder.
Aber das ist ein Irrtum. Wirklich zuhören können nur ganz wenige

Menschen. Und so wie Momo sich aufs Zuhören verstand, war es ganz und gar einmalig.

Momo konnte so zuhören, dass dummen Leuten plötzlich sehr gescheite Gedanken kamen. Nicht etwa, weil sie etwas sagte oder fragte, was den anderen auf solche Gedanken brachte, nein, sie saß nur da und hörte einfach zu, mit aller Aufmerksamkeit und aller Anteilnahme. Dabei schaute sie den anderen mit ihren großen, dunklen Augen an und der Betreffende fühlte, wie in ihm auf einmal Gedanken auftauchten, von denen er nie geahnt hatte, dass sie in ihm steckten.

Sie konnte so zuhören, dass ratlose oder unentschlossene Leute auf einmal ganz genau wussten, was sie wollten. Oder dass Schüchterne sich plötzlich frei und mutig fühlten. Oder dass Unglückliche und Bedrückte zuversichtlich und froh wurden. Und wenn jemand meinte, sein Leben sei ganz verfehlt und bedeutungslos und er selbst nur irgendeiner unter Millionen, einer, auf den es überhaupt nicht ankommt und der ebenso schnell ersetzt werden kann wie ein kaputter Topf – und er ging hin und erzählte alles das der kleinen Momo, dann wurde ihm, noch während er redete, auf geheimnisvolle Weise klar, dass er sich gründlich irrte, dass es ihn, genauso wie er war, unter allen Menschen nur ein einziges Mal gab und dass er deshalb auf seine besondere Weise für die Welt wichtig war.

So konnte Momo zuhören! *

Dieser Text ist es wert, ihn genauer unter die **Kommunikationslupe** zu nehmen. Dazu eignet sich wieder das Nachrichtenquadrat. Stellen wir uns die Frage, welche Botschaften Momo denn so sendet, indem sie einfach schweigend zuhört. Was kommt bei demjenigen an, der sich ihr anvertraut? Betrachten Sie bitte die Übersicht 6 und machen wir die dazugehörige Analyse.

aus: Michael Ende, Momo, © 1973 by Thienemann Verlag (Thienemann Verlag GmbH), Stuttgart/Wien. www.thienemann.de

AKTIVES ZUHÖREN – ANALYSE

SACHEBENE
»Ich erfahre etwas von dir, über dich«
Problem, Thema

SELBSTOFFENBARUNG

»Ich bin offen, ganz da
- aufmerksam
- einfühlsam
- wertschätzend
- in mir ruhend
- unvoreingenommen«

»Ich mische mich nicht ein«

ZUHÖREN

APPELL

»Erzähl!«
»Sprich dich aus!«
»Du kannst dich mir
anvertrauen!«

BEZIEHUNG
»Du bist mir wichtig, ich gebe dir ›Raum‹«
»Ich nehme dich ernst«
»Ich akzeptiere dich so wie du bist«
»Ich traue dir zu, dass du mit deinen Problemen selbst klar kommst«
»Ich beurteile dich nicht«

WIRKUNG:

Erleichterung, Beruhigung
sich verstanden fühlen
»abladen« können
Emotionale Entlastung

Klare Gedanken, neue Sichtweisen
Abstand zum Problem gewinnen

eigene Ressourcen entdecken
Lösungen selber finden

Einsicht, gesunde Selbstkritik
Selbstbewusstsein, Selbstvertrauen
soziale und emotionale Kompetenz entwickeln
Klima der Offenheit und Wertschätzung
Liebe, Nähe, Vertrauen

SELBSTKLÄRUNGSPROZESS:

VERSTEHEN

⇩

KLÄREN

⇩

LÖSEN

Übersicht 6

Sachebene

»Ich erfahre etwas über dich oder von dir« – Das Thema, das Problem des Sprechers ist die Sache, um die es geht.

Selbstoffenbarung

Der Sprecher nimmt intuitiv Momo wahr, wie sie im Moment ist. Das ist ihre Selbstoffenbarungsbotschaft. Es ist, als würde sie sagen: »Ich bin offen, aufmerksam, vertrauenswürdig, ruhig und gelassen. Ich nehme mir Zeit, bin ganz da. Ich bin wertschätzend, unvoreingenommen und mische mich nicht ein. Ich bin wie ein Spiegel, in dem du dich selbst betrachten kannst.«

Beziehung

Der Sprecher fühlt sich von Momo angenommen und ernst genommen. Er vernimmt unausgesprochene Botschaften wie: »Du bist mir wichtig. Ich gebe dir Raum.« »Ich nehme dich ernst.« »Ich akzeptiere dich, so wie du bist.« Momo hält sich mit Ratschlägen zurück, hat also kein »Helfersyndrom«. Der Sprecher vernimmt daher die unausgesprochene Botschaft: »Ich trau dir zu, dass du mit deinen Problemen selber klarkommst.« Und schließlich enthält sie sich jeglichen Kommentars oder Beurteilung, ob das, worum es geht, gut oder schlecht, klug oder dumm sei. Daher kommt beim Sprecher an: »Ich beurteile dich nicht!«

Appell

Wozu fühlt sich der Sprecher aufgefordert oder eingeladen? Zu nichts sonst, als weiterzuerzählen. Er vernimmt unausgesprochene Botschaften wie: »Erzähl!«, »Sprich dich aus!«, »Du kannst mir vertrauen!«

Wenn wir eine Nachrichtenanalyse machen, stellen wir häufig fest, dass es nicht immer leichtfällt, eine Botschaft einer bestimmten Seite zuzuordnen. Manche Botschaften überschneiden sich. Die Botschaft »Ich bin vertrauenswürdig« lässt sich der Selbstoffenbarungsebene zuordnen. Wenn ich aber formuliere »Du kannst mir vertrauen!«, dann klingt es wie eine Aufforderung, ein Appell. Die Botschaft »Ich mische mich nicht ein!« habe ich der Selbstoffenbarungsebene zugeordnet. Wenn ich formuliere »Ich mische mich nicht in deine Entscheidungen, in dein Leben ein«, dann lässt sich das als Beziehungsbotschaft verstehen. Wenn ich Momo sagen höre »Ich bin wertschätzend«, ist es eine Selbstoffenbarungsbotschaft; wenn ich formuliere »Ich schätze dich«, ist es eine Beziehungsbotschaft. Nun könnten wir zu streiten beginnen, welche Zuordnung wohl die richtige sei. Bei der Analyse bemerken wir oft auch, dass in einer Botschaft mehrere Ebenen angesprochen sind. Es geht mir aber nicht um haarscharfe theoretisch-kommunikative Zuordnungen wie mit einem Seziermesser, sondern darum, den Kern der Botschaften besser zu spüren und zu erkennen. Dabei hilft das Nachrichtenquadrat. Es soll uns erkennen helfen, welche Botschaften wir unausgesprochen, sozusagen zwischen den Zeilen, senden, und vor allem, welche Wirkung sie beim anderen hervorrufen.

Die unglaubliche Wirkung

Wenn ich mich angenommen und verstanden fühle und Gelegenheit bekomme, mir Luft zu machen, kann ich so richtig »Dampf ablassen«. Bin ich zornig, verärgert oder gestresst, kann ich mich beruhigen. Habe ich Kummer und Sorgen, fühle ich mich erleichtert. Allein dadurch hat es schon therapeutische Wirkung. Psychologen sprechen von emotionaler Entlastung.

Wenn ich mich beruhigt habe und über mein Problem sprechen kann, bin ich wieder in der Lage klar zu denken und gewinne so etwas wie einen inneren Abstand, der mir hilft, meine Situation objektiver zu betrachten und neue Sichtweisen zu gewinnen. Wie wichtig oder schlimm ist die Sache tatsächlich? Habe ich einfach etwas in die »verkehrte Kehle« bekommen? Welche Möglichkeiten stehen mir offen?

Plötzlich fühle ich mich nicht mehr hilflos und überfordert. Ich erkenne Alternativen. Mir kommen Ideen, wie das Problem zu lösen sei. Ich finde Strategien, indem ich »laut nachdenken« kann. Ich schaffe es aus eigener Kraft oder erkenne, wo ich mir Hilfe holen kann. Ich fasse Mut und traue mir etwas zu. Das stärkt mein Selbstwertgefühl (»Ich bin wer!«) und mein Selbstbewusstsein (»Ich kann was!«).

Wenn mir keiner sagt, was ich alles falsch mache, habe ich Gelegenheit, mir meinen eigenen Anteil am Problem einzugestehen. Ich muss mich nicht verteidigen, verharmlosen, nicht nach Rechtfertigungen suchen. Ich muss meine Fehler nicht leugnen. Nein, ich kann mir und meinem Zuhörer, dem ich so richtig vertrauen kann, eingestehen, dass ich mich geirrt habe, dass ich falsch reagiert habe, dass ich Unrecht getan habe. Das ist nur möglich, weil Momo mir zu verstehen gibt: »Ich beurteile dich nicht!« Ich fühle mich nicht beurteilt und schon gar nicht verurteilt.

Was passiert zwischen mir und Momo, während ich ihr meine Sorgen anvertraue und sie mir so verständnisvoll zuhört? Ich gewinne Vertrauen zu ihr, empfinde Nähe und Zuneigung.

Kinder, die in ihren Eltern so eine »Momo« finden, können sich glücklich schätzen. Sie fühlen sich angenommen, so wie sie sind, sie fühlen sich geliebt und geborgen. Eine gute, tragfähige Beziehung zwischen Eltern und Kind, basierend auf Liebe, Vertrauen und gegenseitiger Wertschätzung, kann sich entwickeln. Kinder können sich öffnen, ihren Gefühlen Ausdruck verleihen und sie in Worte fassen. Dadurch verlieren heftige Gefühle ihre zerstörerische Macht und das Kind kann lernen, sich zu beherrschen, ohne seine Gefühle unterdrücken oder verdrängen zu müssen. Es lernt sich selber kennen, seine Bedürfnisse zu artikulieren und offen über seine Probleme zu sprechen. Kinder brauchen nichts in sich hineinzufressen und wissen, wohin sie sich wenden können, wenn sie Probleme haben. Sie erleben sich selbst als kompetent und können selbstbewusst, mutig und freudig ins Leben hineingehen. – Ist das nicht der Wunsch aller Eltern für ihre Kinder?

Eltern, die in der Hektik des Alltags und aus Unwissenheit ihren Kindern so gut wie nie aktiv zuhören, die es nicht verstehen oder für notwendig erachten, auf Gefühle einzugehen und diese somit »abwürgen«, erzeugen in ihren Kindern einen enormen Druck. Diese

Kinder können, seelisch gesehen, niemals tief durchatmen und sich wohl in ihrer Haut fühlen, weil sie unter permanenter Spannung stehen. Kein Wunder, dass ein solcher Zustand unliebsames Verhalten verursacht, weil das Kind sich irgendwie abreagieren muss.

Kinder, die zu wenig Annahme und seelische Entlastung erfahren, leben in einem Mangelzustand gleich einer seelischen Unterernährung, die chronische Folgen und ebenso gravierende Auswirkungen wie ein Trauma haben kann.

Der Selbstklärungsprozess: verstehen, klären, lösen

Wenn ich mich einem verständnisvollen, guten Zuhörer anvertraue, kann ich über meine Sorgen reden und Klarheit gewinnen, was in mir eigentlich abläuft. Es ist wie lautes Nachdenken, wie ein Selbstgespräch, das eben nur dadurch stattfinden kann, weil jemand mir Aufmerksamkeit, Verständnis und Empathie schenkt. Psychologen sprechen vom Selbstklärungsprozess, der in einer solchen Atmosphäre stattfinden kann.

Dann findet eine Entwicklung statt, die ihre ganz bestimmte Reihenfolge hat: Erleichterung erfahre ich, wenn mein Zuhörer dafür sorgt, dass ich mich verstanden fühle. Ich fasse diesen Teil des Selbstklärungsprozesses mit dem Wort VERSTEHEN zusammen. Danach bin ich in der Lage zu KLÄREN und schließlich etwas zu LÖSEN.

Diese Reihenfolge lässt sich nicht vertauschen. Ich kann kein Problem lösen, bevor ich nicht darüber nachgedacht habe. Und ich kann nicht klar darüber denken, wenn ich emotional unter Druck bin, mit meinen Gedanken und Gefühlen nicht klarkomme. Diese Erkenntnis hat eine wichtige Auswirkung auf unsere Gespräche mit Kindern – oder mit wem auch immer.

Die Technik des aktiven Zuhörens

Bei all meinen schönen Ausführungen mag mancher Leser nun ungeduldig einwenden: »Ich kann aber nicht immer nur stumm und verständnisvoll lächelnd zuhören, mein Kind erwartet sich doch eine Rückmeldung! Irgendetwas muss ich doch darauf sagen!?« Dieser Einwand ist berechtigt. Der Sprecher erwartet eine Rückmeldung. Aber welche? Man hat das Gefühl, als müsse man angesichts eines Problems nun rasch eine Lösung »aus dem Ärmel« beuteln oder irgendetwas Kluges darauf sagen – um damit meist »abzublitzen«.

Diese falsche Erwartung setzt mich nur unter Druck, hindert mich daran, mit meiner Aufmerksamkeit ganz beim anderen zu bleiben, bringt mich in die Situation eines »hilflosen Helfers« oder eines klugen »Oberlehrers«. Was aber soll ich wirklich antworten, wenn mir jemand sein Herz ausschüttet, mir seine Sorgen mitteilt? Das Geheimnis besteht darin, dass ich eben nichts Kluges darauf antworten muss. Ich soll eben nur einfach aktiv zuhören, das heißt eine Rückmeldung geben, die nur dokumentiert, dass ich aufmerksam und interessiert bin, die in irgendeiner Form auf das Gesagte eingeht, ohne eine eigene Botschaft zu senden. Aktives Zuhören ist wie ein vorgehaltener Spiegel, in dem sich der Sprecher immer besser selbst erkennen kann. Er bekommt nicht etwas »unter die Nase gerieben«, sondern begreift, was in seinem Inneren vorgeht. Die Lenkung bei einem solchen Gespräch geht von ihm selbst aus. Wenn es anders ist, bin ich eben nicht mehr dabei, aktiv zuzuhören. Ich mag meine guten Gründe haben, wenn ich die Initiative ergreife und den Gesprächsfaden übernehme. Aber es sollte mir bewusst sein, dass es so ist und dass ich nun eben nicht mehr aktiv zuhöre.

Die personenzentrierte Gesprächsführung basiert überwiegend auf dem aktiven Zuhören. Darüber hat Carl R. Rogers mehrere Bücher geschrieben und eine eigene therapeutische Schule begründet, die non-direktive, personenzentrierte Therapie oder Beratung. Thomas Gordon nennt es »Die Sprache der Annahme«, weil es hier tatsächlich um tiefe menschliche Akzeptanz geht. Über die notwendige Haltung des Zuhörers habe ich schon geschrieben. Wenn diese fehlt, ist die beste Gesprächstechnik nur wie leeres Stroh. Sie wird ihre Wirkung verfehlen, weil jedes Kind spürt, ob die Empathie echt ist oder nicht.

Nun lade ich Sie ein, sich mit mir die Übersicht 7 anzusehen, die Ihnen eine Zusammenfassung der kommunikativen »technischen« Möglichkeiten bietet.

Ausreden lassen! – Stilles, schweigendes Zuhören à la »Momo«

Wenn mein Kind kommt und es aus ihm herausprudelt, ist es am besten, ich halte den Mund und lasse zu, dass es so richtig »Dampf ablässt« und alles »ausspuckt«, was ihm auf der Seele liegt. Wichtig ist, dass ich das aushalte, dass ich mich zurücknehme. Es ist wichtig, auch dann nicht zu unterbrechen, wenn mir gerade etwas Wichtiges dazu einfällt, was dem Kind helfen könnte.

Aufmerksamkeit bekunden

Geben Sie zu erkennen, dass Sie tatsächlich zuhören und interessiert sind. Das passiert non-verbal, indem Sie nicken, lächeln, Augenkontakt halten, sich dem Kind zuwenden etc., oder verbal, durch kleine Laute, die keine andere Bedeutung haben, als zu signalisieren: »Ich höre dir zu!« Solche Laute kennen wir alle aus Telefongesprächen, wo wir damit ausdrücken wollen: »Ich bin noch dran!«, also etwa »Oh, hm, aha, verstehe, interessant!« und Ähnliches.

»Türöffner«

Ein Türöffner ist eine zusätzliche Ermutigung, sich auszusprechen über Probleme, Gefühle und Ansichten. Nicht jeder Mensch »sprudelt«, wenn er etwas auf der Seele hat. Da helfen offene Fragen, wie:

AKTIVES ZUHÖREN

Personenzentrierte Gesprächsführung nach Carl. R. Rogers
= die »Sprache der Annahme« (nach Thomas Gordon)

DIE HALTUNG DES ZUHÖRERS:
Einfühlsam, nicht wertend, echt

DIE GESPRÄCHSTECHNIK:

- **Ausreden lassen**

- **Aufmerksamkeit bekunden**

- **»Türöffner«**
  Zum Reden einladen

- **Wiederholen**
  beinahe wortwörtlich

- **Gefühle ansprechen**
  Sagen, welche Gefühle ich wahrnehme

- **Nachfragen**
  Zum Klären und Vertiefen, aber nicht vom
  Gesprächsfaden weglenken

- **Zusammenfassen = Paraphrasieren**
  Mit eigenen Worten wiedergeben, was man gehört hat,
  zusammenfassen, auf den Punkt bringen

  Ziel:
  - überprüfen, ob ich richtig verstanden habe
  - helfen, Gedanken zu ordnen

- **Rückmeldung geben**
  Die eigene Wahrnehmung kurz mitteilen

WICHTIG:
- Ausreden lassen, keine eigene Bewertung, kein Kommentar
- keine Besserwisserei, kein eigener »Senf«
- Schweigen aushalten – inneren »Suchprozess« zulassen
- Der Sprecher behält die Lenkung des Gesprächs
- Der Zuhörer begleitet ihn auf der Reise durch sein Inneres

Übersicht 7

»Du wirkst heute so bedrückt …« Oft reicht das schon und mein Kind »legt los«.

Auf die direkte Frage »Hast du ein Problem?« reagieren manche Menschen spontan mit »nein«. Sie können sich nicht sofort öffnen. Sie brauchen eine zweite Einladung, um sicher zu sein, dass mein Interesse echt ist. Bei manchen Menschen entspricht es auch einer Gewohnheit, sich zu zieren. Auch dann kann ein zweiter Türöffner helfen: »Du weißt, ich bin für dich da, wenn du Sorgen hast.« Dann wird Ihre Einladung wahrscheinlich gerne und dankbar angenommen.

Allein schon die »Annahme der Ablehnung« kann helfen. Es wirkt äußerst vertrauensbildend, wenn Sie ein Nein akzeptieren und dabei wohlwollend bleiben, anstatt beleidigt zu reagieren. Z. B. »Ich merke, du möchtest jetzt nicht darüber sprechen. Aber sag es mir, wenn du mich brauchst.«

Wenn Sie die Freiheit der Entscheidung dem anderen überlassen, merkt er, dass Sie keinen Druck ausüben und die Ablehnung nicht persönlich nehmen. Daher ist es gut, auf eine »Retourkutsche« zu verzichten (»Na gut, dann erzähle ich dir auch nichts mehr!«). Das sind manipulierende Psychospielchen, die nichts bringen – schon gar nicht bei Kindern.

Wiederholen

Wiederholen Sie, was Sie gehört haben (»Du hättest gern das rote Auto …« »Du hast Kopfweh …« »Aha, du magst heute nicht in die Schule gehen …«) Es bedeutet so viel wie »Ich nehme zur Kenntnis« oder »Hab ich dich richtig verstanden?« oder »Erzähl weiter!«. Es soll wie eine Mischung aus Frage und Feststellung klingen. Dann empfindet es der Sprecher als Einladung zum Bestätigen und zum Weiterreden. Damit dieser Effekt erzielt werden kann, ist es wichtig, die Stimme oben zu lassen. Das sollen die drei Punkte symbolisieren.

Wenn Sie stattdessen Ihre Rückmeldung als Frage formulieren und auf die Aussage »Ich hasse Mathematik!« mit der Informationsfrage »Hasst du Mathematik?« antworten, dann klingt es dumm oder banal und Ihr Kind wird wahrscheinlich ungehalten: »Das sag ich doch! Stehst du auf der Leitung?«, während es eher interessiert klingt, wenn Sie rückmelden »Du hasst Mathematik?!« oder »Du hasst wirklich Mathematik!«. Diese Rückmeldungen wird Ihr Kind bestätigen und sich somit verstanden fühlen und einfach weiterreden.

Jedenfalls geht es nicht um die Frage, ob es etwas bringt, Mathematik zu hassen, und ob ich mich als Mutter oder Vater darüber ärgere oder sorge, ob ich diese Ansicht teile oder nicht. Es geht lediglich darum, dass ich akzeptiere, dass mein Kind die Sache momentan so sieht, und ich zulasse, dass es sich Luft macht und auf seine Weise, in seiner momentanen Stimmung und in seiner aktuellen Reife darüber spricht.

Es wäre völlig verfehlt, bei einer solchen Äußerung meinen »Senf« dazuzugeben. (»Das bringt doch nichts!« »Reiß dich doch zusammen!«) Das Kind würde höchstwahrscheinlich aufhören zu reden oder eine missmutige Bemerkung machen. Eine derartige kindliche Äußerung stellt doch nur »die Spitze des Eisbergs« dar. Was sich dahinter verbirgt, erfahre ich erst, wenn ich ermögliche, dass mein Kind mehr davon erzählt. Nur so kann es sich Gedanken darüber machen, wie es zu Mathematik, zu seinem Lehrer, zu seiner Position in der Klasse, zu seinen möglichen Versagensängsten etc. steht. Wenn es Gelegenheit bekommt, mit jemandem darüber zu reden, der ihm wirklich zuhört und versucht, ihn zu verstehen, kann es seine Gedanken und Gefühle ordnen, seine Einstellung überprüfen und Lösungen erarbeiten.

Natürlich können Eltern auch mit einem »Türöffner« antworten, etwa: »Hört sich an, als hättest du ein Problem …« Mit den drei Pünktchen will ich andeuten, dass es gut ist, die Stimme wieder oben zu lassen, als Einladung zum Weiterreden.

Ungeübte »aktive Zuhörer« haben oft das Gefühl, wie ein »Papagei« zu agieren. Dann ist es besser, mit eigenen Worten sinngemäß zu wiederholen, aber möglichst nahe an der Formulierung des Sprechers zu bleiben. Es soll lediglich signalisieren: »Ich hör dir zu, es interessiert mich, sprich weiter!« Es soll weder analysierend noch »festnagelnd« klingen.

Gefühle ansprechen

Viele der kindlichen Äußerungen sind mit starken Emotionen verbunden. Daher hilft es, wenn Eltern das Gefühl ansprechen, das sie gerade bei ihrem Kind wahrnehmen, das sich hinter der jeweiligen Äußerung verbirgt. Auf die Äußerung »Der Hans ist so gemein!« könnte passen »Du hast einen Zorn auf ihn!«, worauf mein Kind mit Sicherheit bestätigt und fortfährt: »Ja, er hat mir meine Puppe weggenommen!« Hier geht es um das »Zurückspiegeln« des gefühlsmäßigen Erlebnisinhalts einer Äußerung. Durch das Benennen des Gefühls, das Eltern bei ihrem Kind wahrnehmen (vermuten), bekommt es selber Klarheit über seine Gefühlswelt und fühlt sich verstanden und erleichtert. Emotionen werden bewusst und oft dadurch schon bewältigt. (z. B: »Du fühlst dich sehr enttäuscht ...« »Es ärgert dich, wenn ...«) Achten Sie darauf, ob Ihr Kind diese Interpretation bestätigt. Wenn ja, gebe ich ihm das Gefühl »Meine Mama/mein Papa versteht mich«. Wenn nicht, kann es korrigieren und das passende Gefühl suchen und ausdrücken. Es kommt nicht darauf an, immer das Richtige zu erraten, sondern darauf, dass mein Kind mein Bemühen spürt, es zu verstehen. Das genügt schon. Das Ansprechen der Gefühle lenkt die Aufmerksamkeit des Kindes darauf, zu erkennen, was es erlebt und fühlt. Erst durch das Benennen seiner Emotionen nimmt es diese wahr und gewinnt somit Herrschaft über sie. Wer seine Gefühle »klärt« und »ordnet«, löst Blockaden und macht seinen Verstand frei für logisches und vernünftiges Denken.

Dadurch, dass wir Gefühle spiegeln, ermöglichen wir dem Sprecher, für sich selbst Klarheit darüber zu bekommen. So wie Sie durch einen Spiegel ein klares Bild von Ihrem Äußeren gewinnen, so ermöglicht das Spiegeln im seelischen Bereich, besser zu erkennen, was im eigenen Inneren vorgeht. Es ist der erste und wichtigste Schritt zu Selbsterkenntnis und emotionaler Kompetenz.

Schweigen aushalten

Manchmal hält mein Kind inne, der Gesprächsfluss kommt ins Stocken. Beim Zuhörer stellt sich Verlegenheit ein. Ich frage mich: »Was soll ich jetzt sagen?« oder ich sehe eine willkommene Gelegenheit endlich zu sagen, was mir auf der Zunge liegt. Dabei dokumentiert eine Schweigepause oft einen ganz intensiven inneren Suchprozess. Die Augen des Kindes sind oft nach links oder rechts oben oder unten gerichtet, so als stünde dort die Lösung, die es zu erkennen sucht. Es steht oft unmittelbar vor der entscheidenden Erkenntnis. Wenn wir dies aushalten, dann hören wir förmlich »den Groschen fallen« und es serviert den erstaunten Eltern eine reife Einsicht oder eine passende Lösung. Wenn es auch »nur« eine kindliche Lösung sein mag, aber wir merken, es ist auf der richtigen Spur.

Nachfragen

Hat das Schweigen ein Weilchen gedauert und blieb es ohne sichtliches Ergebnis, kann ich noch immer nachfragen: »Möchtest du dazu noch etwas sagen?« »Fällt dir noch etwas ein?« Mein Nachfragen darf nur zum Klären und Vertiefen dienen, sollte das Kind aber nicht von seinem Thema weglenken.

Nachfragen kann auch dazu dienen, den inneren Klärungs- und Suchprozess zu unterstützen. Das tut es nur, wenn diese Fragen nicht vom »Denkfaden« des Sprechers weglenken. Wir müssen das Gefühl haben, dass er selbst nahe dran ist, sich diese Frage zu stellen. Verständnisfragen: »Habe ich dich richtig verstanden, du bist sauer, weil …« Konkretisieren: »Kannst du mir ein Beispiel nennen?« oder »Wie meinst du das?« Nach Gefühlen fragen: »Wie fühlst du dich, wenn …« oder »Wie geht es dir dabei …?« Nach der persönlichen Bedeutung des erwähnten Ereignisses fragen: »Wie schlimm/wichtig ist das für dich?«

Zusammenfassen (paraphrasieren)

Wenn ein langer Redeschwall kommt, ist es gut, den Inhalt der Mitteilung zusammenzufassen und mit eigenen Worten sinngemäß zu wiederholen, z.B.: »Du findest also …« oder »Ich möchte kurz zusammenfassen, damit ich weiß, ob ich dich wirklich gut verstanden habe.« Das hilft dem Zuhörer, das Gesagte richtig zu verstehen und so manches Missverständnis zu vermeiden. Durch die Zusammenfassung der wichtigsten Inhalte bekommt mein Kind auch mehr Ordnung in seine Gedanken und Klarheit über seine Erlebnis- und Gefühlswelt.

Die Zusammenfassung kann eine oder mehrere der vier Ebenen der Nachricht umfassen. Ich kann eingehen auf das, was ich gehört habe in Bezug auf Inhalt (Sachebene), Gefühl (Selbstoffenbarungsebene), Beziehung (Beziehungsebene) und Wünsche, Bedürfnisse, Erwartungen (Appell).

Beispiel:

- »Du ärgerst dich (Selbstoffenbarung), dass dir Tino die Puppe weggenommen hat (Sachebene) und hättest sie gerne wieder ... (Appell).«
- Oder »Du hast den ganzen Tag gelernt (Sachebene) und fühlst dich so müde (Selbstoffenbarungsebene), dass du am liebsten sofort ins Bett gehen möchtest (Bedürfnis, Appell).«

Rückmeldung (Feedback) geben – die eigene Wahrnehmung mitteilen

Um den Selbstklärungsprozess des Kindes zu unterstützen, kann es hilfreich sein, ihm zu sagen, wie das Gesagte bei mir ankommt und wie ich mein Kind momentan wahrnehme. Es ist eine kurze Information, als würde ich einen raschen Blick in den Spiegel anbieten. Beispiel: »Ich merke, wie sehr dich das beschäftigt ...« »Ich habe den Eindruck, es interessiert dich gar nicht, ob du jemanden mit deiner lauten Musik störst oder nicht ...« »Kann es sein, dass du nicht ganz sicher bist, ob du die richtige Entscheidung getroffen hast?« Dabei kann es sehr hilfreich sein, wenn ich beschreibe, was ich objektiv sehen oder hören kann. Vermeiden Sie aber jeglichen vorwurfsvollen oder zu Rechtfertigung drängenden Unterton: »Du wendest den Blick ab, wenn ich mit dir rede ...«, »Während alle anderen Kinder tanzen, sitzt du still neben mir und siehst ihnen zu ...« Eine solche Beschreibung wird den inneren Suchprozess anregen und mein Kind wird Stellung beziehen – und wieder etwas Klarheit über sich selbst erhalten.

Richtig oder falsch spielt keine Rolle

Beim aktiven Zuhören kommt es nicht darauf an, ob das Kind etwas Richtiges oder Falsches sagt und ob ich damit einverstanden bin oder nicht, sondern nur, ob ich die Sache aus seiner Sicht verstehen und richtig wiedergeben kann. Es kommt nur darauf an, ob meine Rückmeldung oder Vermutung angenommen wird oder nicht. Das gilt es zu akzeptieren. Nur dann kann seelische Entlastung eintreten und der Weg ist frei zur Vertiefung des Gesprächs. Einsicht kann man nicht aufdrängen, sondern sie muss aus dem freien Inneren kommen – nur dann wirkt sie! Das erfordert oft viel Geduld und Vertrauen seitens der Eltern.

Gehen wir immer davon aus, dass jeder Mensch, auch das Kind, der Experte für sein eigenes Innenleben ist! Wenn wir Wahrnehmung interpretieren, dann sollte sie als subjektive Vermutung, nicht als Tatsache hingestellt werden. Der andere, auch das Kind, soll die Freiheit behalten, sie anzunehmen oder auch nicht. Manches Mal WILL es etwas nicht wahrhaben – dann ist es eben noch nicht so weit. Statt: »Das stimmt nicht!« lieber: »Mir kommt das komisch vor, weil … « oder: »Ich verstehe das nicht, nämlich …«

Wenn wir lenkend ins Gespräch eingreifen, verlassen wir die Phase des aktiven Zuhörens. Ob und wann das angemessen ist oder nicht, müssen Sie entscheiden!

Auf Empfindungen hören – Übungsbeispiele

Das Eingehen auf Gefühle ist für manche Eltern neu. Sie kennen ihr Kind und haben meist ein sehr gutes Gespür dafür, was es gerade empfindet. Aber auf die Idee, es zu benennen, kommen sie oft nicht. Wir sind es nicht gewohnt, Gefühle anzusprechen, weil wir das für banal und selbstverständlich halten. Schauen wir uns deshalb an, wie aktives Zuhören in der Praxis aussieht, anhand einiger alltäglicher Beispiele aus dem Kinderzimmer.

In den nachfolgenden Beispielen möchte ich Ihre Aufmerksamkeit zunächst einmal nur auf den Gesprächsbeginn lenken, um zu verdeutlichen, was gemeint ist, und weil die erste Reaktion für den Verlauf des Gesprächs entscheidend ist oder mein Kind möglicherweise gleich wieder abblockt.

Beim aktiven Zuhören ist der Blick auf die Selbstoffenbarungsebene der Aussage gerichtet. Stellen wir uns daher zwei Fragen:
a) Was glaube ich, wie es meinem Kind momentan geht,
   wie es sich gerade fühlt?
b) Wie spreche ich es an? Was sage ich?

Beispiele:
Die 5-jährige Lisa:
»Ich will nie wieder mit Rita spielen. Sie ist blöd und gemein!«
Gefühl: Ärger, Trauer. Lisas Selbstoffenbarungsbotschaft:
»Ich ärgere mich über Rita.«
Meine Reaktion: »Du hast dich über Rita geärgert ...«
Statt: »Sei doch nicht so nachtragend!«
(Kommunikationssperre 7 »Analysieren –
Amateurpsychoanalyse« siehe S. 134 ff.)

Der 10-jährige Thomas:
»Wir hatten heute Basketballtraining und ich konnte
den Ball nicht ein einziges Mal hineinkriegen.«
Gefühl: Trauer, Frust. Thomas Selbstoffenbarungsbotschaft:
»Ich bin frustriert.«
Meine Reaktion: »Du bist traurig, weil es dir nicht
gelungen ist, den Ball hineinzukriegen ...«
Statt: »Mach dir nichts draus« (Kommunikationssperre 1,
falscher Trost = Gefühle ausreden)

Die 15-jährige Sarah:
»Tommy hat noch immer nicht angerufen!«
Gefühl: »Ich bin unruhig, ich mache mir Sorgen. Ich frage

mich, warum er nicht anruft.«

Meine Reaktion: »Du machst dir Sorgen, weil Tommy noch nicht angerufen hat …«

oder: »Du fragst dich, warum er nicht anruft …«

Statt: »Der ist doch eh' nichts für dich!« Oder: »Du machst dir unnötige Gedanken!«

(Kommunikationssperre 1: falscher Trost, Gefühle ausreden)

Eine ausführliche Beschreibung häufiger Kommunikationssperren beim Zuhören finden Sie im übernächsten Kapitel.

Die Anwendung des aktiven Zuhörens

Diese seitenlangen Ausführungen mögen in Ihnen ein Gefühl der Überforderung ausgelöst haben und Sie stellen sich folgende Fragen: Wie lange dauert aktives Zuhören? Muss ich es immer anwenden?

Wie viel Zeit erfordert aktives Zuhören?

Je nach Situation kann aktives Zuhören nur aus einer kurzen Rückmeldung bestehen und mein Kind fühlt sich bestätigt und erleichtert und kehrt zu seinem Spiel oder seiner Hausübung zurück. Es kann aber auch der Beginn eines langen Gesprächs sein.

Auch wenn aktives Zuhören Zeit und Aufmerksamkeit erfordert, so hilft es dennoch viel Zeit zu sparen, weil Kinder, denen aktiv zugehört wird, ausgewogener sind und schneller selbständig werden und weil es hilft, zeit- und nervenraubende Konflikte zu vermeiden bzw. schneller zu Lösungen zu kommen.

Wann soll aktives Zuhören angewendet werden?
- Wenn einer ein Problem hat und Sie ihn dabei unterstützen wollen.
- Wenn jemand ein Gespräch beginnt und Sie wissen noch nicht, worauf es hinausläuft.
- Im Plaudergespräch, weil es jedem guttut.

- Im Konfliktfall, auch als Reaktion auf Widerstand und Vorwürfe – bevor Sie Ihre Argumente einbringen. Wenn Sie zuerst aktiv zuhören, tragen Sie zur Beruhigung und emotionalen Entlastung bei und steigern Ihre Chancen, dass danach der andere seinerseits in der Lage und willens ist, auf Sie zu hören.
- Aktives Zuhören bewahrt vor vorschnellen Reaktionen. Es lässt Ihnen Zeit, sich zunächst ein Bild vom anderen zu machen und sich auf die Situation einzustimmen. Es erlaubt Ihnen nachzudenken, bevor Sie reagieren.
- In der Partnerschaft und in freundschaftlichen Beziehungen soll es abwechselnd gepflegt werden, damit beide über ihre Erlebnisse und Empfindungen erzählen können und sich vom anderen verstanden und ernst genommen fühlen. Sich öffnen können und aktiv zuhören ist der wichtigste Beitrag zum Gelingen von Beziehungen.

Wann brauchen Sie nicht aktiv zuzuhören?

- Wenn Sie dazu nicht in der Lage sind, weil Sie keine Zeit haben oder innerlich nicht bei der Sache sind. Dann ist wertschätzendes Abgrenzen gefragt.
- Wenn Sie selbst ein Problem haben – dann empfiehlt sich eine Ich-Botschaft.
- Bei reinem Informationsaustausch, wenn es kein Problem gibt und die Beziehungsebene unproblematisch ist. (z. B. »Wie spät ist es?« »Halb sieben!« statt »Mir kommt vor, du hast es eilig ...«) Aktiv zuhören sollten Sie hier nur, wenn Sie den Eindruck haben, dass sich hinter dieser Frage eine andere Botschaft versteckt, die Sie durch aktives Zuhören entschlüsseln wollen. (»Hast du Angst, du könntest den Bus verpassen?«)
- Wenn Gefahr im Verzug ist: »Bleib stehen!« statt »Mir kommt vor, du bist heute mit deinen Gedanken ganz woanders ...«

Nachfragen statt »abwimmeln«

Auch wenn Eltern keine Zeit und Ruhe zum Zuhören haben, gilt es sicherzustellen, das Kind nicht zu frustrieren: »Wir müssen in fünf Minuten gehen. Kannst du mir das heute Nachmittag erzählen?« Anhand der Rückmeldung erfahren Sie auch, wie wichtig die Angelegenheit ist. Womöglich ist es klüger, sich jetzt Zeit zu nehmen, auch wenn ich meinen Zug versäume. Grundsätzlich gilt: Je kleiner das Kind, umso weniger kann es warten.

Der »kontrollierte Dialog«

Aktives Zuhören kann man auch als »kontrollierten Dialog« anwenden, um zu »entschleunigen« und um insbesondere in verfahrenen Situationen zu gewährleisten, dass man einander wirklich richtig verstanden hat. Der Zuhörer wiederholt und schließt mit der Frage: »Habe ich dich richtig gehört?« Wenn der Sprecher (Sender) der Meinung ist, dass er falsch oder nur unvollständig verstanden wurde, wiederholt er seine Botschaft, bis der Zuhörer (Empfänger) ihn seiner Meinung nach richtig wiedergegeben hat. Erst danach gibt der Empfänger darauf seine Antwort oder kommt mit einem Gegenargument, worauf sie die Rollen tauschen und nun der ursprüngliche Sender, der jetzt zum Empfänger geworden ist, ebenso verfährt. Bei dieser Übung merkt man erst, wie oft man aneinander vorbeiredet und dass es gar nicht so leicht ist, den Wortlaut des Gesagten genau wiederzugeben. Und man stellt fest, wie viel genaues und discipliniertes Zuhören tatsächlich bringt. Bei dieser Übung sollte man keine langen Monologe führen, sondern schon nach wenigen Sätzen dem anderen eine Chance geben zu wiederholen. Danach erst fährt man weiter fort.

Der Zuhörer – ein seelischer Mistkübel?

Manche Menschen haben ein derartiges Mitteilungsbedürfnis, dass man ununterbrochen als Zuhörer aktiv sein könnte. Kennen Sie das? Sie warten auf den Bus und sehen jemandem freundlich in die Augen und schon beginnt derjenige, Ihnen seine Lebensgeschichte zu erzählen. Sie können sich vor so viel Vertraulichkeit kaum erwehren. Oder in bestimmten Beziehungen: Manche Freundin weiß nicht, wie weit sie Sie belasten kann und wann Ihre Grenzen erreicht sind. Sie kommt kaum auf die Idee, einmal nach Ihrem Befinden zu fragen, weil sie so sehr mit ihren Problemen oder mit ihrer Selbstdarstellung beschäftigt ist.

In solchen Situationen fühlt man sich überfordert und vielleicht sogar ein Stück missbraucht. Es ist gut, mit sich selbst abzuklären: Bin ich momentan in der Lage und auch bereit, mich diesem Menschen zu widmen? Dann tun Sie bestimmt eine gute Tat! Oder: Kann oder will ich mich derzeit nicht damit belasten? Brauche ich selbst einen gewissen Abstand? Dann ist wertschätzendes Abgrenzen gefragt – manchmal auch meinem Kind gegenüber, denn es ist sehr wichtig, auch auf die eigene Seelenhygiene zu achten.

Stellen Sie sich selbst einmal folgende Fragen: Zu welcher Kategorie Mensch zähle ich? Wen kann ich mit meinen eigenen Sorgen belasten und wen nicht? In welchem Umfang? Zu welchem Zeitpunkt? Bin ich überhaupt in der Lage, mich zu öffnen, um mich anderen mitzuteilen? Achte ich auf die passenden Rahmenbedingungen und ob ich jemanden damit überfordere? Für manche Themen ist ein professioneller Zuhörer (Lebensberater, Therapeut) der bessere Ansprechpartner, auch deshalb, weil er kompetenter und neutraler reagieren und beraten kann.

Und trotzdem: Es gibt kein schöneres Geschenk zwischen Menschen, als wenn wir uns einander anvertrauen, wenn wir uns so richtig aussprechen können. Jeder, der Vertrauen empfangen hat, weiß, dass ein solches Geschenk tiefe Zufriedenheit bringt. Vertrauen müssen wir uns zunächst einmal erwerben und uns als dessen würdig erweisen, indem wir bewusst und wertschätzend miteinander umgehen.

4.4. Eltern als Coach

Eine der wichtigsten Aufgaben von Eltern ist es, ihre Kinder dabei zu unterstützen, Einsicht, Selbständigkeit und Kompetenz zu erwerben. Keine Frage, Kinder brauchen die Anleitung der Erwachsenen. Aber man kann es auch übertreiben. Viele Eltern sind der Meinung, dass es ausreicht, Kindern ein gewisses Ausmaß an Verhaltensregeln und Ratschlägen mit auf den Weg zu geben, und haben das Ideal verinnerlicht »Sei schön brav und tu, was ich dir sage!«. Sie wollen ihr Kind vor Unannehmlichkeiten bewahren, schnell und bequem den Alltag bewältigen. Warum aber wollen Kinder nicht auf Erwachsene hören? Warum stoßen unsere wohlgemeinten Anweisungen so häufig auf Widerstand? Weil kluge Ratschläge bevormundend wirken, weil Kinder ihre eigenen Lösungen finden wollen! Ihr Widerstand ist daher an sich eine gesunde Reaktion. Stellen Sie sich vor, Ihr Kind würde tatsächlich alle Anweisungen schön brav befolgen. Alle Probleme wären gelöst, außer einem: Es hätte nichts dabei gelernt! Das ist der Weg, der im Extremfall zu Inkompetenz und Hilflosigkeit führt. Er macht abhängig, anstatt Hilfe zur Selbsthilfe anzubieten.

Um zu veranschaulichen, sei verallgemeinernd gesagt, dass man in der klassischen Erziehung vor allem auf Anweisungen, Erklärungen, Belehrungen und »Moralisieren« gesetzt hat. Diese Methoden haben einen stark autoritären Charakter. Wissen und Lebensweisheit werden sozusagen »eingetrichtert«, von oben herab. Wenn diese Form der Erziehung dominiert, werden Kinder und Jugendliche zu passiven Empfängern. Kein Wunder, dass es solcherart nicht leicht ist, Selbständigkeit zu vermitteln, und es wundert ebenso wenig, dass diese Methoden auf starken kindlichen Widerstand stoßen, weil sie eigentlich gegen die Entwicklungsdynamik des Kindes arbeiten, das beim Lernen aktiv sein möchte. Außerdem vermittelt man unbewusst zwischen den Zeilen: »Ich bin gescheit und du bist dumm.« Wer lässt sich so etwas schon gerne sagen?

Die Eigendynamik aktiven, lustvollen Lernens

Ist es nicht interessant, dass Kinder in den ersten drei Lebensjahren am meisten lernen – ganz aus eigenem Antrieb, ohne jegliche methodische Unterweisung. Die instinktive kindliche Neugierde als Motor, Nachahmung und die angeborene »Versuch und Irrtum«-Methode reichen völlig aus, ein harmonisches und anregendes Umfeld vorausgesetzt, um unglaubliche Lernprozesse, die sich vor allem im kindlichen, lustvollen Spiel zeigen, auszulösen. Auch in den nächstfolgenden Jahren vor der Einschulung hat das Kind meist noch überwiegend Gelegenheit, aktives Lernen zu praktizieren und Freude an jedem neuen Entwicklungsschritt zu haben. Charakteristisch für dieses aktive Lernen sind die unglaublich verblüffenden Kinderfragen. Hier gilt es, mit Geduld und Liebe Antworten zu geben, die zur Frage passen und dem Entwicklungsstand des Kindes entsprechen. Selbständiges Lernen aus Freude ist der Tenor der ersten sechs Lebensjahre.

Warum hört das so oft gerade mit der Einschulung auf? Weil Antworten auf nicht gestellte Fragen Abwehr auslösen!

Beim Lernen, egal ob es sich um Wissen, praktische Fähigkeiten, Einsicht oder soziale Kompetenzen handelt, kommt es nicht so sehr darauf an, die richtigen Antworten zu haben, sondern vor allem darauf, die richtigen Fragen zu stellen und dem Kind zu helfen, selber die Antworten zu finden. Das Kind wird dabei in seiner Kompetenz angesprochen und wir geben ihm Gelegenheit, sein Wissen und Können zu demonstrieren. Wir vermitteln zwischen den Zeilen »Ich trau dir was zu!«. Was ihm noch an Wissen fehlt, will es dann gerne von uns erfahren.

Die Möglichkeit, Fragen zu beantworten, kennen unsere Schüler häufig nur aus Prüfungssituationen, die eher einen Verhörcharakter haben und mit starkem Druck verbunden sind, vor allem dann, wenn nicht die Leistung, sondern die Fehler bewertet werden. Unser Schulsystem ist nach wie vor eher defizit- statt ressourcenorientiert und wirkt daher für viele Kinder stark demotivierend.

Das Wissen um diese Zusammenhänge haben sich professionelle Coachs zu Eigen gemacht, die sich in der Kunstfertigkeit üben, ihre Klienten zu eigenständigen Lösungen hinzuführen. Das Ergebnis ist dann nicht die bestmögliche Lösung des Beraters, sondern die des Klienten, von ihm selbst erarbeitet, auf seine Persönlichkeit, Fähigkeiten und Situation zugeschnitten und von ihm selbst verantwortet. Alles andere wäre eine unverantwortliche Einmischung in das Leben des Klienten, die den einen abhängig machen, den anderen überfordern würde.

Ziel der Erziehung ist es also, Kinder zu Eigenständigkeit und Eigenverantwortung hinzuführen. Hat das nicht auch schon unsere kleine Momo geschafft, einfach durch aufmerksames, verständnisvolles Zuhören? Richtig!

Vorhin habe ich beschrieben, wie beim aktiven Zuhören ideale Bedingungen geboten werden, bei denen auf ganz natürliche Weise ein Selbstklärungsprozess zugelassen und gefördert wird, der denjenigen, der das Problem hat und dem aufmerksam und einfühlsam zugehört wird, emotionale Entlastung, Klärung und Lösung finden lässt.

Diese Dynamik können Coachs und Eltern nutzen, um diesen Prozess bewusst zu unterstützen. Diesen Vorgang habe ich auf die sogenannte Coaching-Formel »verstehen – klären – lösen« komprimiert.

Eine Zusammenfassung finden Sie in Übersicht 8, Seite 124. Nun wollen wir näher darauf eingehen.

Der Selbstklärungsprozess

Wenn Ihr Kind Probleme hat, ist Ihre wichtigste Aufgabe nicht, sofort für Ihr Kind nach einer Lösung zu suchen, sondern aktiv zuzuhören, damit es sich verstanden fühlt. Die Lösung für das Problem wird es selber finden oder um Hilfe bitten. Wenn Sie helfen wollen, dann fragen Sie, ob Hilfe gewünscht wird, oder warten Sie, bis Ihr Kind danach fragt. Dieser Rat setzt natürlich eine altersgemäße

Anwendung voraus. Meinem Baby werde ich die Windel wechseln, ohne zu warten, dass es danach fragt.

Wie schon erwähnt, ist es gut, wenn Eltern wohlwollende Sicherheit ausstrahlen, indem sie ihrem Kind vermitteln »Ich weiß, was gut für dich ist!«, ihm Entscheidungen abnehmen und Führungskompetenz ausstrahlen.

Sie müssen ein Gespür für die Entwicklungsbedürfnisse ihres Kindes haben und einschätzen können, wann es Freiheit, Mitsprache oder Anweisungen braucht.

Wie können Sie diese Sicherheit gewinnen? Indem Sie auf Widerstand achten, wertschätzend nachfragen und die Lösungskompetenz des Kindes überprüfen. Ein wichtiges Signal geben Kinder bereits, indem sie einfordern »Selber, selber!«.

Grundsätzlich gilt auch bei Kindern: »Helfen ohne Auftrag führt in Teufels Küche!«

Ungebetenes, vorschnelles Helfen vermittelt Ihrem Kind das Gefühl, dass Sie ihm nicht zutrauen, selber eine Lösung zu finden. Auf diese Weise nehmen Sie ihm die Möglichkeit, sich darin zu üben, Probleme selber zu lösen und dadurch Selbstsicherheit und Selbstbewusstsein zu erlangen. Sie vermitteln auch das Gefühl, dass Sie sich überlegen fühlen, und lösen damit häufig Abwehr oder Irritationen aus. Das ist der Grund, warum so viele gute Ratschläge abgelehnt werden.

Es ist anfangs nicht leicht, den spontanen Wunsch nach sofortiger Hilfestellung und Lösungssuche zu unterdrücken, besonders wenn das Kind noch klein ist. Ihr aktives Zuhören gibt ihm aber das Gefühl, für kompetent erachtet und ernst genommen zu werden. Diese indirekte Botschaft bewirkt eine Steigerung seiner tatsächlichen Kompetenzen. Dadurch fördern Sie Entwicklung und stärken die gegenseitige Vertrauensbasis. Wenn Ihr Kind wirklich Hilfe braucht, wird es konkret danach fragen.

Es gibt Menschen, die durch übertriebene Kritik oder Fürsorge zur Unselbständigkeit erzogen wurden, sodass sie sich allein keine Meinung bilden oder Entscheidungen zu treffen trauen.

Wie soll man auf die kindliche Frage »Mama, was soll ich tun?« reagieren? Auch hier ist es nicht angebracht, gleich mit einer Lösung aufzuwarten. Besser ist es, das Kind auf Lösungssuche zu schicken, indem Sie mit einer Frage antworten, sozusagen den Ball »zurückspielen«: »Du hast dir sicher schon Gedanken gemacht …« oder »Was meinst denn du?« oder »Welche Möglichkeiten kommen denn überhaupt in Betracht?«

Beispiel Kleiderschrank
Kennen Sie das nicht auch von sich selber? Hier ein Beispiel aus der »Beziehungskiste«: »Schatz, was soll ich heute Abend anziehen?« »Nimm doch dein rotes Kleid!« »Aber das habe ich doch erst letztes Mal getragen!« »Na, dann nimm das grüne!« »Das passt doch gar nicht dazu!« »Warum nimmst du nicht einfach das blaue?« »Nein, du verstehst wirklich nichts davon!« Er, verärgert: »Warum fragst du mich dann überhaupt?!« Ja, warum denn nur? Weil sie, ohne es selbst zu wissen, eigentlich nur laut nachdenken wollte. Darum hätte er besser mit einer Gegenfrage geantwortet: »Du fragst dich, was du anziehen sollst …« oder »Du hast die Qual der Wahl …« Sie: »Ja, ich kann mich einfach nicht entscheiden!« Sie fühlt sich verstanden und ernst genommen. Oft reicht das schon aus. Eventuell könnte er mit Coaching-Fragen fortfahren, die sich Madame selber beantworten kann. So kann er sie zu einer Lösung hinführen, welche die ihre ist, und beide sind glücklich.

Die Coaching-Formel: verstehen – klären – lösen

Einen konstruktiven Gesprächsverlauf kann man in drei Phasen gliedern:

Verstehen
Dafür sorgen, dass Ihr Kind sich verstanden fühlt, durch aktives Zuhören, ohne eigene Bewertung.
Wie wir schon gehört haben, geht es darum, Verständnis zu ver-

DIE COACHING FORMEL
VERSTEHEN – KLÄREN – LÖSEN

Motto: Wenn Ihr Kind Probleme hat, braucht
es nicht Lösungen, sondern Verständnis!

VERSTEHEN
Aktives Zuhören, bis emotionale Entlastung eintritt.
Dafür sorgen, dass sich Ihr Kind verstanden, angenommen und ernst
genommen fühlt.

KLÄREN
Statt Erklärungen und Analysen:
Fragen stellen, die dem Kind helfen,

- die persönliche Bedeutung seines Problems zu spüren
- Klarheit und Abstand zu gewinnen
- neue Aspekte und Perspektiven zu entdecken
- Widersprüche oder Ambivalenzen zu erkennen
- die Sicht der anderen zu verstehen
- den Horizont zu erweitern

LÖSEN
Statt Lösungen »servieren«:
Fragen stellen, die dem Kind helfen, Lösungen zu
finden und Entscheidungen zu treffen:

- Eigene Ressourcen aktivieren
- Alternativen aufzeigen
- Auf Konsequenzen hinweisen

Autorität nach Bedarf
Erst danach, wenn erwünscht oder Sie es für angemessen erachten:
Ratschläge geben, Lösungsmöglichkeiten aufzeigen.
Bei Bedarf die Rolle des Coaches verlassen: Sagen, was zu tun ist,
Erziehungsverantwortung übernehmen (Korb Autorität)

Ziel
Für emotionale Entlastung sorgen, den inneren Klärungsprozess
begünstigen, Ressourcen aktivieren, Kompetenzen erweitern, Verantwortung übertragen.

Elternwerkstatt
Ihr Partner in Erziehungsfragen

Übersicht 8

mitteln, um der Phase des »Dampfablassens« ausreichend Raum zu geben und damit seelischen Druck abbauen zu helfen, damit Ihr Kind sich verstanden fühlt und sich beruhigen kann. Zuwendung und Blickkontakt sind wichtig und auch, dass wir uns währenddessen nicht mit etwas anderem beschäftigen, weil dann mein Gegenüber kaum den Eindruck hat, dass ich mit meiner vollen Aufmerksamkeit bei ihm bin. Wenn das nicht möglich ist, dann sollten Sie es ausdrücklich erwähnen: »Ich bin gerade beim Kochen und muss umrühren. Aber ich kann dir versichern, dass ich dir aufmerksam zuhöre, auch wenn ich dich dabei nicht anschauen kann.«

So helfen Sie Ihrem Kind, über seine Gefühle zu sprechen, mit verbalen Äußerungen wie:

»Aha, das gefällt dir gar nicht …«

»Du bist traurig, weil die Kinder nicht nett zu dir sind …«

»Du fühlst dich irgendwie übergangen, ausgenützt, nicht ernst genommen etc.«

»Du hältst das nicht mehr länger aus …«

»Das hat dich ganz schön wütend gemacht …«

»Du bist neugierig, wie das ausgehen wird …«

Aber auch angenehme Emotionen müssen gewürdigt werden:

»Da hast du dich wirklich gefreut …«

Sie können das Gefühl auch noch »greifbarer«, konkreter machen helfen:

»Wenn deine Wut sprechen könnte, was würde sie jetzt sagen?«

»Kannst du mir zeigen, wie groß dein Problem / dein Ärger ist?«

Lassen Sie Ihr Kind mit der Hand deuten oder auf einer Skala anzeigen. Dazu kann zum Beispiel der Türstock dienen. Kreativität ist gefragt: »Wie sieht deine Wut aus? Kannst du sie hier auf das Papier zeichnen?« Danach kann die Zeichnung entweder gut sichtbar an die Wand geklebt oder in tausend Stücke zerrissen oder zusammengeknüllt und demonstrativ entsorgt werden. Das sind symbolische Handlungen. Wenn ich meinen Wutball weit weg werfe, zertrete, hinunterspüle etc., dann bin ich auch meine Wut los und fühle mich erleichtert.

Manche Kinder mögen nicht, wenn man die Gefühle zu sehr betont, insbesondere Burschen in der Pubertät. Dann legen Sie den Focus lieber auf die Beschreibung der Gesamtsituation: »Ärgerlich: Da hast du dich so gut vorbereitet und dann nimmt dich der Lehrer gar nicht dran!« oder »Ungerecht: Alle waren laut und ausgerechnet dich hat er ermahnt.« Ihre Botschaft: »Bestätige, ob ich das richtig verstanden habe!«

Ihre Reaktion kann auch zur Überprüfung des Inhalts dienen: »Wenn ich dich richtig verstanden habe, ...«

Oder ausdrücklich als Interpretation deklariert sein:

»Ich habe den Eindruck ...« »Ich habe das Gefühl, dass du ...« Dadurch fühlt sich das Kind weder analysiert noch abgestempelt, was verständlicherweise Unmut hervorrufen würde, sondern verstanden. Einzig und allein darauf kommt es an.

Selbst urteilen lassen

Es fällt nicht immer leicht, mit der eigenen Bewertung, dem eigenen Kommentar zurückzuhalten, wie zum Beispiel: »Das ist doch unwichtig!« oder »Das ist aber unangenehm!« Ob es wichtig oder unangenehm ist, soll das Kind entscheiden können. Es hat ein Recht auf seine eigene, subjektive Empfindung und Meinung. Wenn das Kind selbst die Sache direkt oder indirekt als unangenehm bezeichnet hat, dann kann ich es »spiegeln«: »Du findest das unwichtig / ganz schön unangenehm ...« Nicht ich bewerte die Sache, sondern spiegle nur, wie ich glaube, dass das Kind sie empfindet. Auf diesen feinen Unterschied kommt es an, denn ich will das Kind ja nicht beeinflussen, sondern seinen eigenen Gefühlen und Bewertungen näher bringen und »Herr seiner selbst« bleiben lassen.

Das Problem nicht an sich reißen!

Leicht ermunternde, einfühlsame Bemerkungen sind manchmal angebracht, ohne dem Kind jedoch das Problem abzunehmen. Es ist vielmehr ein Zeichen von Wertschätzung, jemandem sein Problem zu belassen. Das ist nicht immer leicht, besonders dann, wenn Eltern ihr Kind leiden sehen. Der Wert für das Kind liegt darin, dass seine Eltern Anteil nehmen und das aushalten. Dadurch vermitteln Sie: »Ich nehme dich ernst, ich nehme Anteil. Ich sehe die Sache realistisch und ich stehe an deiner Seite. Aber ich kann oder will dir das Problem nicht abnehmen.« Dadurch strahlen Sie Kraft und Stärke aus, die das Kind braucht, um sich anzulehnen oder sich vorübergehend emotional fallen lassen oder ausweinen zu können. Danach geht es dem Kind besser.

Schweigen aushalten

Wenn das Kind seinen Redefluss unterbricht und schweigt, kann das auch eine Pause des Nachdenkens sein. Versuchen Sie, dieses Schweigen auszuhalten, abzuwarten und nicht sofort durch irgendeine Bemerkung zu überbrücken, die meist nur unsere Verlegenheit oder Hilflosigkeit ausdrückt, oder den Versuch, etwas »Gescheites« darauf zu sagen. Dieses Schweigen ist aber meist das Zeichen für einen intensiven inneren Suchprozess. Das Kind steht wahrscheinlich gerade kurz vor einer wichtigen Erkenntnis oder Lösung. Ihre Bemerkung würde seinen Nachdenkprozess unterbrechen und dieses wertvolle Resultat verhindern. Das wirkt irritierend. Oft aber wird diese Störung weder von der einen noch von der anderen Seite überhaupt bewusst registriert. Der Selbstklärungsprozess ist jedoch unterbrochen, der kaum gedachte Gedanke zerronnen.

Sollte das Schweigen anhalten und tatsächlich vom Kind nichts mehr kommen, können Sie weitere Impulse geben oder Fragen stellen. Um sicher zu sein, was im Kind tatsächlich vorgeht, können Sie es überprüfen: »Gibt es noch etwas, was du dazu sagen möchtest?« »Ist das für dich nun erledigt?« »Kann es sein, dass du nicht mehr darüber reden möchtest?« Auch eine Abwehrreaktion gilt es zu akzeptieren: »Du weißt, ich bin für dich da, wenn du mich brauchst« oder »… wenn dir noch etwas einfällt.« Dadurch haben Sie »den Fuß in der Tür«. Es kann nämlich auch als unangenehm empfunden werden, alles sagen zu müssen. So aber ist das Kind den Druck los und kann selbst entscheiden, wann und wie viel es mitteilen möchte.

Diese Freiheit wirkt stark Vertrauen fördernd. Das Kind wird sich gerne wieder an die Eltern wenden, wenn es so weit ist und das Bedürfnis verspürt, mehr zu erzählen.

Klären

Sie unterstützen den inneren Klärungsprozess, indem Sie Fragen stellen statt Erklärungen zu geben – diese soll das Kind mit Ihrer Hilfe selber finden. Es geht also darum, Fragen zu stellen, die dem Kind helfen, Klarheit und Abstand zu gewinnen, Meinungen und festgefahrene Deutungen zu hinterfragen, Ereignissen die eigene Bedeutung zu geben.

Nach konkreten Umständen fragen:
»Wie ist das passiert?«
»Erzähl, wie ist das gekommen?«
»Wann, wie oft, mit wem? …
»Wann genau tritt dieses Gefühl auf?«
»Wann genau verhält er sich so?«
»Woran merkst du, dass er etwas gegen dich hat?«

Wenn das Gespräch zu allgemein oder zu abstrakt wird:
»Kannst du mir ein Beispiel nennen?« »Wie war das genau?«

Dem Kind helfen, die persönliche Bedeutung zu erkennen:
»Wie schlimm ist es, wenn sie lachen?«
»Wie wichtig ist das für dich, Erster zu sein?« oder
»Was würde dein großer Bruder/dein Freund dazu sagen?«
(unterschiedliche Betrachtungsweisen einholen)
»Ich spüre bei dir so etwas wie Enttäuschung …, eine gewisse Unentschlossenheit …«

Inneren Abstand erzeugen:
»Stell dir vor, du triffst sie in einem Jahr auf der Straße und sie lädt dich auf ihre Geburtstagsparty ein. Was würdest du antworten?«

Ambivalenzen sichtbar machen:
    »Einerseits willst du … andererseits …«, oder
    »Du hast mir vorhin erzählt, dass du es sehr eilig hast. Dann
    verstehe ich aber nicht, weshalb du stehen bleibst, um mit
    Peter zu plaudern …«
    »Gestern war er noch dein bester Freund – heute willst du
    ihn nie wieder sehen …«

Dem Kind helfen, Erklärungen zu finden, die Situation einzuordnen,
Einsicht zu entwickeln:
    »Kannst du dir erklären, warum er so heftig reagiert hat?«
    »… wie es so weit kommen konnte?«
    »Kannst du verstehen, warum sie sich so ärgert?«
    »Kannst du verstehen, was den Lehrer daran stört?«
Ich kann eventuell auch meine Wahrnehmung anbieten, wenn die
Emotionen sich schon einigermaßen gelegt haben: »Deine Schilde-
rung erweckt in mir den Eindruck …«

Warum »Warum?« nicht hilft
Wenn sie etwas von ihren Kindern wissen wollen, kommt den meisten Eltern die Frage »Warum?« über die Lippen:
    »Warum ärgerst du dich?«
    »Warum beeilst du dich nicht?«
    »Warum bist du so lästig?«
    »Warum bist du so ängstlich?«
Die Frage »Warum?« kann geradezu als Gesprächsblockierer wirken.
Das Kind weiß ja meist selbst nicht, warum, besonders wenn es um
emotionale, also meist unbewusste Dinge geht. Nicht einmal ein Erwachsener könnte diese Frage immer spontan klar beantworten. Außerdem fühlt man sich ins Eck gedrängt, wie bei einem Verhör, so als
müsste man sich rechtfertigen. Daher ist es besser, anders zu fragen
oder mit aktivem Zuhören einfach zu »spiegeln«. Das Kind fühlt sich
verstanden, kommt in seine innere Balance und wird mir ganz selbstverständlich nun erklären, warum, oder der Antwort zumindest ein
Stückchen näher kommen.

Beispiele:
Spiegeln: »Da hast du dich geärgert …« Kind: »Ja, weil …«
»Wie ist es dazu gekommen?«
(Botschaft: »Informiere mich«) statt: »Warum hast du
das gemacht?« (indirekte Botschaft: »Rechtfertige dich!«)
»Kannst du dir erklären, warum …?«
Das Kind muss es nicht mir erklären, sondern, wenn es will, sich selber. Es braucht sich also nicht zu rechtfertigen.

Eine sehr wirksame Methode besteht darin, sich »dumm zu stellen«. Dabei übernehme ich die Verantwortung für meine Wissenslücke und anerkenne gleichzeitig das Kind als Experten für sein eigenes Innenleben:
»Interessant …«
»Das verstehe ich nicht …«
»Kannst du mir das erklären?«
»Was hat denn das eine mit dem anderen zu tun?«

Wenn Eltern lernen, gute Coachs für ihre Kinder zu sein, werden sie erstaunt feststellen, wie selbstsicher und kompetent diese sind. Sie zeigen erstaunlich schnell Einsicht, finden eigene Lösungen und fühlen sich stark und gut. Eltern brauchen daher nur noch zu »applaudieren«, Anerkennung zu geben, wo sie vorher ebenso mühevoll wie ergebnislos versucht hatten, ihren Kindern »gut zuzureden« und sich dabei oft den »Mund fusselig« geredet hatten – und dabei psychologischerweise auf innere Abwehr gestoßen waren.

Wenn wir einem Kind helfen wollen, Lösungen zu finden:

Lösen
Auch hier geht es darum, Kinder zur Lösung ihrer Probleme hinzuführen, anstatt sie ihnen aufzudrängen. Folgende Strategien können helfen:

Lösungsfragen stellen:
»Was kommt denn in Frage?«
»Was könntest du da tun?«
»Hast du schon daran gedacht, …«
»Was könnte schlimmstenfalls passieren?«

Alternativen, Wahlmöglichkeiten und Konsequenzen aufzeigen:
»Fällt dir noch eine Lösung ein?«
»Du hast folgende Möglichkeiten: …«
»Ich könnte mir auch noch folgende Lösung vorstellen: …«
»Wenn du dies tust, passiert das: Willst du das?«

Nach Ressourcen Ausschau halten:
»Wie hast du das letztes Mal gemacht, als es so gut
geklappt hat? / dir so gut gelungen ist?«
»Was kann dir dabei helfen?«
»Wer kann dich dabei unterstützen?«
»Was brauchst du von mir, damit du gut lernen kannst?«

Zielvorstellungen konkretisieren:
»Woran würdest du merken, dass das Problem gelöst ist?«
»Woran würden es deine Freunde / Geschwister / Lehrer merken?«
»Angenommen, du wachst auf und die gute Fee hat dein
Problem gelöst: Wie sieht dann dein Leben aus? Was würdest
du dann tun?«

Die angedachte Lösung überprüfen:
»Welche Folgen würden sich daraus ergeben?«
»Was wäre dann anders?«

Schritte der Umsetzung gemeinsam erarbeiten.
Folgende Fragen können helfen:
»Was ist der erste Schritt?«
»Was geschieht wann?«

Es kann zum Beispiel darum gehen, das Kind einen Lernplan / Trainingsplan erarbeiten zu lassen oder es mit ihm gemeinsam zu tun. Wichtig ist, sich zu überlegen und nachzufragen, welche Rahmenbedingungen oder Unterstützung das Kind braucht, um seine Pläne umzusetzen. Das kann auch das Ergebnis von fairen Verhandlungen zwischen Eltern und Kind sein.

Coaching ist Hilfe zur Selbsthilfe!

Es ermöglicht dem Kind »lautes Nachdenken« und somit, den Selbstklärungsprozess bewusst und aktiv ablaufen zu lassen.

Beim Coaching-Gespräch verlassen wir schrittweise die Ebene des aktiven Zuhörens, indem wir die Lenkung des Gesprächs übernehmen. Trotzdem bleibt das Kind mit seinem Thema im Mittelpunkt. Wir sind geistig nur einen kleinen Schritt voraus und unterstützen es dabei, Erkenntnisse, Einsichten und Lösungen selbst aktiv zu entwickeln. Das Ergebnis bleibt sein Ergebnis, auf das es stolz sein kann.

Wann sollen Eltern lenkend eingreifen?

Selbstverständlich können Eltern auch eigene Vorschläge einbringen. Aber seien Sie nicht beleidigt, wenn Ihr Kind sie nicht annimmt. Es ist sein Problem! Es ist ein Zeichen von Wertschätzung, ihm die Verantwortung dafür zu belassen, gegebenenfalls auch, Fehler machen zu dürfen. Nichts ist lehrreicher als die eigene Erfahrung. Wenn es hinterher Einsichten entwickelt, dürfen Eltern das Kind nicht mit einem besserwisserischen »Ich habe es dir doch gleich gesagt …« oder »Warum hast du nicht auf mich gehört?!« vor den Kopf stoßen. Denn dann entwickelt es erst recht Widerstand, weil es sich gedemütigt fühlt. Besser sagen Sie: »Ich freue mich, dass du das einsiehst« oder man schweigt und lässt das Kind die Konsequenzen tragen (aufräumen, nochmals von vorne beginnen etc.). Nichts spricht jedoch dagegen, dem Kind dabei zu helfen (angeschlagenes Knie verarzten etc.) und solidarisch zu handeln, je nach Ermessen.

Natürlich müssen Sie bei allem die Gesamtsituation berücksichtigen, was Sie Ihrem Kind alters- und entwicklungsgemäß an Entscheidungen und Freiräumen zumuten dürfen, um es nicht zu überfordern. Bewusst kommunizierende Erwachsene würden auch einem Freund einen Rat nur dann geben, wenn dieser darum bittet oder wenn sie um Erlaubnis gefragt haben, ob der andere das auch hören will oder nicht. Bis hierher agieren wir als Coach auf einer Ebene der Gleichberechtigung, nicht der Bevormundung.

Autorität und Erziehungsverantwortung

Wenn Sie aber der Meinung sind, dass Sie nun bei Ihrem Kind lenkend eingreifen müssen, dann sagen Sie Ihre Meinung und geben Sie Ihren Rat. In diesem Fall handeln Sie aus Ihrer Erziehungsverantwortung und machen von Ihrer elterlichen Autorität Gebrauch. Sie entscheiden, in welcher Situation dies angemessen und richtig ist, wann Sie der Meinung sind, dass Ihr Kind die Reife und Einsicht noch nicht hat, die richtige Entscheidung zu treffen und die daraus resultierenden Folgen zu tragen. Nötigenfalls geben Sie Anweisungen oder sprechen sogar Verbote aus. Dann wissen Sie, dass Sie in Korb 3 (Autorität) unterwegs sind, und stehen Sie dazu! Verlassen Sie sich auf Ihr Gefühl, um dies zu entscheiden.

Wenn Sie als guter Coach Ihre Kinder begleiten, können Sie sich viele Gebote, Verbote und Bevormundungen ersparen, weil sich Ihr Kind selbstbewusst, eigenständig, kompetent und kooperativ entwickeln kann. Außerdem haben Sie die Vertrauensbasis gestärkt und Ihr Kind wird viel eher auf Sie hören, wenn Sie gelegentlich doch mit Ideen und Ratschlägen kommen, weil Sie »den Boden dafür aufbereitet« haben und sich Ihr Kind von Ihnen weder »überfahren« noch bevormundet fühlt. Auch wenn Sie nun sagen, »wo es langgeht«, wird Ihr Kind Ihre Entscheidung respektieren und viel weniger dagegen rebellieren.

4.5. Häufige Kommunikationssperren beim Zuhören

Auch diesem Kapitel möchte ich den erforderlichen Raum geben, weil ich hier darzustellen versuche, wie leicht man unbeabsichtigt in die Situation eines »Elefanten im Porzellanladen« kommen und beim Kind emotionale Blockaden aufbauen kann, ohne es selbst zu merken – oder wie schnell und meist unbemerkt wir kostbare Gelegenheiten verpassen, unserem Kind tatsächlich wirkungsvoll und ohne große Anstrengung zu helfen.

Ich möchte Sie einladen, sich ein banales Alltagsbeispiel anzusehen, etwas, das auch Erwachsenen passieren kann. Denn immer wenn wir uns selbst in eine Situation hineinversetzen können, fällt es uns leichter, andere zu verstehen.

Beispiel
Stellen Sie sich vor, Sie waren Gast auf einer sehr unterhaltsamen Geburtstagsfeier. Sie haben sich mit Ihren Freunden und Bekannten gut amüsiert. Nach diesem schönen Abend machen Sie sich nun auf den Heimweg. Sie gehen zum Auto und erkennen schon von weitem einen Zettel an der Windschutzscheibe. Beim Auto angelangt, sehen Sie, dass Sie einen Strafzettel erhalten haben. Dabei hatten Sie ja Parkscheine ausgefüllt, aber nur bis 20 anstatt bis 21 Uhr. Zu Hause angekommen, erzählen Sie frisch von »der Leber weg« Ihren Frust.

Im Nachfolgenden finden Sie einige typische Reaktionen, die von Ihrem Partner oder Ihrer Partnerin, einem gutem Freund oder einem Bekannten kommen könnten. Überlegen Sie sich dabei, wie Sie sich fühlen würden, wenn Ihnen einer so kommt, und wie Sie Ihrerseits darauf reagieren würden.

1) Gefühle leugnen, ausreden oder verbieten

»Deswegen brauchst du dich doch nicht aufzuregen! Ist ja nur ein kleiner Strafzettel! Das tut doch nicht weh! Einer mehr oder weniger!«

Wie fühlen Sie sich?
Wahrscheinlich nicht ernst genommen, bevormundet, »veräppelt«! Zuerst ärgerten Sie sich über das Strafmandat und nun obendrein auch noch über Ihren Partner, der Ihnen vorschreiben möchte, ob Sie sich ärgern dürfen oder nicht! Das soll er schon Ihnen selbst überlassen! Darin wollen Sie bestimmt nicht bevormundet werden, und sei es noch so gut gemeint!

Wie reagieren Sie?
Das hängt von Ihrem persönlichen Temperament ab. Entweder Sie drehen sich um und gehen. Oder Sie wehren sich: »Das habe ich gerade noch gebraucht!« Vielleicht antworten Sie kompetent: »Ich nehme an, du möchtest mich trösten, das hilft mir aber gar nicht weiter!«

Diese Art von Kommunikationssperren passieren Eltern relativ häufig, gerade deshalb, weil sie trösten und nicht wahrhaben wollen, dass ihr kleiner Schatz Probleme hat. Man möchte sie gerne durch schnellen Trost wegwischen. Dann kommen gut gemeinte, aber wenig hilfreiche »Sager«.
   Hier einige typische Eltern-Sätze. Ich ergänze mit Kommentaren aus der Perspektive des Kindes oder mit seiner möglichen Reaktion. Vielleicht erinnert Sie der eine oder andere an Ihre eigene Kindheit.
   • »Das ist ja lächerlich!« Für uns Erwachsene vielleicht.
     Aber für ein kleines Kind?
   • »Mach' kein Theater!« Das ist kränkend!
   • »Mach nicht aus einer Mücke einen Elefanten!«
     Ich werde zum Hypochonder abgestempelt!
     Das hat mir gerade noch gefehlt!
   • »Sei nicht so zimperlich!« Beleidigend!
   • »Geh, das tut doch gar nicht weh!«

- »Das ist alles nicht so schlimm!«
  Wer weiß, wie schlimm es wirklich für mich ist? Du oder ich?
- »Ein Indianer kennt keinen Schmerz!«
  Gefühle unterdrücken: Wird man so zum »richtigen«
  Mann erzogen?
- »Ist ja nichts passiert!« Bei deinen Beschwichtigungen fühl ich
  mich nicht ernst genommen, sondern bevormundet!
- »Das ist ja nicht wahr!« »Das bildest du dir nur ein!«
  Na bravo! Darf ich meinen eigenen Gefühlen nicht trauen?!
- »Du heulst wie eine Waschmaschine!« Ironie verletzt
  Kinderherzen!
- »Du brauchst doch nicht weinen!« Wenn das Kind seinem
  Ärger nicht Luft machen darf, lernt es höchstens, ihn zu
  unterdrücken, aber nicht, ihn zu beherrschen.

Bei all diesen Reaktionen ist es kein Wunder, dass das Kind sich unverstanden, nicht ernst genommen, »veräppelt«, »ruhiggestellt«, aber auch verwirrt fühlt, ob es seinen Gefühlen überhaupt trauen darf. Es denkt sich bewusst oder unbewusst: »Die hat doch keine Ahnung!«, »Was versteht der schon davon!« »Übertreibe ich wirklich?« »Lieg ich wirklich so falsch?« »Bin nur ich so ein Angsthase, so ein Versager?« Es kann daraus schließen: »Wenn das für alle anderen so lächerlich und unbedeutend ist, dann habe ich wohl die falschen Gefühle. Dann stimmt wohl etwas nicht mit mir.« Das kann tiefe psychische Folgen haben, die meist unbemerkt bleiben, weil das Kind sich zurückzieht. Oder es denkt sich: »So ein Idiot!«, ärgert sich über seine Eltern und bekommt Aggressionen.

Der Satz »Das sagt man nicht!« bei Gefühlsausbrüchen enthält eine doppelte Blockade, weil er Gefühle unterdrückt und auch gleichzeitig sehr belehrend klingt, gehört also ganz in »Korb drei«, Autorität. Eltern sollten ihn also nur dann einsetzen, wenn sie in einer bestimmten Situation absichtlich auf ihre Autorität pochen wollen, nicht aber, um das Kind emotional abzuholen.

Zu Ihrem Trost: Niemand ist vor Fehlreaktionen gefeit. Wenn Sie

Ihrem Kind erlauben, offen zu protestieren, dann merken Sie sofort, dass Ihre Bemerkung oder Ihr Trost unpassend war und können sich sofort korrigieren. Dann ist alles kein Drama. Mit der Zeit erkennen Sie, was bei Ihrem Kind ankommt und was nicht, und tappen immer weniger in solche »Fettnäpfchen«.

2) Die philosophische Reaktion – rationalisieren, belehren

»Das ist ja ganz logisch! Wenn man falsch parkt, bekommt man eben einen Strafzettel!«

Wie fühlen Sie sich?
Wahrscheinlich klein, belehrt, rechthaberisch von oben herab behandelt. Solch »kluge« Worte kann sich Ihr Partner sparen. Das wissen Sie selbst. Es ist, als wäre es für ihn eine willkommene Gelegenheit, sich zu profilieren, auf Ihre Kosten. So viel »Gescheites« kann er sich sparen! Nein, danke!

Wie reagieren Sie?
Wieder je nach Temperament. Entweder Sie drehen sich um und gehen. Oder Sie wehren sich: »Behalte dir deine Weisheiten!« Vielleicht antworten Sie kompetent mit einer Ich-Botschaft: »Ich bin nicht ganz hilflos! Aber lass mich einfach nur »Dampf ablassen!«
Typische Eltern-Sätze:
- »Das ist halt so, weil ...«
- »So spielt das Leben!«
- »Man kann nicht immer gewinnen!«
- »Es kommt immer anders, als man denkt!«
  Kluge Erklärungen nerven mich!
- »Das ist eh' alles klar!«
  Euch vielleicht! Ich will einfach nur darüber reden!
- »Das hättest du dir denken können!«
  Ich hasse es, wenn man es mir unter die Nase reibt!
- »Du musst halt verstehen ...!«
  Muss ich? Nur wenn ich will!

- »Da kann man halt nichts machen!«
  Schon resigniert, Herr Papa?
- »Das musst du akzeptieren. Das ist halt so!«
  Protest: Ich will kein Duckmauser sein!
- »Buben sind halt wilder als Mädchen ...«
  Heißt das, ich muss mir alles gefallen lassen?
- »Das war schon immer so!« – Soll mich das trösten?!

Manche Menschen neigen dazu, gerne zu »rationalisieren«. Es ist wie eine Flucht ins Niemandsland, ins Unverbindliche, um sich nur ja nicht auf die Gefühle, auf das, was ist, einzulassen. Kein Wunder, wenn das emotionalen Widerstand auslöst!

Sprichwörter und alte Weisheiten, zum falschen Zeitpunkt gebracht, können ebenfalls extrem belehrend und somit blockierend wirken:
»Wer andern eine Grube gräbt, fällt selbst hinein!«
»Wie man in den Wald hineinruft, so hallt es zurück!«

Dieser Typ von Kommunikationsblockaden wird auch unter Erwachsenen gerne angewendet. Vielleicht haben Sie eine Kollegin oder einen Kollegen, Freund oder Partner, der Ihnen auf die Nerven geht, weil er immer etwas »Gescheites« zu sagen weiß?

In vielen Fällen haben Eltern mit ihren Erklärungen und Belehrungen bestimmt nicht unrecht. Nur ist es schade, wenn sie im falschen Ton und zum falschen Zeitpunkt ihre gescheiten Worte und Argumente vergeuden und damit lediglich den kindlichen Widerstandsgeist auf den Plan rufen. Das Kind hört: »Die halten mich wohl für einen Vollkoffer!« Wer will sich das schon vom »Oberlehrer« oder »Besserwisser« sagen lassen?!

Damit Ihre wertvollen Lebenserfahrungen nicht verloren gehen und vom Kind gut aufgenommen werden können, beachten Sie unseren Coaching-Grundsatz: »Lieber Fragen stellen als Erklärungen geben!« Wenn Ihr Kind Ihr Verständnis und Ihr Vertrauen spürt, dann wird es sich die Fragen selber beantworten oder gerne von Ihnen lernen!

3) Der ungebetene Rat

»Du hättest besser schauen müssen, wie lange die Kurzparkzone gilt. Sicherheitshalber hättest du auch eine Stunde länger zahlen können!«

Ihr Gefühl?
Nicht besser als vorhin. Ich hasse diese »g'scheiten« Ratschläge!

Ihre Reaktion?
Sie blockieren, sind ungehalten, reagieren wahrscheinlich mit »Nein, weil …!« oder: »Hab ich dich um deinen Rat gefragt?!« Kinder können/dürfen aber so nicht mit Erwachsenen reden.
Typische Eltern-Sätze:
- »Tu dieses oder jenes!« Ganz schön bevormundend!
- »An deiner Stelle würde ich …!«
  Wo bleibt Raum für kreative Lösungen?
- »Da brauchst du ja nur …!«
  Nur ich Dummkopf schaff das nicht?!
- »Das ist doch ganz leicht!«
  Wenn das so leicht ist, muss ich wohl ganz daneben sein!

Jeder Mensch stellt sich insgeheim gerne als Experte dar und dazu bietet das Problem eines anderen eine verlockende Gelegenheit. Gerade bei Kindern, wenn wir es noch dazu so gut meinen, erfordert es Bewusstheit und Disziplin, sich mit Ratschlägen zurückzuhalten. Dabei vergessen Eltern oft: Was uns leicht erscheint, stellt sich für ein Kind ganz anders dar. Bei vielen Erwachsenen hat man den Eindruck, dass sie sich gar nicht mehr an ihre eigene Kindheit erinnern. Und selbst wenn ich ein »Mathegenie« war: Darf ich dasselbe automatisch bei meinem Kind voraussetzen? Viel mehr haben wir gewonnen, wenn wir die Schwierigkeiten und Anstrengungen unseres Kindes würdigen und unser Wissen mit Verständnis und Geduld im Coaching-Verfahren einsetzen. Dann ersparen wir uns unerwünschte Nebenwirkungen, weil wir nicht gegen, sondern mit den inneren Energien unseres Kindes arbeiten.

4) Löchern mit Fragen – »Verhör«

»Hast du dir nicht denken können, dass es in der Kurzparkzone immer Probleme gibt? Hattest du nicht genug Kleingeld bei dir?« »Wieso hast du dich nicht in die Parkgarage gestellt? Habe ich dir nicht gesagt, du sollst auf Nummer sicher gehen und dich lieber in die Garage stellen?«

Wie fühlen Sie sich?
Wahrscheinlich in die Enge gedrängt, unverstanden, verwirrt oder regelrecht verhört.

Wie reagieren Sie darauf?
Vielleicht fühlen Sie sich genötigt, sich zu rechtfertigen, oder Sie reagieren empört: »Na hör mal, wie komm ich dazu, mich vor dir zu rechtfertigen? Willst du mich verhören?«

Wann kommen Eltern mit derartigen Reaktionen? Was fällt Ihnen vielleicht aus Ihrer eigenen Kindheit ein?
»Warum bist du überhaupt mitgegangen?« »Habe ich dir nicht gesagt ...?!« »Wie konntest du nur ...?!« Wie in unserem Beispiel kommen diese Fragen manchmal in Serie hintereinander, wie aus einem Maschinengewehr. Wenn Sie sich wundern: »Warum sagst du denn nichts?«, haben Sie Ihr Kind garantiert schon »mundtot« gemacht.

Hier weitere »Eltern-Sager«, die man sich sparen kann, weil es »rhetorische Fragen« sind, die einen versteckten Vorwurf beinhalten: »Warum bist du nur so schlimm?!« »Warum kannst du nicht aufpassen?!«

5) Verteidigung der anderen Person – für den anderen Partei ergreifen

»Na ja, der Parkwächter hat ja nur seine Pflicht getan. Das ist nun einmal sein Job. Stell dir vor, sie drücken bei jedem ein Auge zu!«

Wie fühlen Sie sich bei dieser Rückmeldung Ihres Partners?
Wahrscheinlich unverstanden, verraten, frustriert: »Ich finde es blöd und das mit der Pflicht interessiert mich jetzt gerade nicht!«

Und wie reagieren Sie?
Womöglich werden Sie sich gewohnheitsmäßig rechtfertigen, aber innerlich ärgern, oder Sie blockieren, reagieren irritiert und ziehen sich ehest möglich zurück.

Dabei ist die Absicht Ihres Partners nur, in Ihnen Verständnis für die andere Seite zu wecken.

Das ist auch die Absicht der meisten Eltern, wenn sie mit ähnlichen Reaktionen aufwarten. Um den Ärger des Kindes zu dämpfen, wollen sie beschwichtigen oder verharmlosen, insbesondere wenn es um Konflikte zwischen Geschwistern geht:

- »Das musst du doch verstehen!«
  Wer sagt das?! Und wer versteht mich?!
- »Das hat sie nicht so gemeint!«
  Natürlich hat sie das so gemeint, das gemeine Biest!
- »Das hat er ja nicht absichtlich gemacht!«
  Was seid ihr doch naiv! Und ungerecht!
- »Die ist ja noch so klein!«
  Ihr lasst euch immer von der Kleinen um den Finger wickeln!

Wenn Eltern auf solche Art zu beschwichtigen versuchen, stacheln sie den Ärger und den Zwist zwischen den Geschwistern unweigerlich an! Das oberste Gebot lautet: Zuerst ernst nehmen und Verständnis zeigen. Um Einsicht zu wecken, muss man .... Haben Sie es erraten? Ja, richtig: aktiv zuhören!

Zur Reaktion »Verteidigung der anderen Person« gehört auch diese Kategorie von Kommunikationssperren:
»Sie (die Lehrerin) wird schon wissen, warum ...«
»Er wird schon einen Grund haben!«

»Und was hast DU getan?«
»Er hat ja recht …!«
»Du wirst nicht unschuldig sein!«
»Du bist ja selber schuld!«

Hier fühlt sich Ihr Kind schon im Vorfeld verurteilt. Daher eignet sich diese Reaktion nicht, um Einsicht zu fördern, sondern verstärkt nur Trotz und Rachegefühle – gerade auch dann, wenn Sie einen guten Grund haben, bei Ihrem Kind einen eigenen Anteil oder gar die Schuld an einem Konflikt zu vermuten.

6) Mitleid

»Du Arme! Schon wieder hat es dich erwischt! Du hast dich so gut unterhalten und dann endet der Abend mit so einem dummen Strafzettel!«

Wie fühlen Sie sich bei so viel Mitleid?
Wahrscheinlich klein und unfähig, so als wären Sie nicht in der Lage, mit einem kleinen alltäglichen Ärgernis umzugehen. Mitgefühl und Solidarität können schon guttun. Aber übertriebenes Mitleid löst unangenehme Gefühle aus. Es erzeugt Widerstand oder lädt förmlich zum Jammern und Klagen ein.

Wann passiert es Eltern oder Großeltern, so zu reagieren?
Wenn einem das Kind leidtut oder man es schützen möchte. Manche Eltern gehen für ihre Kinder regelrecht auf die Barrikaden, ohne den Anteil des Kindes an einem Konflikt zu prüfen. Vielleicht sieht man auch das eigene Prestige in Gefahr, wenn man zugeben müsste, dass unser Kind doch nicht der makellose kleine Engel ist, als den man es gerne sehen möchte. So verhindert man, dass sich Kinder etwas zutrauen und Verantwortung für ihre Taten übernehmen.

Ähnlich ist es bei Eltern-Reaktionen wie:
 »Du bist ja so arm!!« »Mein armer Bub!« »Die sind ja alle so bös zu

dir!« »Keiner kann dich verstehen!« »Der Papa wird's schon richten!« oder »Dem werde ich es zeigen!«

Regelmäßig praktiziert, erziehen solche Reaktionen das Kind zu Unsicherheit, Unselbständigkeit, Wehleidigkeit, Feigheit, Hinterhältigkeit, denn es fühlt sich klein und unfähig oder in seinem Unrecht oder seiner Unart bestärkt. Dann entwickelt es eine Mischung aus Minderwertigkeit und falschem Selbstwertgefühl. Vielleicht versteckt sich Klein-Hansi hinter Mamas Schürzenzipfel und zeigt den anderen die Zunge »Bäähh!« So macht er sich in der Kindergarten- oder Klassengemeinschaft zunehmend verhasst. Eltern merken oft nicht, welchen Anteil sie daran haben, wenn ihr Kind zum Außenseiter wird.

Oft sehen Kinder ihr Problem gar nicht so dramatisch wie ihre Eltern. Mit übersteigertem Mitleid oder Besorgnis vermitteln sie ihren Kindern das Gefühl, etwas nicht auszuhalten, wenn sie sich aufregen und etwas nicht verkraften können. Entweder entwickelt das Kind dann Schuldgefühle, weil es den Eltern Sorgen verursacht, oder es versucht, sie zu schützen, indem es nichts erzählt, was ihnen unangenehm sein könnte. Hier übernimmt das Kind Verantwortung für seine Eltern. Das ist ein Rollentausch, der das Kind naturgemäß überfordert. Jedenfalls bleibt es mit seinen Problemen allein, auch dann, wenn es dringend Unterstützung benötigen würde.

7) Die analytische Reaktion: analysieren, abstempeln – der Amateurpsychoanalytiker

»Du hast ganz offensichtlich ein Problem mit Autoritäten! Das geht wohl zurück auf deine Kindheit. Du kannst einfach nicht akzeptieren, dass auch du Regeln einhalten musst!!«

Ihr Gefühl:
Wahrscheinlich sind Sie empört, weil Sie das Gefühl haben, es wird Ihnen etwas »drübergestülpt«. »Sie will es besser wissen als ich selbst!« Das ist anmaßend, übergriffig. Bei dieser Reaktion fühlt man sich abgestempelt, klein, durchschaut, schuldig, von oben herab behandelt.

Ihre Reaktion?

Wahrscheinlich winken Sie ab: »So ein Blödsinn!« oder ärgern sich schweigend. Manche Menschen sind schlagfertig genug, um zu kontern: »Und was bin ich schuldig?!« Üblicherweise bezahlt man für eine Psychoanalyse, aber nur, wenn man sie beauftragt hat.

Und nun zu elterlichen Reaktionen aus dieser Kategorie:

»Das sagst du ja nur, weil …«

»Du bist so wie deine Mutter/dein Vater!«

»Du bist immer so aufbrausend/neidisch/zerstreut!«

»Ich kenne dich besser als du selbst!«

»Das kommt davon, weil …!«

»Schau mich nicht so an. Ich weiß genau, was jetzt kommt!«

»Sie will nicht mit dir spielen, weil du nicht verlieren kannst!«

Und wenn sich das Kind wehrt, dann kontern sie zu guter Letzt:

»Du verträgst es halt nicht, wenn dir jemand die Wahrheit sagt!«

»Das willst du nur nicht zugeben!«

Es kann durchaus sein, dass der Partner, oder eben die Eltern, oft sogar recht haben. Sie kennen ja ihre »Pappenheimer« und meinen es tatsächlich gut. Weil sich aber niemand gerne »durchschaut« oder »abgestempelt« fühlt, setzt das Kind auf Abwehr und verweigert deshalb Einsicht.

Wer jemandem ein Stückchen Wahrheit sagen, den »blinden Fleck« aufzeigen will, muss behutsam vorgehen. Man muss zuerst eine Vertrauensbasis schaffen, auf den richtigen Zeitpunkt und auf den richtigen Ton achten, sonst stößt man unweigerlich auf Widerstand. Es kann helfen, ausdrücklich um Erlaubnis zu fragen, ob der andere meine Ansicht überhaupt hören will. Wenn nicht, gilt es sich zurückzunehmen oder die Verantwortung für das »Ins-Gesicht-Sagen« zu übernehmen: »Auch wenn du es nicht hören willst, ich finde …«

8) Ablenken

»Heute habe ich uns einen neuen Teppich gekauft. Komm mit ins Wohnzimmer, ich zeig ihn dir gleich!«

Es mag gut gemeint sein, aber wenn mir jemand mit einem Ablenkmanöver kommt, fühle ich mich nicht ernst genommen. Insbesondere der »hilflose Helfer« greift oft in die Trickkiste »Ablenken«.

Und wann wird sie von Eltern und vor allem auch Großeltern verwendet? Gerade bei sehr kleinen Kindern hält man sich oft für schlau, einfach abzulenken, um einem möglichen Konflikt aus dem Weg zu gehen. Aber das Gefühl, nicht ernst genommen zu werden, entsteht auch schon bei sehr kleinen Kindern. Je größer, umso heftiger werden sie dagegen protestieren oder umso teurer muss die Ablenkung »erkauft« werden.

Was kann helfen, wenn Ihnen eine großartige Diskussion über das Problem nicht zielführend erscheint? Es genügt meist schon ein Wort oder ein Satz, der zeigt, dass Sie auf das Problem eingehen und die Gefühle des Kindes ernst nehmen. (»Ja, das hättest du gern!«) Das reicht schon aus, um das Problem kurz auf den Punkt zu bringen statt es auszublenden. Danach können Sie tatsächlich Thema wechseln und dadurch ablenken. Dann fühlt sich Ihr Kind emotional entlastet und nicht »für dumm verkauft«.

9) Abwürgen, übertrumpfen, den Gesprächsfaden entreißen

»Das ist ja gar nichts! Stell dir vor, was mir neulich passiert ist …«

Bei dieser Reaktion wird Ihnen »der Löffel aus der Hand« genommen. Ihre Geschichte wird zum Anlass genommen, dass jemand selbst etwas loswird oder sich wichtigmacht. Man fühlt sich so richtig abgewürgt, von emotionaler Entlastung keine Spur. Das ist eine unsensible Art der Gesprächsführung, die unter Erwachsenen gerne praktiziert wird. Vor allem »Small-Talk-Gespräche« sind eine willkommene Plattform für Selbstdarstellung: Alle reden, keiner hört zu! In Gesellschaft passiert das ziemlich häufig. Oft entsteht sogar eine Art »Redewettbewerb«: Wer denn wohl die interessantere Geschichte zum Besten gibt? Am Ende eines solchen Abends bleibt man mit einem leeren Gefühl zurück. Denn wirklich befriedigend können solche Gespräche nicht sein, wenn keiner auf den anderen eingeht.

Diese Art von Kommunikationsblockaden passieren aber nicht nur dann, wenn uns andere gleichgültig sind und wir sie als Mittel zum Zweck unserer Selbstdarstellung »missbrauchen«, sondern man tappt auch dann gerne in diese Falle, wenn das Thema besonders interessant ist, wenn es uns bewegt und uns daher sofort wertvolle Assoziationen kommen – und so den andern daran hindern abzuladen. Die besten Ideen verpuffen im Wind, wenn ich mich nicht davon überzeugt habe, ob der andere oder eben mein Kind, überhaupt schon aufnahmebereit ist.

Eltern sind ebenfalls oft in Versuchung, so zu reagieren:
»Das ist ja gar nichts! Bei mir war das damals so …« und geben zum unpassendsten Zeitpunkt ihre Jugenderinnerungen, Heldentaten oder Ratschläge zum Besten.

10) Die Abfuhr
»Geh bitte! Red' mir nicht schon wieder die Ohren voll mit deinen Problemchen!« Oder: »Deine Sorgen möchte ich haben! Ist doch lächerlich!«

Das war wohl so etwas wie eine kalte Dusche, ziemlich verletzend. Diese Person hat keine Probleme damit, sich abzugrenzen. Wenn bei all den vorangegangenen Kommunikationsblockaden doch so etwas wie eine gute Absicht zu erkennen war, so gibt sich dieser »Freund« keine Mühe und ist ernüchternd direkt. Zumindest wissen Sie, woran Sie sind. Es interessiert ihn nicht, ob Sie gekränkt sind oder nicht – Ihr Problem! Als Erwachsener hat man hoffentlich gelernt, auch einmal »einzustecken«, ohne zu verzweifeln. Angenehm ist es allemal nicht. Wenn Menschen so miteinander kommunizieren, befinden wir uns im »Kommunikationsdschungel«. Sich wertschätzend abzugrenzen, ist eine Kunst. Darum möchte ich ihr auch ein ganzes Kapitel widmen.

Ich hoffe, dass diese Art von Kommunikationssperren, denen das Kind völlig hilflos ausgeliefert ist, von Eltern nicht häufig angewendet wird. Allerdings kann es passieren, wenn wir genervt und so sehr mit unseren eigenen Sorgen beschäftigt sind, dass wir gar nicht merken, wie kaltschnäuzig und lieblos wir mit Kindern reden. In solchen Momenten fühlen wir uns allein schon durch die Lebendigkeit oder Bedürftigkeit unseres Kindes überfordert. Niemand ist vor solchen Situationen gefeit.

Daher ist es wichtig, auf die Reaktionen unseres Kindes zu achten und uns zu fragen, was sie wohl mit unserem Verhalten zu tun haben. Oder hören wir auf tatsächlich gut gemeinte Beobachtungen unseres Partners, eines Freundes oder eines Außenstehenden, um unsere eigenen »blinden Flecken« aufzuhellen. Nur so können wir solche Verletzungen vermeiden oder wieder gutmachen.

Marlene Dietrich soll so sehr mit ihrer Karriere oder was auch immer beschäftigt gewesen sein, dass sie ihre Tochter regelmäßig »abwürgte«, wenn diese ihrer Mama etwas erzählen und ihr Herz ausschütten wollte: »Wen interessiert's?!« Auch so können lebenslängliche Traumen ausgelöst werden, welche die Selbstannahme und das Selbstwertgefühl des Kindes stark beschädigen. Nicht nur die großen Ereignisse hinterlassen Spuren, sondern auch solche Sätze, weil sie wie Stiche ins Herz wirken.

11) Die einfühlsame Reaktion

»Das ärgert dich ordentlich! Nach so einer gelungenen Feier mit einem Strafzettel überrascht zu werden!«

Wie geht es Ihnen bei diesem Typ Reaktion?
Ich nehme an, Sie fühlen sich erleichtert. Ja, diese Person versteht, wie es mir geht. Wahrscheinlich antworte ich so etwa wie: »Ja, so ist es!« Wenn Sie beide Zeit haben, kann es auch sein, dass Sie sich noch gemütlich niedersetzen und sich in ein Gespräch vertiefen. Wenn nicht, dann war das schon ausreichend, um sich verstanden und erleichtert zu fühlen. Mehr brauche ich gar nicht! Ich komme schon klar damit!

Das Problem nicht an sich reißen

Es gibt einen klaren Unterschied zwischen Mitgefühl und Mitleid, das den anderen kleinmacht. Bei der mitfühlenden Reaktion fühle ich mich verstanden, aber das Problem bleibt bei mir. Das vermittelt wertschätzend »Ich trau dir zu, dass du damit klarkommst!« und auch »Ich muss mir nicht automatisch deine Probleme aufhalsen« und ermöglicht ein gesundes Abgrenzen. Wird Hilfe benötigt oder gewünscht, dann soll es klar gesagt werden. Wer sich vor dem »Helfersyndrom« schützen möchte, muss solche Regeln beachten, denn »Helfen will gelernt sein!«.

Aus »kommunikationstechnischer Sicht« ist nur diese 11. Reaktion hilfreich, wenn jemand mit einem Thema oder Problem zu Ihnen kommt. Erklärungen, Analysen oder Ratschläge können, wenn sie kompetent und zum rechten Zeitpunkt eingebracht werden, zu einem späteren Zeitpunkt passen. Aber wie gesagt, als Erstreaktion sind sie kaum zu gebrauchen.

Ich denke, jeder von uns neigt zu bestimmten Kommunikationsblockaden. Davor ist niemand gefeit, besonders dann, wenn man trösten oder helfen will. Die Auflistung der Punkte 1 bis 10 soll Ihnen helfen, Ihre eigenen Muster zu erkennen und nach passenden Alternativen zu suchen, damit Ihre Gespräche immer wertvoller und schöner werden.

Übungsbeispiele mit Kommunikationssperren

Fallbeispiel : Kevin (4 Jahre) darf nicht zum Strand gehen

Dialog Λ:
KEVIN: »Alle Kinder sind an den Strand gegangen.
 Ich habe niemanden, mit dem ich spielen kann!«
MUTTER: »Komm, ich spiel' mit dir. Was möchtest du spielen?«
 (Lösungsvorschlag statt Gefühl akzeptieren. Nimmt dem Kind das Problem ab, statt es emotional zu unterstützten, um selbst eine Lösung zu finden.)

KEVIN: »Aber ich mag mit den anderen Kindern spielen!«
(Verweigert die angebotene Lösung – aus der unterbewussten Sicht des Kindes eine logische Reaktion.)

MUTTER: »Du bist ja noch ein wenig krank. Du kannst heute nicht an den Strand gehen!« *(Erklärung mit logischen Argumenten findet nicht den Zugang zur Emotionalität.)*

KEVIN: »Aber ich mag jetzt nicht mit dir spielen! Ich will an den Strand gehen!
(Kind fühlt sich nach wie vor unverstanden und blockiert.)

MUTTER: »Komm, wir machen uns im Kinderzimmer einen Strand und spielen zu Hause so, als ob wir am Strand wären.« *(Mutter bemüht sich, einen neuerlichen Lösungsvorschlag zu machen.)*

KEVIN: »Aber ich mag hinausgehen!« *(Kind lehnt wieder ab und gerät zunehmend in Trotzverhalten.)*

MUTTER: »Jetzt sei doch endlich vernünftig!«
(Mutter wird ungehalten.)

KEVIN: »Ich will aber …!«

Was ist hier schiefgelaufen?

Analyse:

Die Mutter hat einen häufig vorkommenden Fehler gemacht:

a) statt Verständnis bietet sie Lösungsvorschläge. Damit gibt sie ihrem Kind keine emotionale Entlastung, die es zunächst bräuchte. Es ist daher »vernünftigen Argumenten« schwerer zugänglich.

b) Die Lösungsvorschläge vermitteln dem Kind zwischen den Zeilen: »Ich trau dir nicht zu, deine Probleme selbst zu lösen.« Daher werden sie auch abgelehnt.

c) Die Beziehung wird zunehmend belastet. Kind fühlt sich unverstanden und irritiert. Ebenso die Mutter, weil sie auf all ihre Bemühungen eine Abfuhr erntet.

d) Häufig eskaliert dann die Situation (Kind weint, Mutter schreit) oder die Mutter versucht, das Kind zu »kaufen«, damit es sich nur ja wieder beruhigt (Näschereien, Fernsehen etc.)

Oder es gibt Drohungen (Machtkampf): »Wenn du nicht endlich Ruhe gibst, dann …!«

Erinnern Sie sich an diesen Grundsatz? Wenn Ihr Kind Probleme hat, braucht es keine Lösungen, sondern Verständnis!

Wenn Sie Ihr Kind emotional entlasten, helfen Sie ihm allein schon dadurch, mit der Situation fertig zu werden, und es wird automatisch nach passenden Lösungsmöglichkeiten suchen. Sie brauchen es dabei nur zu begleiten.

Wie hätte es laufen können?

Dialog B:

KEVIN: »Alle Kinder sind an den Strand gegangen.
Ich habe niemanden, mit dem ich spielen kann!«

MUTTER: »Du bist traurig, weil du zu Hause bleiben musst und niemanden zum Spielen hast.«
(Mutter spiegelt das vermutete Gefühl.)

KEVIN: »Ja, ich wäre so gerne mitgegangen!«
(Kevin fühlt sich verstanden und bestätigt.)

MUTTER: »Ja, mein Liebes!«
(Nimmt den Wunsch des Kindes einfach nur zur Kenntnis.)

KEVIN: »Ich gehe jetzt Lego spielen!« *(Kind findet Lösung.)*

MUTTER: »Zeig es mir, wenn du etwas Schönes gebaut hast!«

Analyse:

Das Kind wollte sich nur mitteilen und sich verstanden wissen. Weiter nichts. Das hat ihm geholfen, mit seinem Frust fertig zu werden und die Situation zu akzeptieren. Offenbar braucht es gar keine Lösung, denn die hat es selbst gefunden. Kinder spielen, wenn ihnen langweilig ist. Das schaffen sie auch ohne unsere Anleitung. Die Mutter hat zwischen den Zeilen vermittelt: »Ich traue es dir zu!« Dementsprechend kompetent hat das Kind auch reagiert, weil die Mutter sich und dem Kind keinen selbst erzeugten Lösungsdruck auferlegt hat.

Dialog C:

KEVIN: »Alle Kinder sind an den Strand gegangen.
Ich habe niemanden zum Spielen.«

MUTTER: »Du bist traurig, weil du zu Hause bleiben musst und niemanden zum Spielen hast.« *(Mutter spiegelt das vermutete Gefühl.)*

KEVIN: »Ja, ich wäre so gerne mitgegangen. Ich finde es so gemein, dass ich allein zu Hause bleiben muss!«

MUTTER: »Du fühlst dich wirklich sehr benachteiligt. Weißt du, du bist noch ein wenig krank. Deshalb konntest du nicht mitgehen.« *(Mutter akzeptiert wieder das Gefühl und ergänzt mit einer Erklärung.)*

KEVIN: »Außerdem ist mir so langweilig!«
(akzeptiert die Erklärung, klagt aber weiter)

MUTTER: »Langweilig ist dir obendrein!« *(Mutter spiegelt / wiederholt nochmals, ohne Lösung anzubieten.)*

KEVIN: »Ja, möchtest du mit mir spielen?« *(Vorschlag kommt vom Kind.)*

MUTTER: »Gerne. Was schlägst du vor?«

KEVIN: »Ich möchte gerne Lego spielen.«

MUTTER: »Gut. Lass mich noch diese Bluse fertigbügeln, dann spielen wir gemeinsam.«

KEVIN: »Ja, Mama, beeil dich!«

Durch die emotionale Annahme ist Kevin viel schneller zu beruhigen und sucht nach Lösungen für sein Problem. Er findet selbst eine passende Lösung und verhandelt kompetent, um die gewünschte Unterstützung (das Mitspielen der Mutter) zu erhalten.

Dialog D: Dialog beginnt wie bei C

MUTTER: »Leider kann ich jetzt nicht mit dir spielen. Ich muss noch so viel bügeln. Gibt es etwas, was du auch allein spielen kannst?«

KIND: »Ich werde allein Lego spielen, aber wenn du fertig bist, möchte ich mit dir gemeinsam etwas spielen!«

Mutter und Kind verhandeln und finden Kompromiss.

Resultat:

Mutter freut sich, wie vernünftig ihr Kind ist, Kevin ist stolz auf sich, die Lösung selbst gefunden zu haben, und kann dadurch einen dahinterliegenden Verzicht oder Frust viel leichter verkraften. Er gewinnt an Einsicht und Selbstvertrauen.

Sollte das Problem tatsächlich »eine Nummer zu groß« für das Kind sein, dann wird er um Hilfe bitten oder Sie können vorsichtig dosiert Lösungen anbieten. Das Kind wird dann offen dafür sein, weil es keine Gesprächsblockade (Nicht-Annahme der Gefühle, aufgedrängte Lösungen) gegeben hat. Die Lösungskompetenz bleibt beim Kind. Es bestimmt, für welche Lösung es sich entscheidet. Gegebenenfalls wird verhandelt. Sollte das Gespräch in eine Endlosdebatte ausarten, entscheidet die Mutter, wann es zu einem Punkt kommen soll und sie Kraft ihrer Autorität eine Lösung vorschlägt oder diktiert.

Fallbeispiel: »Die lassen mich nicht mitspielen!«

Dialog zwischen Norbert, 7, und seiner Mutter, als sie ihn vom Hort abholt.

Dialog A: So nicht!

NORBERT: »Meine Klassenkameraden sind alle so gemein zu mir!«

MUTTER: »Warum glaubst du das?« *(Warum-Fragen helfen nicht, Gefühle zu klären und drängen zur Rechtfertigung > Blockade)*

NORBERT: »Weil sie blöd sind!« *(Kind antwortet aus Trotzreaktion, weil es emotional nicht entlastet wurde.)*

MUTTER: »Soll ich mit der Lehrerin reden?« *(Lösungsvorschlag nimmt Kind Problem ab – und vermittelt: »Ich halte dich nicht für fähig, selbst dein Problem zu lösen!«)*

NORBERT: »Nein. Die wollen mich nicht mitspielen lassen.« *(Lösungsvorschlag wird abgelehnt.)*

MUTTER: »Hast du sie geärgert? Oder hast du sie unterbrochen?« *(Bohrende, beschuldigende Fragen. Sie unterstellen dem Kind:*

»*Du bist schuld.*« *Es geht in Abwehr und kann sein Problem nicht klären – und schon gar nicht lösen.)*

NORBERT: »Ich habe gar nichts Böses gemacht!«
(Kind rechtfertigt sich und geht in Abwehr.)

MUTTER: »Aber irgendeinen Grund muss es ja geben.«
(Mutter rechtfertigt sich ihrerseits und fordert gleichzeitig weitere Rechtfertigungen ein.)

NORBERT: »Mama, du verstehst mich nicht – die sind blöd!«
(Kind fühlt sich unverstanden und blockiert.)

Was ist hier falsch gelaufen?

»Warum«-Fragen lösen Abwehr aus. Norbert muss sich rechtfertigen, es ist wie ein Verhör und enthält keinerlei gefühlsmäßige Akzeptanz, infolgedessen auch keine emotionale Entlastung. Danach macht die Mutter Lösungsvorschläge, die abgelehnt werden, weil sich Norbert nicht verstanden fühlt und weil er seine Probleme eigentlich selbst lösen möchte. Die Mutter versucht die Ursachen zu ergründen, unterstellt ihm eigene Schuld und drängt das Kind in die Verteidigungsposition, die weitere Abwehr auslöst. Somit hat sie eine Chance verpasst, Norbert bei seinem Problem zu unterstützen, obwohl das ihre Absicht war. Durch solche Frusterlebnisse fühlt sich Norbert als Versager und empfindet leisen Groll gegen die Mutter. Die Beziehung ist belastet, das Kind verschließt sich ein Stück mehr und bleibt mit seinem Problem, das ihn zum Außenseiter machen kann, allein.

Dialog B: Lieber so:

NORBERT: »Meine Klassenkameraden sind alle so gemein zu mir!«
MUTTER: »Wirklich gemein?« *(Mutter wiederholt das emotionale Schlüsselwort, mit Erstaunen, aber ohne Skepsis im Ton, so als wollte sie sagen: »Erzähl mir mehr darüber!«)*

NORBERT: »Ja, keiner mag mich! Keiner will mit mir spielen!«
(Kind fühlt sich verstanden, erzählt seinen Frust, bringt sein Problem auf den Punkt.)

MUTTER: »Du bist ganz schön enttäuscht, wenn du keinen hast zum Spielen.«
(Das dahinterliegende Gefühl – Enttäuschung – wird angesprochen.)

NORBERT: »Weißt du, heute bin ich in der Pause aufs Klo gegangen und als ich zurückkam, haben sie schon miteinander Ball gespielt. Ich habe gesagt, dass ich mitspielen will, aber sie meinten, das sei zu spät.«

MUTTER: »Du hättest so gerne mitgespielt!«
(Mutter filtert seinen unerfüllten Wunsch heraus.)

NORBERT: »Ja, darum hab ich ihnen den Ball einfach weggenommen!« *(Kind gibt offen Fehler zu. Das ist nur möglich, weil es sich angenommen und nicht beurteilt fühlt und sich daher nicht zu verteidigen braucht.)*

MUTTER: »Weil sie dich nicht mitspielen ließen, wolltest du es ihnen auch nicht vergönnen.« *(Mutter fasst die Situation zusammen, nennt die Dinge beim Namen, ohne zu bewerten.)*

NORBERT: »Ja, genau!« Und dann hat die Lisa auch noch angefangen zu weinen!« *(Kind fährt flüssig mit der Erzählung fort.)*

MUTTER: »Irgendwie hat sie dir dann schon leidgetan.« *(Mutter filtert das dahinterliegende positive Gefühl des Mitleids heraus.)*

NORBERT: »Ja, Ich wollte ja nicht, dass sie weint. Ich wollte ja nur mitspielen!« *(Kind erklärt, ohne sich zu rechtfertigen.)*

MUTTER: »Konntest du ihr das sagen?« *(Mutter wirft klärende Frage ein, eine Frage, die alternative Ideen streut.)*

NORBERT: »Nein, ich habe den Ball einfach weggeworfen. Dann haben mich alle beschimpft. Die sind so gemein!«
(Kind erzählt weiter.)

MUTTER: »Das hat dir schon leidgetan. Aber du hast dich auch geärgert, dass sie dich alle beschimpft haben.«
(Mutter benennt vermutete positive und negative Gefühle und zeigt somit innere Ambivalenzen auf.)

NORBERT: »Ich wollte ja nur mit ihnen spielen. Wie die anderen auch!« *(Kind erklärt sein Motiv.)*

MUTTER: »Du hast das Gefühl, dass dich keiner verstehen konnte. Dabei wolltest du eigentlich niemanden ärgern.
(Mutter fasst zusammen, bringt es auf den Punkt.)
NORBERT: »Schon gar nicht der Lisa. Die ist eigentlich eines der nettesten Mädchen in der Klasse.«
(Kind bestätigt indirekt und fährt fort.)
MUTTER: »Eigentlich findest du sie recht nett und du würdest gerne wieder gut mit ihr sein.« *(Mutter drückt vermuteten Wunsch aus.)*
NORBERT: »Weißt du Mama, morgen geh ich einfach hin zu ihr und sag ihr das, dass ich es gar nicht bös gemeint habe.«
(Kind findet Lösung für sein Problem.)
MUTTER: »Da wird sie sich bestimmt freuen. Vielleicht will sie dann mit dir spielen.« *(Mutter äußert sich positiv wertend und ermutigt.)*
NORBERT: »Ja, ich werde sie fragen, ob sie mit mir in der Pause Ball spielen möchte.« *(Kind präzisiert sein Vorhaben.)*
MUTTER: »Und wenn die Kinder wieder einmal ohne dich spielen wollen? Hältst du es aus, manchmal nicht dabei zu sein?«
(Die Mutter bereitet ihn innerlich auf das nächste »worse-case-Szenario« vor.)
NORBERT: »Dann setze ich mich hin und mache etwas anderes. Oder ich sage ihnen gleich im Vorhinein, dass ich mitspielen will.«
MUTTER: »Wenn du ihnen nicht mehr den Ball wegnimmst, brauchen sie sich auch nicht mehr über dich zu ärgern.«
(Mutter zeigt positive Wirkung des positiven Verhaltens auf.)
NORBERT: »Dann lassen sie mich dafür das nächste Mal mitspielen!«
(Norbert gewinnt Einsicht.)
MUTTER: »Dann wünsche ich dir alles Gute für morgen.«
(Ermutigung)
NORBERT: »Danke, Mama, gute Nacht!«

Was war hier anders?
Die Mutter hat den inneren Klärungsprozess kompetent begleitet. Sie hat es konsequent vermieden, ihre Meinung oder gar Werturteile

abzugeben. Sie hat stattdessen versucht, dem Kind Aufmerksamkeit zu schenken, seine Gefühle anzunehmen. Deshalb konnte es seinen Anteil am Konflikt eingestehen und Einsicht entwickeln. Sie hat sich jeden Ratschlags enthalten und dem Kind zugetraut, sein Problem selbst zu lösen. Tatsächlich hat es eine Lösungsmöglichkeit gefunden. Durch das konsequente aktive Zuhören ist das Kind in seiner Kompetenz gewachsen, es sich zuzutrauen, seinen Lösungsversuch in die Tat umzusetzen. Das Kind fühlt Nähe, Vertrauen und Unterstützung durch die Mutter. Alles andere macht es selber. Und wächst an seinen alltäglichen Problemen.

Fallbeispiel: Julian und die blöden Fehler

Julian, 11 Jahre, ist begabt und ehrgeizig. Dementsprechend zählt er zu den besten Schülern in seiner Klasse und seine Eltern sind mit ihm sehr zufrieden. Aber er ist es nicht. Sobald seine Leistungen nicht top sind, zeigt er sich zerknirscht und wütend.

Dialog A zwischen Mutter und Julian – Nicht so!

JULIAN: »Wie konnte ich nur so dumm sein und so blöde Fehler machen! Das kann auch nur mir passieren!«

MUTTER, versucht, ihn zu trösten: »Nein, du bist nicht dumm! Das kann doch jedem passieren!« *(Kommunikationssperre 1: »Gefühle ausreden«)*

JULIAN: »Doch! Bin ich! Und außerdem bekomme ich jetzt sicher keinen Einser mehr ins Zeugnis!« *(Die Kommunikationssperre spornt den Widerspruchsgeist Julians an. Deshalb musste er beweisen, dass er recht hat, infolgedessen, dass er dumm ist.)*

MUTTER: »Und wenn schon! Die Anna zum Beispiel wäre froh, wenn sie so gute Noten hätte wie du!« *(Mutter geht nicht auf ihn ein, sondern sorgt mit ihren »tröstenden« Worten und ihrem Gefühle unterdrückenden Argument für weiteren Widerstand.)*

JULIAN: »Wie kannst du mich nur mit der Anna vergleichen!« *(Julian schmettert diesen »Trost« ab. Er ist empört.)*

MUTTER: »Sei nicht so ehrgeizig! Dadurch wirst du nur verkrampft!«
(Sei nicht so ... = Du-Botschaft + Kommunikationssperre 7 = analysieren, abstempeln)
JULIAN: »Du verstehst mich nicht!«
(Julian blockiert total, kein Wunder!)

Was ist hier falsch gelaufen?
Wieso führte dieses Gespräch in die kommunikative Sackgasse? Weil die Mutter, ohne es zu beabsichtigen, nicht für emotionale Annahme sorgt und mehrere verbale Kommunikationssperren verwendet. Um ihrem Sohn zu helfen, versucht sie, ihm seine Gefühle auszureden und das Problem abzunehmen. Dadurch aber fühlt er sich weder verstanden noch ernst genommen und beginnt, auf alles, was sie sagt, zu widersprechen. Daher »reitet« er sich immer stärker in sein Problem hinein (»Du bist nicht dumm!« »Doch, bin ich!«). So baut er an seinem eigenen negativen Selbstbild.

Mir ist klar, dass viele Eltern diese beiden um ihr Problem beneiden. Wenn die Beziehung insgesamt zwischen den beiden stimmt, wird dieser »Sackgassen-Dialog« keine tiefen Folgen haben. Julian weiß ja, dass seine Eltern es gut mit ihm meinen und hinter ihm stehen. Wenn die Mutter meint »Du bist immer so verkrampft« (Kommunikationssperre 7 = analysieren), dann hängt es sicher damit zusammen, dass sie es ihrem Sohn nicht ermöglicht, über seine ambivalenten Gefühle zu sprechen. Doch erkennt sie diesen Zusammenhang offensichtlich nicht. Da er keine emotionale Unterstützung bekommt, fällt es ihm schwer, die innere Balance zu finden. Er bleibt eben verkrampft.

Dialog B: Lieber so:
Wenn die Mutter ihren Sohn als Coach begleitet, kann sich der Dialog beispielsweise so entwickeln:
JULIAN: »Wie konnte ich nur so dumm sein und so blöde Fehler machen. Das kann auch nur mir passieren!«

MUTTER: »Du bist ganz schön verärgert, dass du diese Fehler ge-macht hast …« *(Die Mutter akzeptiert wertfrei, dass Julian nega-tive Gefühle hat, dass er sich fühlt, wie er sich eben fühlt, und sie macht keine Anstalten, ihm sein Problem abzunehmen. Sie bleibt mit der Stimme oben. Es ist wie eine Einladung zum Weiterreden.)*

JULIAN: »Ja, dabei kenne ich mich so gut aus und ich war wirklich gut vorbereitet.«

MUTTER: »Wirklich ärgerlich!«
(Mutter akzeptiert nochmals seine Gefühle.)

JULIAN: »Es kann sein, dass ich mir dadurch den Einser im Zeugnis verpatze!« *(Julian äußert seine Bedenken.)*

MUTTER: »Es ist dir ganz wichtig, ein Top-Zeugnis zu haben!«
(Die Mutter nimmt es zur Kenntnis, ohne zu kommentieren.)

JULIAN: »Ja richtig. Andere wäre froh, wenn sie meine Noten hät-ten, die Julia zum Beispiel, aber mir ist der Einser einfach wich-tig. Außerdem gab es nur drei, die mehr Punkte hatten als ich.« *(Julian befindet sich im inneren Klärungsprozess. Er untersucht seine Chancen.)*

MUTTER: »Also, gemessen am Klassendurchschnitt, bist du trotzdem ziemlich weit vorne.«
(Die Mutter fasst mit eigenen Worten zusammen.)

JULIAN: »Ja, der Professor weiß, dass ich zu den Besten zähle. Ich werde morgen zu ihm gehen und ihn fragen, wie meine Chancen stehen. Vielleicht muss ich zu einer Entscheidungsprüfung antre-ten. Das wäre nicht schlimm, denn ich kenne mich im Stoff gut aus. Und außerdem hätte ich noch Gelegenheit zu wiederholen.« *(Julian fühlt sich verstanden und überlegt Lösungsmöglichkeiten.)*

MUTTER: »Du siehst also durchaus noch Chancen …«
(Mutter wiederholt, bringt es auf den Punkt.)

JULIAN: »Ja, ich lass mich von einem kleinen Missgeschick nicht aus der Bahn werfen.«
(Julian baut sich selbst auf, findet seine Stärke wieder.)

MUTTER: »Das finde ich gut. Wo ein Problem, da gibt es auch eine Lösung. Also dann, gute Nacht, bis morgen!«

Was war hier anders? Zusammenfassende Analyse

Die Mutter hat den Selbstklärungsprozess Julians optimal unterstützt, indem sie einfach aktiv zuhört: Sie hat seine Gefühle gespiegelt, seine Ideen zusammengefasst, seine Aussagen auf den Punkt gebracht. Dadurch hat sie ihm emotionale Entlastung geboten und ihm ermöglicht, »laut nachzudenken«. Die drei Phasen »verstehen, klären, lösen« lassen sich deutlich nachvollziehen. Nachdem die Mutter Verständnis gezeigt hat, ergab sich die Klärungsphase und zuletzt die Lösung wie von selbst. Danach brauchte sie nur noch Anerkennung zu geben. Das hat sie noch mit einem Sprichwort untermauert, das in der Endphase des Gesprächs wie eine Bestätigung, nicht wie eine Blockade wirkt. Hier konnte Julian es nehmen, denn er fühlt sich in seiner Kompetenz und seinem Selbstwertgefühl bestätigt und aufgebaut. Als sie das Gespräch beenden, fühlen sich beide gut und miteinander verbunden.

Das Gespräch war für beide locker und angenehm. Auch für die Mutter war es keinesfalls anstrengend. Sie setzt sich nicht unter Lösungsdruck, sondern gibt zu verstehen, dass sie darauf vertraut, dass Julian selber Lösungen für seine Probleme findet. Wenn nicht, weiß er, an wen er sich wenden kann.

Kapitel 5
Grenzen und Erziehung

»Kinder, die alles dürfen,
werden Erwachsene, die nichts können!«
Volksmund

5.1. Wer hat das Problem?

In den vorangegangenen Kapiteln haben wir uns damit beschäftigt, wie wir Kinder unterstützen, wenn SIE Probleme haben, und wie wir ihre Entwicklung und Eigenständigkeit fördern können.

In diesem Kapitel geht es nun darum, was wir tun, wenn WIR das Problem haben, weil Kinder unsere Grenzen überschreiten – weil uns etwas stört oder weil wir kindliches Fehlverhalten korrigieren wollen. Ging es bislang vor allem darum, wie wir verständnisvoll auf das Kind eingehen können, so ist das Thema dieses Abschnitts, wie wir als Erwachsene unser Kind dazu motivieren können, Störungen zu unterlassen oder sich in unserem Sinn zu verhalten und zu kooperieren. Es geht also um elterliches Einschreiten, um Durchsetzungsvermögen, um Führungskompetenz und um Autorität. Wie schon erwähnt, möchten wir mit dem ABC-Elternführerschein® eine zeitgemäße Antwort auf diese Fragen geben. Wir wollen Eltern vor Überforderung bewahren, sie vor allem aber auch für die jeweiligen Entwicklungsbedürfnisse ihres Kindes sensibilisieren, damit das Grenzensetzen der jeweiligen Situation entsprechend und gewaltfrei geschehen kann.

5.2. Natur und Sinn von Grenzen

Wann haben Menschen das Bedürfnis, Grenzen zu setzen? Wenn uns jemand zu nahe kommt, beleidigt, wenn wir uns bedroht oder in unseren Rechten oder Bedürfnissen beeinträchtigt fühlen.

Grenzensetzen hat also mit dem Ausloten von Nähe und Distanz zu tun, mit Selbstverteidigung und Wahrung eigener Interessen, mit Macht oder Ohnmacht. Es hat damit zu tun, wie ich mich fühle oder wahrnehme: mit meiner Sicherheit, meinem Selbstwertgefühl, meiner Angst oder meinen Minderwertigkeitsgefühlen. Es hat auch damit zu tun, mit welchen Einstellungen ich durch das Leben gehe und welche Bedürfnisse ich habe und befriedigt sehen möchte. Weiters hat es aber auch damit zu tun, wie ich andere Menschen wahrnehme und wie sie mir tatsächlich oder vermeintlich entgegentreten.

Es geht also um die Regeln des menschlichen Zusammenlebens. Damit es funktioniert, gibt es Grenzen sowohl im materiellen als auch im psychologischen Sinn. Die Philosophen und Religionen haben stets versucht, auf diesbezügliche Fragen eine Antwort zu geben. So heißt es in der Bibel: »Liebe deinen Nächsten wie dich selbst!« Die sogenannte »Goldene Regel« formuliert es so: »Was du nicht willst, dass man dir tu, das füg' auch keinem andern zu!« Oder positiv formuliert: »Behandle andere so, wie du selbst gerne behandelt werden möchtest!«

In der Schule der zwischenmenschlichen Beziehungen ist lebenslanges Lernen angesagt, wollen wir in einer Balance leben, die uns weder zu Tätern noch zu Opfern macht, sondern uns dazu befähigt, in einen lebendigen und beglückenden oder zumindest zufriedenstellenden Austausch mit unseren Mitmenschen zu treten.

5.3. Grenzen in der Erziehung

Und wie verhält es sich nun, wenn wir Kindern angemessenes Sozialverhalten beibringen, uns ihnen gegenüber abgrenzen, also Grenzen setzen wollen? Hier kommt noch die erzieherische Verantwortung hinzu.

Grenzen sind Leitlinien und Stoppschilder zugleich.

5.4. Grenzen und Autorität

Wir können und sollen gewaltfrei erziehen – nicht aber ohne Autorität.

Dass Kinder Grenzen brauchen, ist nach den Jahren der antiautoritären Welle wieder allgemein akzeptiert, nicht aber die Worte Autorität und Gehorsam – so als könnte man Kindern Grenzen setzen, ohne Autorität auszuüben. Das mag auf einer gleichberechtigten Ebene zwischen Erwachsenen funktionieren, nicht aber zwischen Eltern und Kindern oder zwischen Kindern und Pädagogen. Hier ist immer auch die Autorität, die elterliche und pädagogische Führungskraft gefragt, das ist jemand, der mehr Macht und Verantwortung hat als das Kind.

In vielen pädagogischen Ratgebern findet man so oder anders formuliert die Meinung vertreten: Grenzen ja, aber nur auf Basis von Gleichberechtigung! Auf vielen Seiten erfahren Eltern Tipps und Tricks, wie sie dieses Kunststück bewerkstelligen können. Man verlangt von ihnen, Grenzen zu setzen, verbietet ihnen aber die Ausübung elterlicher Autorität. Macht und Gewalt werden irrtümlicherweise häufig als Synonym verstanden. Somit befinden sich heutige Eltern in einer Zwickmühle, ähnlich wie ein Polizist, der für Ordnung sorgen muss, aber keine Befugnisse hat, wie z. B. die Möglichkeit, ein Strafmandat zu verpassen. Wer würde ihn ernst nehmen? Es ist, als würde man von Eltern verlangen: »Geh schwimmen, aber mach dich nicht nass!« Solch zwiespältige Botschaften stiften Verwirrung. Sie sind meines Erachtens mit ein Grund für die weitverbreitete elterliche Verunsicherung.

In einem Erziehungsratgeber beispielsweise habe ich als Empfehlung gelesen, wenn die Situation im Kinderzimmer eskaliert: »Gehen Sie woanders hin, gönnen Sie sich fünf Minuten Ruhe, verwöhnen Sie sich, schnappen Sie frische Luft oder lesen Sie eine Zeitung, und gehen Sie erst zurück, wenn Sie in einer Verfassung sind, die es Ihnen erlaubt zu sagen: ›Lasst uns doch mal neu anfangen!‹« Das ist die Methode des »Time out«, der Unterbrechung zum Abkühlen. Sie kann sehr hilfreich sein, aber nicht wenn sie Ausdruck elterlicher Hilflosigkeit ist oder als solche von den Kindern gewertet wird. Abgesehen davon lassen sich solche Ratschläge häufig nicht mit der elterlichen Aufsichtspflicht vereinbaren.

In den meisten Situationen bedarf es eines prompten Einschreitens und einer offenen, direkten Konfrontation. Der Machtkampf, der ja häufig von den Kindern ausgeht, muss durchgestanden werden: mit Verständnis, Wertschätzung und gewaltfrei – nicht aber ohne elterliche Autorität.

5.5. Grenzen und Freiheitsdrang

Grenzen schränken den natürlichen Freiheitsdrang des Kindes ein, aber sie bieten gleichzeitig Sicherheit und Orientierung. Sie werden naturgemäß von den Kindern immer wieder in Frage gestellt. Das Thema Grenzensetzen begleitet die kindliche Entwicklung tagtäglich auf dem Weg zum Erwachsenwerden. Ein Stückchen mehr Freiheit können Eltern dann geben, wenn das Kind in der Lage ist, auch ein Stück mehr an Verantwortung zu übernehmen: Mein Kind ist in der Lage, die Verkehrsregeln zu beachten? Dann darf es allein zur Schule gehen! Anderes wäre unverantwortlich.

Freiheit braucht einen geschützten Rahmen,
der je nach Alter und Situation verändert und angepasst wird. Kinder kämpfen um diese Freiheit, sie loten Grenzen aus. Dieses Verhalten ist eine Notwendigkeit kindlicher Entwicklung. Das Verschieben von Grenzen soll von kindgerechten Verhandlungen (Mitsprache) und angemessenen Bewährungsproben begleitet sein. Die Interaktionen zwischen Eltern und Kindern rund um das Thema Grenzen gehören zu den wichtigsten Lernprozessen in der kindlichen Entwicklung und sollten daher als Chance, nicht als Belästigung empfunden werden. Keine Frage: Hier sind Eltern am stärksten in ihrer Führungskompetenz und mit ihren Nerven gefordert.

5.6. Strukturen und Ordnungsrahmen – zwischen Freiheit und Zwang

Das Familienleben als Ganzes bietet den geschützten Rahmen, innerhalb dessen das Kind seine Freiheit und Unbekümmertheit in Sicherheit ausleben kann. Kinder haben ein Bedürfnis danach zu wissen: Was dürfen wir tun? Was nicht? Und »Wer passt auf uns auf?« Ich erinnere mich noch deutlich an diese Frage meiner Kinder, wenn ich ankündigte, zu einer Veranstaltung zu gehen.

Gibt es zu enge Strukturen, werden sie als Zwang erlebt, gibt es zu viel Freiheit, besteht die Gefahr von Chaos und Verwahrlosung, das ein Gefühl von Verlorenheit und Ungeborgenheit vermittelt. Momentan mögen Kinder es »cool« finden, möglichst viel zu dürfen. Als Erwachsene werten sie es rückblickend oft als erlebte Überforderung oder als elterliche Gleichgültigkeit. Eltern haben daher die Aufgabe, immer wieder sensibel und verantwortungsvoll nach einer Balance zwischen diesen beiden Polen zu suchen.

Wie diese Balance nun konkret in jeder einzelnen Familie aussehen kann, das muss jeder für sich herausfinden. Sie wird bestimmt von äußeren Gegebenheiten, aber auch von den persönlichen Bedürfnissen und Neigungen der Eltern. Eltern müssen vor allem aber auch wissen, was sie aufgrund des Temperaments und jeweiligen Entwicklungsstandes ihren Kindern zugestehen oder zumuten können.

5.7. Grenzen und Entwicklung

Welche Kriterien sind dabei zu beachten? Nehmen wir ein klassisches Beispiel kindlichen Störverhaltens, das unsere Ruhe beeinträchtigt: Kindergeschrei. Es macht einen Unterschied, ob ein Baby, ein Kleinkind, ein Schulkind oder ein Teenager schreit, ob aus Überforderung, beim Spielen, aus Unachtsamkeit oder aus Provokation.

Daher müssen wir uns die Frage stellen: Welches Bedürfnis steckt dahinter? Welche Botschaft ist mit diesem Geschrei verbunden? Wie viel Selbstbeherrschung ist meinem Kind in diesem Alter und in dieser Situation zumutbar?

Handelt es sich um ein Baby, so kann die Botschaft lauten: »Ich habe Hunger / volle Windel / brauche Nähe und Körperkontakt« etc. Hier geht es nicht ums Grenzensetzen, sondern darum, die Bedürfnisse des Kindes zu befriedigen. Oft genug ist es dabei erforderlich, die eigenen legitimen Bedürfnisse nach Schlaf oder Erholung zurückzustellen. Die elterliche Aufgabe lautet: Aus Liebe und Verantwortung zurückstecken und über sich selbst hinauswachsen.

Um angemessen auf Störungen reagieren zu können, brauchen Eltern Geduld, Rücksichtnahme, Klugheit und ein gutes Zeit- und Ressourcenmanagement. Dies erfordert eine reife und belastbare Persönlichkeit, die Erziehung auch als Lernprozess für sich selbst begreift.

Je nach Alter haben Kinder spezifische Entwicklungsbedürfnisse. Hinzu kommt, dass jedes Kind auch seinen eigenen Rhythmus und individuelle Bedürfnisse besitzt. Der Mensch ist aber auch ein »Gewohnheitstier«. Je besser es Eltern verstehen, einen auf beide Seiten abgestimmten Rhythmus in den Tagesablauf hineinzubringen, umso »pflegeleichter« reagieren Kleinkinder.

Sich nach dem Rhythmus von Kindern zu richten und geregelte Essens-, Aktivitäts- und Ruhezeiten einzuhalten, erfordert die Kunst, Prioritäten zu setzen, und eine hervorragende Planung. Der Grundsatz »Weniger ist mehr« erweist sich oft als hilfreich. Ein Beispiel: Weniger Freizeitaktivitäten, dafür aber in Ruhe und Intensität erlebt, können mehr bringen, als ein hastiges »Vollstopfen« des Terminkalenders, der Kinder überfordert. Kommt man zu spät nach Hause, sind die Kinder »überdreht« und der Abend wird mühsam. Bei guter Planung hingegen wird auch Zeit frei für kleine Pausen, für die eigenen Bedürfnisse und Aktivitäten der Eltern. Planung ist dabei genauso wichtig wie Flexibilität. Wenn das gelingt, dann gedeiht das Kind und die Eltern sind entspannt.

5.8. Müssen Kinder den Sinn von Grenzen immer verstehen können?

Häufig glauben Eltern, dass sie ihrem Kind erst dann Grenzen zumuten dürfen, wenn sie davon ausgehen können, dass es die Zusammenhänge versteht. Da bin ich anderer Meinung. Es reicht, dass Kinder Grenzen zunächst instinktiv und aus ihrer Erfahrung heraus kennenlernen. Dass es durch eine Mauer nicht hindurchgehen kann, das zu begreifen, dazu braucht ein Baby keine physikalischen Kenntnisse. Die erlebte Realität reicht aus, um diese Erfahrung in sein intuitives Wissen zu integrieren.

Es wird oft argumentiert, dass kleine Kinder bis zum dritten Lebensjahr etwa den Sinn von Grenzen noch nicht verstehen können. Heißt das, dass Eltern deshalb noch keine Grenzen setzen dürfen? Ganz und gar nicht! Es gehört von klein auf trainiert, mit Einfühlungsvermögen, Fingerspitzengefühl und liebevoller Konsequenz.

Beispielsweise kann ein Kleinkind lernen, mit Nahrung achtsam umzugehen, auch wenn es die logischen Argumente noch nicht verstehen kann. Es muss auch nicht die Gesetze der Schwerkraft wissen, um zu erkennen, dass ein Ball davonrollt, wenn es ihn fallen lässt.

Um folgen zu lernen, braucht das Kind noch kein kognitives Verständnis der Zusammenhänge. Intuitiv aber versteht es vieles schon sehr bald. Und es reicht aus, dass es aus Liebe und Respekt den Weisungen seiner Eltern nachkommt oder ihre Verbote akzeptiert. Dies erfordert sehr viel Konzentration und Aufmerksamkeit und rechtzeitiges Reagieren, bevor die Situation eskaliert, auch wenn wir eine wichtige Arbeit unterbrechen müssen oder wir uns lieber mit unserem Partner oder unseren Freunden unterhalten würden.

Es liegt an den Erwachsenen, günstige Voraussetzungen zu schaffen, die das Kind zur Kooperation motivieren und das Folgen leicht machen. Zur positiven Verstärkung sollte auch nicht mit angemessener Anerkennung gespart werden.

Nichts spricht dagegen, dem Kind Zusammenhänge zu erklären und Begründungen zu liefern, aber wir sollten es nicht mit Erklärungen überfordern. Eltern sollten sich keinen Rechtfertigungsdruck auferlegen und damit ihre eigene Autorität untergraben.

5.9.   Grenzen setzen – ab welchem Alter?

Bei kleinen Kindern verzichten viele Eltern weitgehend darauf, Grenzen zu setzen. Man will ihnen so viel Freiheit wie möglich gewähren, sie durch unnötige Regeln ja nicht in ihrer Entwicklung hemmen oder verformen. Ein idealistisches Anliegen, das dem Streben unserer Zeit nach mehr Individualität entspricht, aber die natürliche intuitive Erziehungskompetenz häufig ausblendet. Das Resultat? Anstrengende, zügellose Kinder, die leicht außer Rand und Band geraten, mit denen jeder Einkauf und jeder Besuch zu einer Nervenprobe für die Eltern wird.

Wenn ein Nein freundlich und konsequent immer wieder eingeübt wird, so lernt das Kind rasch, es zu akzeptieren und beispielsweise die Blumenvase dort zu belassen, wo sie hingehört, und es wird sich ein anderes Spielzeug suchen. Natürlich ist Verständnis dafür angesagt, dass Verbotenes einen besonderen Reiz hat und dass das instinktive Austesten der Grenzen zur Entwicklung dazugehört. Das Kind will wissen: »Ist ein Nein wirklich ein Nein?«

Natürlich gilt es dabei auch zu überlegen, ob die Blumenvase nicht einen anderen Platz bekommen soll, damit das Kind nicht pausenlos mit Verboten konfrontiert werden muss und durch zu viele »rote Ampeln« unnötige Einschränkungen erfährt.

5.10. Bitte und Danke

Wie motiviere ich andere Menschen zu tun, was ich von ihnen erwarte? Da es in allen Kulturen eine gewisse Sensibilität für dieses Thema gibt, existiert auch in allen Sprachen, soweit mir bekannt, ein Ausdruck für »Bitte« und »Danke«. Höflichkeit ist die standardisierte Form von Wertschätzung, die in den alltäglichen Sprachgebrauch Einzug gehalten hat. Wenn diese Worte leer von Bedeutung sind, mögen sie als heuchlerisch empfunden werden. Das rechtfertigt aber noch lange nicht ihre Geringschätzung oder Abschaffung. Jeder von uns ist aufgefordert, sie im täglichen Umgang sinngemäß und mit Achtsamkeit zu verwenden und sie nicht zu einem Ausdruck von Überforderung, Zwanghaftigkeit oder zu einer leeren Floskel verkommen zu lassen.

Wenn wir wollen, dass Kinder den Sprachgebrauch von »Bitte« und »Danke« lernen, ist es wohl selbstverständlich, dass wir ihnen mit gutem Beispiel vorangehen und von Anfang an auch ihnen gegenüber anwenden.

5.11. Grenzen und Anweisungen

Ein anderes Problem ist die Tatsache, dass wir naturgemäß sehr viele Anweisungen geben müssen, um Kinder sicher auf ihrem Weg zu begleiten. Aber wer lässt sich schon gerne kommandieren? Das hat mit Selbstwertgefühl, Macht und Vertrauen zu tun.

Die Einstellung der Eltern zum Thema »folgen« bewegt sich zwischen zwei Extremen: die einen, die unsensibel auf ihren Kindern herumhacken und sie herumkommandieren, und die anderen, die ihnen so wenig wie möglich Einschränkungen auferlegen, um nur ja ihre Freiheit zu achten und sie nicht zu »Befehlsempfängern« zu degradieren. Wenn es um das Thema »gehorchen« geht, sind die Meinungen sehr gespalten. Auch das Wort »folgen« ist in Misskredit geraten, obwohl es doch eigentlich nur ausdrückt, dass ich Führung anerkenne. Ob das stimmig ist oder nicht, kommt auf die jeweilige Situation an. In der Beziehung zwischen Eltern und Kindern halte ich es für angemessen, wenn es auf Sicherheit, Vertrauen und Wertschätzung basiert.

Wie ich schon ausgeführt habe, sollten Eltern so wenig wie möglich direktive Anweisungen geben, aber wenn, dann so klar und wertschätzend wie möglich und ohne schlechtes Gewissen.

5.12. Die Bedeutung des Nein

Verständlicherweise fällt es Kindern schwer zu akzeptieren, dass wir nicht alle ihre Wünsche erfüllen können oder wollen: ein Spielzeug nicht haben können, einen Film nicht ansehen, nicht länger aufbleiben dürfen, auf etwas verzichten müssen etc. Wenn sie dann bitten und betteln oder herzzerreißend weinen, tun sie uns leid und wir neigen dazu, nachzugeben.

Wenn Kinder ein tolles Argument liefern und uns damit überzeugen, sollten wir flexibel bleiben. So lernen Kinder verhandeln und sich durchzusetzen. Aber wir sollten es ihnen nicht zu leicht machen.

Bedenkzeit

Überlegen wir uns lieber im Vorhinein, welches Nein sinnvoll ist, und genehmigen wir uns gegebenenfalls eine Bedenkzeit. Das schützt uns davor, von Kindern »überrumpelt« zu werden. Wenn ein Nein ausgesprochen wurde, dann sollte es dabei bleiben. Es mag belanglos sein, ob das Kind noch zehn Minuten länger fernsehen darf oder nicht, noch ein Stück Schokolade naschen darf oder nicht. Die Sache, um die es herzzerreißend bettelt, ist meist an sich unbedeutend.

Uns selbst ernst nehmen durch Konsequenz
Unbedeutend ist es aber nicht, wenn das Kind daraus lernt, dass es nur lange genug lästig zu sein braucht, damit geschieht, was es will. Mit jedem Nachgeben verlieren wir ein Stück Autorität und Endlosdiskussionen sind an der Tagesordnung. Es geht darum, dass das Kind uns ernst nimmt, indem wir uns selber ernst nehmen und es sich auf unsere Grenzen verlassen kann. Das gibt Halt und schafft ein stabiles, stressfreies Familienklima. Ein verlässliches Nein ist auch für das Erlernen von Frustrationstoleranz unabdingbar.

»Was glaubst denn du?«
Wenn das Kind schon einmal gefragt und nein als Antwort gehört hat oder es ganz genau weiß, dass etwas nicht erlaubt wird, es aber trotzdem wieder probiert, dann hilft es, einfach zurückzufragen: »Was glaubst denn du, was ich dir antworten werde?« Dann gesteht das Kind: »Ich weiß eh, dass du nein sagst!« Sie brauchen dann nur zu bestätigen: »Ja, du hast recht!« Damit ist die Sache erledigt.

5.13. Grenzen und Rahmenbedingungen

Ein Beispiel:
Ein einjähriges Kind will unbedingt schon selbst mit dem eigenen Löffel essen. Diesen Drang in die Selbständigkeit sollten Eltern nicht unterbinden, sondern die passenden Rahmenbedingungen dafür schaffen, wie eine gute Sitzposition im Essstuhl, Serviette umhängen, rutschfesten Teller und Kinderlöffel bereitstellen und dem Kind verkünden: »Nun darfst du alleine essen. Zeig mir, wie gut du das schon kannst!« Eine Zeit lang wird das Kind mit Appetit und Ernsthaftigkeit seine Nahrung zu sich nehmen. Nachdem der erste

Hunger gestillt ist, wird es aber vielleicht übermütig und fängt an, mit der Nahrung herumzukleckern. Seine Ernsthaftigkeit nimmt ab, der Spieltrieb überhand. Bei allem Verständnis muss das Kind lernen, dass essen nicht spielen bedeutet und dass Sie daher Einhalt gebieten. Stellen Sie klar: Ihr Kind darf nur dann allein essen, wenn es ordentlich isst. Ansonsten sagen Sie entschlossen: »Bis jetzt warst du sehr brav und tüchtig. Und jetzt übernehme ich!« Wenn Ihr Kind protestiert, dann stellen Sie zur Wahl: »Entweder du lässt dich brav füttern oder ich gehe davon aus, dass du satt bist.« Dann ist das Abservieren keine Strafe, sondern eine natürliche Konsequenz. Sie vermitteln Ihrem Kind: »Ich lasse nicht mit Nahrungsmitteln spielen!«

Schutz vor Überforderung und Reizüberflutung

Bei allen Aktivitäten ist darauf zu achten, Kinder nicht zu überfordern. Wie oft und wie lange sind Ihrem Kind Shoppingtouren zumutbar? Lärm- und Umweltbelästigung? Lieber ausgedehnte Spaziergänge als unnötige Einkaufs- oder Kaffeehaustouren, womöglich in verrauchten Lokalen! Auf rechtzeitiges Umkehren ist ebenfalls zu achten. Der schönste Ausflug endet chaotisch, wenn er zu lange dauert und Ihr Kind übermüdet oder »überdreht« ist.

Viele Kinder sind oft deshalb »lästig«, weil sie vom modernen Leben einfach überfordert sind und ihre Entwicklungsbedürfnisse missachtet werden.

Kindgerechte Umwelt schaffen

Wenn ein Kind kommt, muss die Einrichtung kindgerecht adaptiert werden. Achten Sie darauf, Gefahren und Versuchungen aus dem Weg zu räumen. Damit erspart man sich viele Ermahnungen und vorprogrammierte Pannen.

Wenn gute Voraussetzungen geschaffen werden, kann man sich besser auf die wenigen notwendigen Verbote und deren Einhaltung konzentrieren.

Damit das Folgen leicht fällt:
- Kindgerechter Rhythmus
- Kindgerechte Umwelt
- Schutz vor Reizüberflutung
- Klarheit und Verständnis
- Konsequentes Handeln

5.14. Bedürfniskollisionen

Realistische Erwartungen

Kehren wir zurück zum Kindergeschrei, das Sie stört. Stellen Sie sich innerlich folgende Fragen: Stört es mich, weil die Kinder wirklich außer Rand und Band sind oder eher deshalb, weil ich ungeduldig bin, vielleicht Kopfweh habe oder mich gerade heute auf die Buchhaltung konzentrieren möchte, obwohl ich zur Kinderparty eingeladen habe?

Es ist also immer wichtig, sich die Frage zu stellen: Was hat diese Störung mit mir zu tun? Wie kann ich mich besser organisieren? Wer Kinder hat, sollte seine Erwartungen auf ein realistisches Maß reduzieren, damit wir sie nicht unnötig einengen, maßregeln oder notorisch gereizt auf natürliche kindliche Lebendigkeit reagieren.

Kinder können nicht immer leise sein. Aber wir können lenkend eingreifen und Phasen von Aktivität und Ruhe schaffen. Das tut auch Kindern gut. Bewegungsspiele sind naturgemäß laut. Kinder können nicht leise Indianer spielen. Konzentrationsspiele wie Bauen, Zeichnen, Beobachten, Lesen und Lauschen hingegen machen leise.

Erziehung zu Rücksichtnahme und Disziplin

Bei allem Verständnis und aller Umsicht ist es wichtig und legitim, Kinder schon von klein auf zur Rücksichtnahme anzuregen und ihnen infolgedessen Grenzen und Frustrationen zuzumuten. Die Erziehung zu Rücksichtnahme, Verzicht und Disziplin sollte als erklärtes Entwicklungsziel betrachtet werden, das mit Verständnis, Klugheit und Konsequenz umgesetzt werden will.

Es ist ein Zeichen von Wertschätzung, Kindern zuzutrauen, die Bedürfnisse anderer Menschen zu achten. Meist genügt es, im rechten Moment – am besten im Vorhinein und im rechten Ton – Kindern zu sagen, worum es geht und was man erwartet: »Wir wollen leise durch das Stiegenhaus gehen. Bitte nicht sprechen, bis wir oben sind!« »Ich möchte, dass du ganz leise bist, während ich telefoniere. Schaffst du das? Womit möchtest du währenddessen spielen?« Kinder freuen sich auch über positive Rückmeldungen: »Schön, dass du auf mich Rücksicht genommen hast!« Das motiviert.

Auch das Selbstverständliche gehört gewürdigt. Vergessen wir nicht darauf! Nicht nur bei Kindern!

Entwicklungsbedürfnisse achten
Plantschen, Lautsein, Laufen, Klettern, Experimentieren, Dinge Anfassen etc. sind alles gesunde kindliche Bedürfnisse. Das Kind sucht sich dafür Objekte aus seinem Umfeld: die Fahrbahn, das Bücherregal, den CD-Player etc. Das elterliche Nein muss den Gefahrenzonen gelten, gleichzeitig muss aber dafür gesorgt werden, dass stattdessen genügend legitime Betätigungsfelder vorhanden sind: Klettergerüst statt Bücherregal, das passende Spielzeug statt Porzellan.

Angeleitete Entdeckungsreisen
Kinder lieben auch »rituelle Entdeckungsreisen«, wenn ihnen Erwachsene die Gegenstände der Großen erklären und sie in ihrem Beisein betätigen lassen: den Lichtschalter, die Vorhangschiene, den Mixer, die Streichhölzer etc. Damit stillen Sie die kindliche Neugierde und geben Ihrem Kind gleichzeitig das Gefühl, ernst genommen zu werden. Dann akzeptieren Kinder viel leichter die Grenze: »Das darfst du nur anfassen, wenn ich dabei bin und wenn ich es erlaube!«

Stressreduktion durch Ordnung und Zeitmanagement
Es ist nicht leicht, in den vielen unterschiedlichen Bedürfnissen und Abläufen des Alltags mit Kindern Ordnung in Raum und Zeit zu schaffen: Kaum hat man die Küche geputzt, wird ein Becher

ausgeschüttet. Kaum hat man die Kinder fertig zum Ausgehen angezogen, macht Klein-Tino in die Windel. Eltern müssen gleichzeitig strukturiert und flexibel sein.

Einerseits ist es nicht leicht, die notwendigen oder selbst gesteckten Vorgaben einzuhalten, andererseits versinken wir in Chaos und Überforderung, wenn wir sie außer Acht lassen.

Wenn Eltern Ordnung und Übersicht halten, wertvolle, zerbrechliche und gefährliche Gegenstände außer Reichweite der Kinder bringen, wird man weniger oft einschreiten müssen. Wenn das Kinderzimmer nicht mit Spielzeug überladen ist und die Spielsachen sich von den Kindern leicht einräumen lassen, wird es ihnen leichter fallen, den Überblick zu bewahren und Ordnung zu lernen. Dazu gehört auch die Regel: »Zuerst wird eingeräumt, bevor du das nächste Spielzeug hervorholst!«

Verlässlichkeit und Vorhersehbarkeit schaffen Orientierung

Das Kind ist überwiegend von seiner momentanen Lust und Laune gelenkt, Sie jedoch müssen die Gesamtsituation im Überblick haben. Ob es noch ein Keks naschen oder noch einmal schaukeln darf, ist nicht bedeutungsvoll. Aber ob Sie die Mahlzeit um eine Stunde verschieben müssen, weil es der vielen Kekse wegen noch keinen Hunger hat, oder die Zubettgehzeit, weil Sie zu lange unterwegs waren, das wird sehr wohl Auswirkungen haben. Gestresste Kinder werden leichter quengelig, gestresste Eltern leichter nervös. Es gibt eine Vielzahl von täglichen Reibereien, die durch gute Zeit- und Ordnungsstrukturen vermieden werden können. Und für die verbleibenden Konflikte gibt es mehr Zeit, sie in Ruhe und Gelassenheit zu lösen.

Es hilft Kindern, wenn sie den Tagesablauf kennen und wenn sie wissen, wann das Frühstück serviert wird, wann es Zeit ist, zum Spielplatz zu gehen und ihn wieder zu verlassen. Wenn wir auf Zeitmanagement achten, können Kinder gute Gewohnheiten entwickeln und es fällt ihnen leichter, bei den alltäglichen Abläufen wie Anziehen, Essen, Einräumen und Fertigmachen zum Schlafengehen zu kooperieren. Nicht zuletzt hilft gutes Zeitmanagement auch den

Eltern, die wichtigen und notwendigen Ruhephasen für sich selbst und die Pflege der Partnerschaft freizuhalten.

5.15. Halt und Geborgenheit durch Grenzen

Einfühlungsvermögen vorausgesetzt sind Kinder, die von klein auf folgen lernen, nicht etwa gehemmter als Kinder, die zügellos aufwachsen. Nein, sie sind sicherer und gefestigter und machen weniger »Theater«, weil die elterlichen Grenzen Halt und Geborgenheit vermitteln.

Vorhersehbare und eingeübte, klare und feste Grenzen schaffen den sicheren Rahmen, den Kinder brauchen, um sich innerhalb dessen so richtig wohlfühlen und austoben zu können – bei Spiel, Spaß und Übermut. Sie spüren, dass ihnen die Verantwortung von den Erwachsenen abgenommen wird und dass sie sich bezüglich Sicherheit und Geborgenheit ganz auf sie verlassen können – das macht ruhig, fröhlich und frei. Die wenigen notwendigen Grenzen werden mit einer natürlichen Selbstverständlichkeit eingehalten. Das neugierige Austesten der Grenzen dann und wann gehört aber ebenso selbstverständlich zum kindlichen Verhalten und sollte dem Kind nicht als Boshaftigkeit ausgelegt werden. Vielmehr sollte man mit Festigkeit und einer Prise Humor – nicht Zynismus – darauf reagieren.

Wie gut sich ein Kind lenken lässt, hängt natürlich auch von seinem Temperament ab. Aber oft verwechseln Erwachsene natürliche Charaktereigenschaften mit schlechten Gewohnheiten und fehlenden Grenzen: »Er ist schon so unabhängig!« »Sie hat so einen sturen Kopf!« Wie dem auch sei: Jedes Kind kann folgen lernen, wenn Erwachsene mit Verständnis, Respekt und Konsequenz dem Kind begegnen.

Ein Kind, das auf liebevolle Weise folgen gelernt hat, ist ein wahrer Sonnenschein, entwickelt Selbstsicherheit und Rücksichtnahme und kann sich auch leichter in ein fremdes Umfeld einfügen. Das zeigt sich beispielsweise beim Besuch des Kindergartens, bei Freunden oder im Restaurant. Wenn ein Kind parallel dazu angemessen seine Wünsche, Bedürfnisse und Meinungen äußern kann, wird dadurch sein Durchsetzungsvermögen keineswegs geschmälert – im Gegenteil, es stößt dabei auf weniger Widerstand, weil es gelernt hat, auch andere Menschen ernst zu nehmen.

5.16. Elternkooperation und Elternkonkurrenz

Basierend auf Vertrauen, Liebe und Wertschätzung ist es äußerst wichtig, dass Mutter und Vater als elterliches Team gut zusammenarbeiten. Früher hatte man die Vorstellung einer »geschlossenen Front« den Kindern gegenüber. Das klingt kriegerisch und unfair, so als müssten sich zwei gegen einen, das Kind, verbünden. Andererseits haben wir gehört, wie wichtig die elterliche Autorität für das Kind ist und wie natürlich es ist, dass Kinder dagegen rebellieren und versuchen, zwischen Mutter und Vater ein »Schlupfloch« zu finden und, wenn die Eltern das zulassen, sie auch gegenseitig auszuspielen.

Beispiel:
Das Kind fragt, ob es fernsehen darf. Der Vater sagt nein. Dann geht es zur Mutter und stellt ihr dieselbe Frage. Die Mutter sagt ja. Der Vater bemerkt, dass das Kind fernsieht, und es gibt Streit zwischen den Eltern. Das Kind merkt sich die Strategie und wird sie wieder anwenden, denn es war ja erfolgreich. Somit entsteht ein doppelter Konflikt: Ein Sachkonflikt rund um das Thema Fernsehen und zweitens ein Beziehungskonflikt, weil sich der Vater sowohl vom Kind als auch von der Mutter hintergangen fühlt.

Solche Konflikte sind unbedingt zu klären. Die Eltern müssen sich überlegen, wie sie sich das nächste Mal dem Kind gegenüber verhalten sollen. Wird die Frage unter den Tisch gekehrt, brodelt der Konflikt unterschwellig weiter. Streitigkeiten in Erziehungsfragen sind eine der häufigsten Ursachen für Scheidungen. Ist das nicht schade?!

Wenn Eltern nicht zusammenhalten, gibt es auf lange Sicht in diesem Spiel nur Verlierer.

Kinder müssen spüren, dass ihre Eltern und Erziehungspersonen einander respektieren und zusammenhalten, zu ihrem eigenen Wohl und zum Wohl der Kinder.

Um eine gute Koordination zwischen den Eltern zu gewährleisten, sind einige Grundregeln zu beachten:

Einigung über wichtige Erziehungsfragen
Über wichtige Werte und Erziehungsstile sollten sich die Eltern und andere Bezugspersonen einig sein. Wenn es nicht gelingt, auf einen gemeinsamen Nenner zu kommen, dann sollte man unbedingt die offenen Fragen mit einem fachkundigen, neutralen Dritten ausdiskutieren, bis man eine gemeinsame Linie gefunden hat. Keinesfalls sollte man den anderen Elternteil durch einseitige Entscheidungen vor vollendete Tatsachen stellen. Das ist unfair und führt unweigerlich zu Beziehungskrisen, denn man fühlt sich übergangen und »ausgetrickst«.

In unserem obigen Beispiel hätte die Mutter das Kind fragen können: »Hast du schon deinen Vater gefragt? Was hat denn der gesagt? Nein? Dann frag' mich nicht, halte dich daran!« Wenn das dem Kind klar kommuniziert wird, muss es die Verantwortung für seine »Taktik« übernehmen und es wird nicht mehr versuchen, die Entscheidung eines Elternteils auf solche Weise zu hintergehen.

Nichteinmischung: Respekt vor der Persönlichkeit und den Entscheidung des anderen
So wichtig eine gemeinsame Linie ist, so wichtig ist es auch, den persönlichen Erziehungsstil und die Alltagsentscheidungen des Partners zu respektieren, auch wenn man selbst anders entschieden und gehandelt hätte. Jeder Elternteil hat seinen eigenen Stil, seine Stärken und Schwächen, und wir können und müssen nicht »raus aus unserer Haut«. Deshalb ist es einfach wichtig, sich herauszuhalten, sich nicht in laufende Interaktionen zwischen dem Kind und dem

anderen Elternteil einzumischen. Direkte Einmischungen oder »gute Ratschläge« vor dem Kind werden meist als Bevormundung und als Mangel an Vertrauen und Respekt empfunden.

Deshalb sollte als goldene Regel gelten: 1. Einmischungen meiden. 2. Erziehungsgespräche sollten unter vier Augen zwischen den Erwachsenen stattfinden. 3. Elterliche Konfliktkultur und eine gewisse Reife des Kindes vorausgesetzt, können manche Uneinigkeiten auch vor dem Kind oder in Form einer »Familienkonferenz« ausdiskutiert werden.

Es gelten die Regeln des Hauses
Oft stellen Eltern die Frage: »Müssen wir in allem einer Meinung sein?« Nein! Das lässt sich nicht erzwingen. So kann es sein, dass Kinder bei Mama und Papa unterschiedliche Dinge dürfen, je nachdem, wer gerade die Aufsicht hat: Wenn es darum geht, wie lange das Kind aufbleiben, wie viele Süßigkeiten es naschen, wie viel es fernsehen darf. Gerade bei getrennten Eltern und Patchwork-Familien ist es wichtig, eine gewisse Toleranz und Flexibilität zu haben, denn jeder will das Kind auf seine Weise erziehen oder verwöhnen. Statt darüber zu streiten, wer es nun denn »richtig« mache, ist es viel wichtiger, offen und respektvoll miteinander umzugehen.

Kinder können recht gut akzeptieren, dass verschiedene Erwachsene verschiedene Werte, Vorlieben und Regeln haben. So können Kinder eine Vielfalt an Lebensgewohnheiten und Charakteren kennenlernen. Das kann für sie durchaus eine Bereicherung sein, vorausgesetzt, sie kennen sich aus und dürfen über ihre Eindrücke reden, ohne dabei in Loyalitätskonflikte zu geraten. Insbesondere »Scheidungskinder« brauchen dazu manchmal ergänzend einen neutralen, außenstehenden Gesprächspartner.

Beispiel:
Die 6-jährige Erika darf ihrer Mutter beim Kochen helfen und auch das scharfe Gemüsemesser verwenden. Voller Eifer und Achtsamkeit geht sie an die Dinge ran und ist dementsprechend selbstbewusst.

Opa hingegen ist sehr ängstlich. Dort darf Erika nie zum Messer greifen. Statt weitere fruchtlose Debatten mit ihrem Vater zu führen, bittet die Mutter ihre Tochter, die Sorge des Großvaters zu respektieren und bei ihm auf den Gebrauch des Messers zu verzichten.

Erziehungsfalle: Buhlen um die Gunst des Kindes

Wir lieben unsere Kinder und wollen verständlicherweise auch von ihnen geliebt werden. Das verleitet manchmal dazu, allzu nachgiebig zu sein, wenn es vielleicht angemessener wäre, nein zu sagen, einen Konflikt durchzustehen und sich womöglich beim Kind scheinbar unbeliebt zu machen. Dann hat der andere, der strengere Elternteil, automatisch dem Kind gegenüber eine schwierigere Position, sozusagen den »Schwarzen Peter«. Wenn die Eltern und andere Bezugspersonen in Konkurrenz zueinander treten, in eine Art Spiel, das man »Wer ist der bessere Elternteil?« nennen könnte, erwirbt man sich die Zuneigung des Kindes auf Kosten des anderen. Das ist meist Ausdruck von Unsicherheit oder Mangel an Zuwendung und Anerkennung, die man eigentlich vom Partner benötigt und sich nicht ersatzweise vom Kind holen sollte. Dass Kinder solches Verhalten zu ihrem Vorteil nutzen, liegt auf der Hand.

Hier muss man mit Achtsamkeit und Eigenverantwortung auf die Paarbeziehung schauen und einander fragen, welche Bedürfnisse möglicherweise zu kurz kommen und wie man eine herzliche Beziehung zum Kind auch auf andere, konstruktivere Weise pflegen kann.

Diese Thematik kann bei getrennt lebenden Elternteilen besonders leicht auftreten. Deshalb ist bei Scheidungskindern und Patchwork-Familien ein besonderes Augenmerk auf die Beziehungsdynamik der Erwachsenen zu lenken.

Erziehungsfalle »Löwenmama«

Selbst bei bestmöglicher Koordination ist es natürlich, dass jeder Elternteil seine eigene Persönlichkeit und dementsprechend auch seinen eigenen Erziehungsstil hat. Die Stärke der Mutter besteht meist darin, besonders fürsorglich und einfühlsam zu sein, die des Vaters in einer strengeren Gangart, die dem Kind mehr Disziplin abverlangt. Diese Zuordnung hat keine allgemeine Gültigkeit, sondern will einen Trend beschreiben, der meiner Meinung nach zu 80 % zutrifft. Es kann auch genau umgekehrt sein. Die Frage sollte nicht lauten, was denn nun richtig sei. Das Kind braucht beides. Ist man allein erziehend, so ist es besonders herausfordernd, die Seite in mir zu entfalten, die mir noch fehlt, denn beispielsweise auch eine einfühlsame Mutter muss hin und wieder streng und konsequent sein können.

So kann es vorkommen, dass der Vater bei Tisch den Sohn wegen schlechter Manieren tadelt. Der Mutter kommt er zu schroff vor und sie verteidigt das Kind und somit auch seine Unarten. Sie stellt sich gegen den Vater. Statt einander den Rücken zu stärken, beginnt man, gegeneinander zu arbeiten. Machen wir uns lieber bewusst, dass in Wirklichkeit beide dasselbe Ziel haben, nämlich dem Kind gute Manieren beizubringen und eine schöne Tischgemeinschaft zu genießen.

Hier möchte ich zwei Dinge anmerken: Erstens: Väter sind »zumutbar«! (Das gilt selbstverständlich für beide Elternteile.) Sie sind einfach anders. Die Kinder kommen meist damit klar, auch wenn sie im ersten Moment vielleicht murren. Für die Mutter bedeutet es eine Unterstützung, wenn sie hin und wieder auf die Autorität des Vaters zählen kann. Zweitens: »So nicht!« Die Mutter ist zwar nicht gegen Disziplin, sondern gegen die Art und Weise, wie der Vater möglicherweise versucht, diese durchzusetzen. Wenn er es mit Beleidigungen, Drohungen oder gar körperlicher Züchtigung angeht, so ist es natürlich und legitim, dass die Mutter dagegen einschreitet.

Vorsicht Teufelskreis!
So kann es leicht passieren, dass man in einem Teufelskreis landet: Je mehr der Vater schimpft, umso mehr schützt die Mutter, je mehr die Mutter schützt, umso schroffer wird der Vater. Beide fühlen sich durch den anderen persönlich angegriffen und in Frage gestellt. Dies spürt das Kind. Bei solchen Konstellationen benötigen beide dringend eine Aussprache, einen »Elternführerschein« oder eine Erzie-

hungsberatung, um eine solch negative Dynamik zu bremsen und einen konstruktiven Weg einzuschlagen – zum Wohl des Kindes und zum Wohl der Paarbeziehung.

Eine Mediatorposition einnehmen

Besser sollte es heißen: »Fredi, hast du gehört, was dein Vater sagt? Bitte, halte dich daran!« Oder, zu diesem gewendet: »Ich denke, Fredi ist schon satt. Vielleicht mag er sein Dessert zur Jause fertig essen. Bitte erlaube ihm, vom Tisch aufzustehen!« Auf diese Weise macht sich die Mutter zum Anwalt des Kindes, ohne jedoch ihrem Mann »in den Rücken zu fallen«. Alternativ könnte sie sich an das Kind wenden und vorschlagen: »Wenn du schon satt bist und dich langweilst, so kannst du uns fragen, ob du aufstehen und dein Dessert zur Jause fertig essen darfst; aber damit herumpatzen, das darfst du nicht!« Auch hier nimmt die Mutter eine Vermittlerposition ein. Gleichzeitig zeigt sie sich solidarisch mit der guten Absicht (Grenzen, Tischmanieren) des Vaters. Ist sie mit seiner Vorgangsweise nicht einverstanden, so sollte sie ihm dies möglichst unter vier Augen mitteilen. Dann wird er eine Kritik bestimmt besser annehmen können, als wenn sie seine Autorität vor dem Kind in Frage stellt.

Aus Frustration und mit dem Gefühl, nichts recht machen zu können, kommt es nicht selten vor, dass sich Väter aus der Erziehungsverantwortung zurückziehen. Dann sind sie erzieherisch womöglich genauso abwesend, als wären sie dem Kind aus anderen Gründen abhanden gekommen.

Erziehungsgespräche

Konflikte mit dem Partner können natürlich keine Rechtfertigung dafür sein, sich der Erziehungsverantwortung zu entziehen. Wenn man gegenteilige Ansichten hat, so sind diese abzuklären. Ich kann nur ermutigen, sich mit Verständnis, Fairness und Engagement solchen Auseinandersetzungen zu stellen, selbst wenn man darum zu kämpfen hat, den anderen vom eigenen Standunkt und mit den passenden Argumenten zu überzeugen. Auf den Partner zu hören beinhaltet immer auch die Chance, die eigenen »blinden Flecken« besser zu erkennen. Solche Gespräche sind wichtig und wertvoll und ermöglichen es beiden Eltern, kompetenter und reifer zu werden, und stärken die Paarbeziehung. Auch für Erwachsenengespräche sind die in diesem Buch beschriebenen Kommunikationsregeln äußerst hilfreich.

Der Vater ist König, die Mutter ist Königin!
Bei aller Liebe und Fürsorge für die Kinder dürfen die Eltern nicht auf die Pflege ihrer Paarbeziehung vergessen. So bald wie möglich, von Ausnahmen wie Erkrankungen abgesehen, sollte das Paar darauf achten, den Abend für sich zu haben: Zeit zum Regenerieren, Zeit zum Reden, Zeit für sich, Zeit für Zärtlichkeiten.

Die Kinder müssen wissen: Der Abend gehört den Eltern!

Die Eltern sorgen gemeinsam für das Wohl der Kinder, diese aber lernen sich unterzuordnen. Sind sie aus der Kleinstkindphase entwachsen, darf ruhig der Vater Vorrang haben, die Kinder dürfen warten: sei es bei Tisch oder bei anderen Angelegenheiten. Die Mutter gibt ihm einen Ehrenplatz: Er ist König! Umgekehrt genauso: der Vater lehrt die Kinder, die Mutter zu achten und geht mit gutem Beispiel voran: Unterstützung, Anerkennung, Aufmerksamkeiten. Sie ist seine Königin! So wird sichergestellt, dass die Liebe frisch und die Beziehung tragfähig bleibt, dass sie belastbar sind, sich vor Überforderung bewahren und den Kindern das ideale Nest bieten, in dem sie sich so richtig wohl fühlen und gedeihen können.

Kapitel 6
Grenzen setzen, aber wie? –
Die Methodenkiste

*»Das gibt sich«, sagen schwache Eltern von den Fehlern
ihrer Kinder. Oh nein, es gibt sich nicht, es entwickelt sich!*
Marie von Ebner-Eschenbach

6.1. Ich-Botschaft und Du-Botschaft

Sagen, was ich denke, fühle, möchte
Viele Erwachsene tun sich schwer, ehrlich und klar zu sagen, was sie
denken, was sie fühlen und was sie wollen. Offen über seine eigenen
Gefühle und Bedürfnisse zu reden, setzt voraus, dass man sie bewusst
wahrnimmt und dass man den Mut hat, sie zu äußern. Manche
Menschen haben Angst davor, sich eine Blöße zu geben, wenn sie anderen Einblick in ihr Innenleben gewähren. Das ist der Grund, warum viele Menschen es sich zur Gewohnheit gemacht haben, dies zu
vermeiden. Wenn ich stattdessen sage, was mich am anderen stört,
brauche ich mich nicht so sehr mit mir selber auseinanderzusetzen.
Manche Eltern halten es, aus einer unreflektierten oder autoritären
Haltung heraus, nicht für notwendig, mit ihren Kindern über ihre
eigenen Gefühle zu reden, oder haben Angst vor Machtverlust, wenn
sie es tun. Das ist schade, denn damit nehmen sie ihnen die Chance, sich in sie hineinzufühlen. Über Bedürfnisse und Gefühle reden
können bedeutet soziale Kompetenz. Und diese lernen Kinder vor
allem am Beispiel der Eltern. Also, Sie haben nichts dabei zu verlieren, wenn Sie einige Regeln beachten!

Du-Botschaft und »Killersätze«

Ein erheblicher Teil der Erziehung besteht darin, lenkend in das kindliche Verhalten einzugreifen, Dinge zu gebieten oder zu verbieten und fallweise auch zu kritisieren. Wer nicht gelernt hat, in Ich-Botschaften zu kommunizieren, kann leicht in sogenannte Du-Botschaften abgleiten, die das Kind verletzen und sein Selbstwertgefühl und die Beziehung zwischen mir und meinem Kind belasten. Es ist nicht immer leicht, in Ich-Botschaften zu kommunizieren, speziell dann, wenn man genervt und voller Ärger ist. Doch wer lässt sich schon gerne kritisieren, abwerten, demütigen oder gar beschimpfen?

Erwachsenen gegenüber hätte man Hemmungen, alles »rauszukotzen« – wer würde sich solches gefallen lassen? – Kindern gegenüber nehmen sich manche Menschen jedoch kein Blatt vor den Mund, besonders dann, wenn das Kind nicht »funktioniert«, wie man es gerne hätte, oder man sich provoziert fühlt. Viele Eltern sind auch der Meinung, schimpfen sei eine notwendige Erziehungsmaßnahme – ohne zu merken, wie sehr sie in die Negativität abgleiten und Probleme dadurch erst erzeugen, für die dann wieder das Kind verantwortlich gemacht wird. Im stillen Kämmerlein tut es ihnen meistens leid, ihr Kind niedergemacht zu haben, finden aber leicht eine Entschuldigung für das eigene Versagen – weil es ja »schlimm« war. Dabei ist ihnen nicht ausreichend bewusst, wie sehr Kinder oft ein Leben lang unter manchen Bemerkungen leiden, die ebenso weh tun können wie ein Messerstich. Bemerkungen wie »Aus dir wird nie etwas« oder »Du bist mein Sargnagel« sollten Eltern und Erziehern nie über die Lippen kommen, denn sie sind wahre »Killersätze«: Sätze, welche die Seele töten können.

»Du bist…« – Stigmatisieren und abstempeln

Wie oft hört man Eltern sagen »Du bist unmöglich!« »Du bist schlimm!« »Du bist frech!« »Du bist ein Trödler!« »Das kannst du nicht!« »Jetzt sei doch endlich vernünftig!« (Botschaft zwischen den Zeilen: »Du bist unvernünftig«) »Du verstehst nichts davon!« »Du bist eine Nervensäge / Heulsuse / Jammerlappen / ein Vollidiot!«

»Sag, bist du verrückt?!« (Bedeutet: »Du bist verrückt!«)
Solche Worte verletzen, erzeugen Wut und Widerstand. Sie erschaffen ein negatives Selbstbild und nageln das Kind am störenden Verhalten fest. Dann entspricht es ganz instinktiv den negativen Erwartungen und denkt resigniert »Es hat ja doch keinen Sinn!« Alle Eltern wünschen sich selbstsichere und liebenswürdige Kinder, bewirken aber mit ihrer Unbeherrschtheit und Negativität genau das Gegenteil. Natürlich kann im Ärger jedem einmal ein böses Wort über die Lippen kommen. Kinder merken sehr wohl, ob das ein momentaner Gefühlsausbruch ist, hinter dem sie trotz allem die Liebe und Fürsorge ihrer Eltern spüren, oder ob sie kaltschnäuzig abgekanzelt werden. Sollte eine verbale Entgleisung passiert sein, müssen ein klärendes Gespräch und eine Entschuldigung folgen. Das hat nichts mit Autoritätsverlust zu tun, vielmehr stärkt es die Vertrauensbasis.

Verantwortung übernehmen

Man muss Kinder nicht verletzen, abwerten oder demütigen, um ihnen gutes Benehmen beizubringen. Das wäre widersinnig und grausam! Es zeugt von Lieblosigkeit oder Hilflosigkeit, wenn viel an Kindern herumgehackt wird. Wenn Eltern dazu neigen, viel zu schimpfen, zu nörgeln und zu kritisieren, dann haben sie Handlungsbedarf, passende Alternativen kennenzulernen und einzuüben. Schließlich tragen wir Erwachsenen die Verantwortung für die Art und Weise, wie wir mit Kindern kommunizieren, welches Klima in der Familie herrscht, und nicht umgekehrt, mag eine Situation auch noch so schwierig und verfahren sein.

Was unterscheidet die Ich-Botschaft von der Du-Botschaft?

Wie der Name schon sagt, beginnen die meisten Ich-Botschaften mit dem Wort »Ich«, weil ich über meine Gefühle und Bedürfnisse rede, die meisten Du-Botschaften mit dem Wort »Du«, wie etwa »Du bist schlimm«, »Du bist schuld«, »Du kannst das nicht!«. Aber, nicht alles, was mit »Du« beginnt, ist eine Du-Botschaft, nicht alles, was mit »Ich« beginnt, ist eine Ich-Botschaft. So wird ein Satz wie

»Du bist mein liebes Kind« sicher nicht als Abwertung empfunden, ein Satz wie »Ich finde dich unmöglich« hingegen schon. Worauf es also letztlich ankommt, ist die Bedeutung und die dahinterliegende Botschaft.

Die Du-Botschaft

Die Wirkung der Ich- und Du-Botschaften ist bei Erwachsenen wie Kindern ähnlich. Bei der Du-Botschaft wird das Fehlverhalten des anderen betont. Sie ist gehässig, nörgelnd, verletzend, direkt oder unterschwellig anklagend. Ich jedoch gebe meine wahren Gefühle und Bedürfnisse nicht bekannt. Der andere nimmt mich als verschlossen wahr, manchmal wirkt es, als hätte ich eine Maske aufgesetzt, hinter der ich mein Inneres verstecke. Oft verurteilt man in Bausch und Bogen und wertet die ganze Person ab. Man neigt dazu, den eigenen Anteil am Konflikt zu leugnen, und ist versucht, die eigenen Mängel zu verharmlosen (»Ich habe ja nur ...«), die des anderen zu übertreiben und ihm obendrein die Verantwortung dafür zu geben (»Weil er so schlimm war, sind mir die Nerven durchgegangen!«). Du-Botschaften beleidigen, kränken, sind verbale Gewalt. Sie machen wütend, führen zu Eskalation und Machtkampf. Du-Botschaften lösen Minderwertigkeitsgefühle, Schuld- und Rachegefühle aus, erzeugen eine feindselige Atmosphäre und verhindern echten Dialog. Wir brauchen uns nicht zu wundern, wenn die Bereitschaft des Kindes zur Kooperation sinkt und Trotzreaktionen zunehmen. Bestehende Konflikte werden durch Du-Botschaften verstärkt, neue Konflikte ausgelöst.

Die Ich-Botschaft

Bei der Ich-Botschaft hingegen beschreibe ich, wie ich mich fühle, wie störendes Verhalten auf mich wirkt. Ich bezeichne die Situation als MEIN Problem und kritisiere ein konkretes Verhalten, nicht die ganze Person. Ich spreche mit Wertschätzung, ohne zu verharmlosen. Die Person, das Kind, bleibt in ihrer Würde unangetastet und braucht infolgedessen nicht gleich abzuwehren, weil sie spürt, dass man es gut mit ihr meint, dass die Kritik keinen Liebes- und

Vertrauensentzug beinhaltet. Ich bleibe sachlich und stehe zu meinem eigenen Anteil am Problem, zu meinen Fehlern und Schwächen. Ich habe Mut zu Gefühlen, lade zu einem offenen, ehrlichen Dialog ein und nehme die Einwände des anderen ernst. Ich nehme das Störverhalten nicht persönlich, sondern grenze mich ab, ohne verletzend zu werden und überzureagieren. Damit baue ich das Selbstwertgefühl des Kindes auf und sehe Konflikte als Chance zum Lernen, indem ich vermittle: »Ich nehme dich ernst!«, »Ich glaube an das Gute in dir!«

Durch eine Ich-Botschaft biete ich meinem Kind Orientierungshilfe, weil es weiß, was in mir vorgeht. Ich wirke offen, echt und vertrauenswürdig, zeige und fördere Einfühlungsvermögen, schaffe eine freundliche und entspannte Atmosphäre, indem ich auf Machtspielchen und Manipulationen verzichte.

Wenn wir Kinder in solcher Weise auf Fehler und Störverhalten aufmerksam machen, müssen sie nicht in Abwehr gehen und brauchen ihre Fehler nicht zu leugnen. Vielmehr werden sie fähig, Einsicht zu entwickeln und sich zu bemühen, Rücksicht zu nehmen. Diese Chance müssen wir allen Kindern einräumen!

6.2. Die Struktur der Ich-Botschaft

Grenzen als Ausdruck elterlicher Autorität

Beim Setzen von Grenzen ist Folgendes zu beachten:
- Auf den richtigen Moment achten, um das Kind zu konfrontieren
- Grenzen setzen, bevor die Situation eskaliert
- Klare Ich-Botschaften statt Befehle oder Beschimpfungen
- Darauf achten, dass auch das Kind respektvoll mit mir kommuniziert
- Auf konsequentes Einhalten von Geboten und Verboten achten
- Logische Konsequenzen ankündigen und gegebenenfalls durchziehen

Nun kommen wir zum Detail, denn, wie gesagt, die Umsetzung erfordert bewusstes und authentisches Kommunizieren. Eine konstruktive und wirkungsvolle Ich-Botschaft lässt sich in drei Schritte zerlegen:

Die Ich-Botschaft in drei Schritten

1) Beschreibung (Sachebene)

Zum Auftakt eine wertfreie, objektive Beschreibung der Situation – sagen, worum es geht, z. B.:

  a) *»Wir bekommen Besuch.«*
  b) *»Die Spielsachen liegen auf dem Boden.«*
  c) *»Es ist mir zu laut.«*

2) Auswirkung (Selbstoffenbarungsebene)

• auf mich persönlich
• Gefühle, die es bei mir auslöst
• Meinung, die ich darüber habe

  a) *»Ich brauche Hilfe.«*
  b) *»Das stört mich, denn ich möchte nicht darüberstolpern.«*
  c) *»Ich kann mein eigenes Wort nicht verstehen.«*

3) Appell (Appellebene)

Was will ich stattdessen? Je nach Situation formuliere ich:

• einen Wunsch
• eine Anweisung
• einen Lösungsvorschlag anbieten oder einholen. Das ist der Auftakt zum Verhandeln. Ich gebe den Ball zum Kind.

  a) *»Kannst du mir in der Küche helfen?«* *(Wunsch)*
  b) *»Bitte räum die Spielsachen weg!«* *(Anordnung)*
  c) *»Wollt ihr leise sein oder in eurem Zimmer weiterspielen?*
     (zwei alternative Lösungen anbieten)

Die **Ich-Botschaft** soll klar, kurz und prägnant sein. Sie soll mir erlauben, meine subjektive Situation zu schildern, meine Gefühle oder Meinungen zu äußern, ohne die Würde des anderen zu verletzen.

> **Ich-Botschaft: persönlich und klar**
> 1.) Sagen, worum es geht,
> 2.) was das mit mir zu tun hat,
> 3.) was ich will
> So lang wie nötig, aber so kurz wie möglich!

Die vier Seiten der Ich-Botschaft (Nachrichtenanalyse)

Sie erinnern sich an die vier Seiten der Nachricht? Bei einer kompetenten Ich-Botschaft werden meist drei Seiten der Nachricht angesprochen: Die **Sachebene** (ich sage, worum es geht), die **Selbstoffenbarungsebene** (ich sage, was das mit mir persönlich zu tun hat oder warum mir das wichtig ist) und die **Appell-Ebene** (ich sage, was ich vom anderen will). Die vierte Seite, die **Beziehungsebene**, wird meist nicht angesprochen. Sie ist aber implizit, d. h. unausgesprochen, enthalten, und zwar höflich, wohlwollend, wertschätzend.

Nicht immer müssen wir alle drei Seiten ansprechen, um eine gute Ich-Botschaft zu senden.

Beispiele:
»Ich kann nicht telefonieren, wenn ihr so laut spielt. Bitte seid leise!«
Hier sind Punkt 1 (es ist laut) und 2 (ich kann nicht telefonieren) in einem Satz zusammengefasst, gefolgt von einem kurzen Appell.

»Ich bin jetzt beschäftigt. Kannst du mir deine Hausübung nach dem Essen zeigen?« Persönliches Befinden (2) + Wunsch (3)

»Es ist 8 Uhr. Bitte geh Zähne putzen!«
Information = Sachebene (1) + Appell (3)

Hier sind (noch) keine Emotionen im Spiel, also brauch ich auch nicht darüber zu reden.

In einer anderen Situation könnte vielleicht passen:
»Es ist 8 Uhr. Mir ist wichtig, dass du rechtzeitig im Bett bist, weil du morgen zeitig aufmusst. Bitte geh jetzt Zähne putzen!« (1, 2 + 3: umfassend, mit Nachdruck)

6.3. Vertiefende Gedanken zur Ich-Botschaft

3) Die Appellebene – sagen, was ich will

Hier geht es darum, das eigene Anliegen auf den Punkt zu bringen. Die Frage lautet:

Was will ich eigentlich? Oder: Was will ich stattdessen? Je nach Situation formuliere ich einen Wunsch, eine klare Anweisung oder ich bitte den anderen, mir einen Lösungsvorschlag zu machen. – An Stelle eines Appells mache ich den Auftakt zum Verhandeln. Damit leite ich also über in den Korb Mitsprache.

Nur wer weiß, was er will, und das auch klar kommuniziert, wird im Leben erfolgreich sein. Dieses Prinzip gilt auch für Eltern. Davon hängt es ab, ob sie von ihren Kindern ernst genommen werden oder nicht.

a) Wunsch

Alle Menschen haben Wünsche und Erwartungen. Trotzdem fällt es vielen schwer, diese zu kommunizieren. Sind sie angemessen? Habe ich Angst, zurückgestoßen zu werden? Als egoistisch zu gelten? Speziell Frauen haben oft Probleme damit, ihre Wünsche zu äußern. Vor allem in früheren Generationen galt die Bescheidenheit als eine hohe weibliche Tugend, welche spontane Äußerungen oft nicht zuließ. Männer haben im Allgemeinen weit weniger Probleme damit, klar zu sagen, was sie wollen.

Ich erinnere mich daran, als ich einmal meine Tochter mit langatmigen Erklärungen zu motivieren versuchte, den Tisch zu decken. Offenbar ging ihr mein umständliches Gerede auf die Nerven, das wie eine Rechtfertigung klang. Sie unterbrach mich entschlossen: »Mama, was willst du?« »Kannst du bitte den Tisch decken?« »Kein Problem, aber sag das doch gleich!«

Es liegt in der Natur des Wunsches, dass er in Erfüllung geht oder auch nicht. Deshalb muss uns bewusst sein: Wenn ich mein Anliegen als Wunsch formuliere, dann lasse ich dem andern die Wahl, ihn zu erfüllen – oder nicht.

Wenn ich also frage: »Möchtest du spazieren gehen?« Dann muss es mir recht sein, wenn die Antwort nein ist. Passt das für mich? Dann ist es in Ordnung. Wenn ich aber einen Spaziergang durchziehen möchte, ist diese Formulierung fehl am Platz. Viel besser würde dann die Aufforderung passen: »Komm, zieh dich an, wir gehen spazieren!«

Welche Haltung in welcher Situation passt, hängt nicht nur von meiner jeweiligen Planung und Absicht, sondern auch stark vom Alter meines Kindes ab. Bei kleinen Kindern sollten die meisten Entscheidungen ganz selbstverständlich von den Eltern getroffen werden. Alles andere wäre für sie eine Überforderung.

b) Anweisungen, Anordnungen

Es wurde schon erwähnt, dass Anweisungen höflich formuliert sein sollten und dass es wichtig ist, dass mein Ton eine gewisse Entschlossenheit ausdrückt. Kinder haben verständlicherweise Interessanteres zu tun, als die Anweisungen ihrer Eltern zu befolgen, bei denen sie meist ihr Spiel unterbrechen und irgendwelche Pflichten erfüllen müssen. Erfreulicherweise haben viele moderne Eltern Verständnis dafür. Gut ist es, sich vorher zu überlegen, ob etwas getan werden muss oder nicht, dann aber darauf zu achten, wirklich ernst genommen zu werden.

Gerade in diesem Punkt zeigt sich am deutlichsten, ob Eltern Autorität besitzen oder nicht. Wer notorisch unfolgsame Kinder hat, sollte unbedingt »Nachhilfeunterricht« (ABC-Elternführerschein® oder Erziehungsberatung) nehmen, sonst wird das Familienleben mühsam und wir können unserer Erziehungsverantwortung nicht nachkommen. Solange Kinder klein sind, mögen die Auswirkungen harmlos sein, doch später können sich gravierende Folgen daraus ergeben.

c) Auftakt zum Verhandeln: Vorschlag machen oder einholen

Oft kann ich es mir sparen, Kindern Anweisungen zu geben, besonders dann, wenn sie selbst das Problem verursacht haben. Dann kann es klüger und pädagogisch wertvoller sein, sie nach ihren eigenen Ideen zu fragen, wie sie etwas gutmachen wollen. Dadurch fühlen sie sich ernst genommen und lernen, Verantwortung zu übernehmen.

Beispiele:
Tino hat das restliche Brot aufgegessen und den Tieren verfüttert. Mutter: »Wir haben kein Brot mehr für das morgige Frühstück. Mach mir einen Vorschlag!« Möglicherweise antwortet Tino: »Morgen früh bereite ich Müsli für die ganze Familie vor!« Oder er erklärt sich bereit, noch schnell eine Runde zum Bäcker zu machen. Sicher setzt er die Lösung mit mehr Engagement um, als wenn er geschimpft wird und befohlen bekommt: »Geh sofort zum Bäcker!«

Annette will noch vor dem Mittagessen Kekse naschen. Mutter: »Kekse gibt es nicht. Aber du kannst Karotte oder Apfel haben!« Hier bietet die Mutter eine eingegrenzte Wahlmöglichkeit an, die dem Kind aber eine gewisse Eigenständigkeit zugesteht.

Bei diesem partnerschaftlichen Ansatz, der Kinder zur Zusammenarbeit motiviert, kommt der Lösungsvorschlag vom Kind, die Führungskompetenz bleibt jedoch bei den Eltern.

d) Pause machen – und sich den Appell sparen!

Oft genug reicht es völlig aus, nach Punkt 1 und 2 der Ich-Botschaft eine Pause zu machen und zu warten, ob nicht ganz spontan vom

Kind ein Lösungsvorschlag kommt. Dann kann ich mir meine Anweisung sparen.

Beispiel:
Vater: »Es ist mir zu laut, ich kann mich nicht mit deiner Mutter unterhalten!« Kind: »Ich dreh gleich leise!« So geben wir unserem Kind Gelegenheit, von sich aus eine Lösung anzubieten. Es hat mitgedacht und mein Bedürfnis respektiert. Ist das nicht schön?

Zwischen den Zeilen (Beziehungsbotschaft) habe ich vermittelt: »Ich trau dir zu, Rücksicht zu nehmen.« Dieser positiven non-verbalen Botschaft kommen Kinder gerne nach, öfter als wir vielleicht denken!

6.4. Klassische Stolpersteine

Bei der Ich-Botschaft geht es darum, klar und kompetent zu kommunizieren. Das ist vor allem wichtig, wenn wir Anweisungen geben, denn wir wollen ja, dass sie nicht ohne Wirkung bleiben.

Klar und bestimmt kommunizieren

Der entscheidende Unterschied liegt in Mimik und Tonfall. Sicher wird ein Kind eine höfliche Anweisung lieber entgegennehmen als einen unfreundlichen Befehl, vorausgesetzt sie klingt einigermaßen bestimmt. Wenn Eltern vage und unsicher kommunizieren, denken sich Kinder intuitiv: »Das ist wohl nicht so ernst gemeint.« Dafür haben Kinder von klein an ausgezeichnete Sensoren.

So nicht: Bittend, bettelnd, flehend, jammernd, erklärend, nörgelnd, beschuldigend, entschuldigend, um den Brei herumredend, verniedlichend, verharmlosend (»Weichmacher«)

Lieber so: Klipp und klar, kurz und bündig, überzeugend, höflich: Sagen, was ich will, einfordern, was mir zusteht. Gute Gewohnheiten müssen eingeübt werden. Wir müssen Kinder dabei unterstützen.

»Bitte hilf mir beim Tisch aufdecken!« statt »Es wäre nett, wenn du mir helfen würdest …«

Spüren Sie den Unterschied?
- »Jetzt räum endlich deine Spielsachen ein!«
  (barsch und ungeduldig)
- »Bitte könntest du vielleicht deine Spielsachen einräumen?!«
  (höflich, vage, unsicher)
- »Bitte räum deine Spielsachen ein!« (kurz und bestimmt)
- »Wir müssen bald gehen und ich möchte nicht zu spät kommen. Bitte räum deine Spielsachen ein!«
  (umfassend, höflich, bestimmt)

Wann Begründungen helfen

Kinder wie Erwachsene können Anweisungen leichter akzeptieren, wenn wir ihnen den Kontext und den Grund für unser Anliegen nennen. Dadurch ermöglichen wir es ihnen, die Zusammenhänge zu verstehen, und geben auch ein Zeichen von Wertschätzung, weil wir uns die Mühe machen, sie zu informieren. Deshalb wird mein Kind auch motivierter sein zu kooperieren und die Wahrscheinlichkeit, dass es folgt, steigt enorm. Jeder, der einen Vorgesetzten hat, wird dies bestätigen können.

Wenn das Stimmungsbarometer zwischen zwei Personen positiv ist, hat man kein Problem mit einer einfachen Anweisung ohne Erklärungen. Aber einleitende und erklärende Worte können helfen, Wertschätzung zu vermitteln und Missverständnisse zu vermeiden, besonders dann, wenn mit Widerstand zu rechnen ist. Keinem Kind fällt es leicht, sich von einem interessanten Spiel loszureißen.

Wann Erklärungen Unsicherheit bedeuten

Erklärungen sollen dem Alter des Kindes entsprechen – kleine Kinder kann man mit Erklärungen auch überfordern. Sie sollen nicht wie eine Rechtfertigung oder Entschuldigung klingen, denn damit untergrabe ich selbst meine Autorität. Wenn mein Kind allerdings trotz höflicher Bitten und Erklärungen nicht Folge leistet und auch keine ernsthafte Begründung für sein Nichtfolgen liefert, dann nimmt es mich nicht ernst. Dann nutzt es wenig, sich geduldig den Mund »fusselig« zu reden, denn das Problem liegt offenbar anderswo – bei seinem Widerstand, den es mir bewusst oder unbewusst entgegenbringt. Dann werden weitere Erklärungen und Rechtfertigungen als Zeichen von Unsicherheit und Schwäche gewertet und signalisieren dem Kind mangelnde Führungskompetenz – dies lädt zu Widerspruch und Machtkampf förmlich ein.

Beispiel:
»Warum muss ich aufräumen?« »Weil …« »Warum gerade jetzt?« »Weil …« »Aber warum kann ich nicht noch spielen?« Sie spüren: Hier geht es dem Kind nicht wirklich um Erklärungen, sondern es drängt die Mutter dazu, sich zu rechtfertigen. Es will sie verunsichern, um sich durchzusetzen. Kinder sind intuitive und geniale Strategen und eine beliebte Strategie ist die Verzögerungstaktik. Die Mutter hat zwei Möglichkeiten, konstruktiv zu reagieren: Entweder sie steht zu ihrer Autorität und beharrt auf ihrem Wunsch oder den bestehenden Vereinbarungen, oder sie gibt den Ball zum Kind: »Ich merke, du hast keine Lust zum Aufräumen. Mach mir einen Vorschlag!« oder: »Du hast Zeit bis 18 Uhr! Informiere mich, wenn du fertig bist!« Wie viel Autorität oder Partnerschaftlichkeit in dieser Situation passt, muss sie entscheiden. Aber sie sollte dafür sorgen, dass sie sich nicht vom Kind hinhalten und dirigieren lässt, sondern die Führung beibehält.

Vorsicht »Weichmacher«!
Vor lauter Höflichkeit formulieren Eltern oft unentschlossen und schwammig, z. B. »Wie wär's, du gehst jetzt Zähneputzen?!« »Könntest du dich vielleicht ein wenig beeilen?!« »Ich hätte mir vorgestellt, dass du den Hammer wieder zurückbringst« und sind verärgert, wenn das Kind dieser Aufforderung nicht nachkommt. Sie klang

einfach nicht bestimmt genug, nicht so, als ob sie wirklich ernst zu nehmen wäre. Und Kinder spüren dieses »Schlupfloch« intuitiv, um sich elterlicher Autorität zu entziehen.

Wunsch oder Anweisung? Klarheit schaffen!
Dementsprechend muss es sich auch anhören.
- »Könntest du bitte vielleicht …«
  Mit der Möglichkeitsform/Konjunktiv und dem »Vielleicht« kommuniziere ich Unsicherheit und Unverbindlichkeit.
- »Ich würde mir wünschen …«
  Das Kind denkt intuitiv: Ja was denn: Wünscht du es dir nun oder nicht?!
- »Hast du nicht Lust, dein Zimmer aufzuräumen?«
  Wer hat denn schon Lust? Das Nein wird dem Kind förmlich in den Mund gelegt. Eigentor vorprogrammiert!
- »Eigentlich solltest du …«
  Was bedeutet »eigentlich«? Soll er oder soll er nicht?!
- »Könntest du wenigstens …« Versteckter Vorwurf
- »Wenn du Zeit hast, dann hilf mir beim Kochen!«
  Wer hat schon Zeit? Ohne verbindliche Vereinbarung brauche ich nicht enttäuscht zu sein, wenn das Kind nicht kommt.
- »Ich glaube, es wäre gut, wenn du endlich mit der Hausübung beginnst« – Unsicherheit + versteckter Vorwurf (»endlich«)
- »Es wäre gut, wenn wir uns darauf einigen könnten …«
  höflich, aber unbestimmt. Diese Formulierung passt nicht, wenn es um eindeutige Aufforderungen geht, wie z.B. Zähne putzen. Sie passt nicht, wenn ich in Wirklichkeit gar keinen Spielraum mehr einräumen möchte.

Direkt und authentisch
Spüren Sie den Unterschied? An der Reaktion Ihres Kindes werden Sie ihn bestimmt merken. Sagen Sie lieber:
- »Bitte hilf mir!« statt »Magst du mir nicht helfen?«
- »Das passt mir nicht!« statt »Eigentlich möchte ich das nicht.«

- »Das finde ich eine Frechheit!« oder »Das ist nicht in Ordnung!« statt »Das ist aber nicht sehr nett von dir!«

Vorsicht vor Verallgemeinerungen!
Verallgemeinerungen nageln fest und machen wütend:
»Nie kannst du mir helfen!«, »Immer musst du mich stören!«
Lieber ganz konkret sagen, wann Störung auftritt: »Vorhin, als ich telefonieren wollte, bist du mir mitten ins Wort gefallen. Das hat mich gestört!«

Persönliches und Subjektives nicht als allgemeingültig darstellen
Es klingt autoritär und irritierend, wenn subjektive Meinungen als allgemeingültige Wahrheiten oder Gesetzmäßigkeiten dargestellt werden. Gerade Jugendliche sehen rot, wenn Eltern so mit ihnen kommunizieren. Es vermittelt das Gefühl, dass man bevormundet, dass einem etwas »drübergestülpt« wird. Was subjektive Meinung ist, soll auch als solche bezeichnet werden.
Sagen Sie lieber direkt und persönlich:
- »Das gefällt mir nicht!« statt »So ein Blödsinn!«, »Das ist unmöglich!«
- »Das tut mir in den Ohren weh!« statt »Das kann man ja nicht aushalten!«
- »Damit bin ich nicht einverstanden!« statt »Das tut man nicht!«

Konsequent statt halbherzig
Ihr Kind darf erst hinausgehen zum Spielplatz, wenn es mit der Hausübung fertig ist. Es unterbricht aber mitten drinnen. Es kommt zurück, Sie ärgern sich, setzen aber keine Konsequenzen. Was wird es daraus lernen? Dass es Mamas Regeln nicht ernst nehmen muss. Wollen Sie das?
Sie sagen, es hätte bereits genug Kekse gegessen. Es greift aber weiter zu und Sie lassen es gewähren. Was lernt es daraus?
Sie sagen, dass es im Kinderzimmer zu laut ist. Die Kinder reagieren nicht, Sie unternehmen nichts. Welche Botschaft kommt bei den

Kindern an? Doch nur: »Was Papa sagt, ist nicht wichtig!« Wenn Sie nicht einschreiten wollen, dann sagen Sie lieber gar nichts. Zumindest sollten Sie aber bei einer Nachbesprechung darauf hinweisen, dass es nicht in Ordnung war, dass die Kinder nicht auf Ihre Bitte reagiert haben. Dann wird es von ihnen nicht als Schwäche, sondern als Großzügigkeit gewertet.

Falsche Bescheidenheit: Der Opfertyp

»Könntest du wenigstens ...« »Ich will ja nur ...!«
Hinter solch harmlos klingenden Sätzen verbirgt sich manchmal ein wahres Psychodrama. Der Sender verharmlost seinen Wunsch, sein Bedürfnis, durch den Konjunktiv »Könntest du«. Mit den Worten »wenigstens« oder »nur«, tut er so, als wäre sein Anliegen nicht von Bedeutung, ist dann aber enttäuscht, wenn der Empfänger seinen Wünschen nicht nachkommt. Dieser hört intuitiv eine doppelte Botschaft: »Ich will ... aber eigentlich musst du nicht«, »Du brauchst mich nicht ernst zu nehmen, aber ich bin beleidigt, wenn du nicht tust, was ich will!« und obendrein »Ich trau dir nichts zu, weil ich dich für rücksichtslos halte!« Menschen, die so kommunizieren, lassen es zu, mehr noch, sie laden ihre Mitmenschen förmlich dazu ein, ständig ihre Grenzen zu überschreiten, um es ihnen dann vorzuwerfen. Das ist die Position des Opfertypen, der von allen schlecht behandelt wird und mit der Zeit immer grantiger wird. Wenn wir einmal solch ein Muster an uns erkennen, dann kann es relativ leicht sein, daran zu arbeiten. Wenn ich klar sage, was ich will, ohne unterschwellige Vorwürfe, dann vermittle ich Vertrauen und sorge dafür, dass ich ernst genommen werde, sei es von den eigenen Kindern, dem Partner, den Kollegen/innen etc. Unsere Beziehungen werden dann unkomplizierter und schöner.

Ein »Nein« akzeptieren

Auch wenn mein Anliegen noch so legitim und positiv formuliert war, faire und starke Menschen können auch ein Nein des anderen akzeptieren, ohne aufdringlich zu werden oder den anderen dafür zu beschämen, indem sie beispielsweise beleidigt reagieren. Kinder sagen das manchmal so: »Dann bist du nicht mehr mein Freund!« Das ist Psychodruck.

Erwachsene tun gut daran, das Nein eines Kindes zu respektieren. Das ist Zeichen von Wertschätzung. Wenn mein Kind weiß, dass es auch nein sagen darf, dann wird auch sein Ja umso freudiger und verlässlicher klingen. Mit Ihrer Hilfe lernt es sich abzugrenzen und wird ein selbstbewusster, rücksichtsvoller Mensch. Sie müssen sich auf Ihre Intuition verlassen, um zu unterscheiden, wann es gilt, ein Nein zu respektieren, und wann Sie auf Gehorsam pochen müssen.

6.5. Vom Jammern und Raunzen

Was manche Eltern an den Rand der Verzweiflung bringt, sind jammernde und raunzende Kinder, die ständig unzufrieden sind und die phasenweise oder gewohnheitsmäßig einen weinerlichen, jammernden Ton draufhaben.

Eltern müssen sich fragen: Was geht in meinem Kind vor? Hat es Grund zur Unzufriedenheit? Bekommt es genügend Aufmerksamkeit, auch ohne zu raunzen? Ist es müde oder kränklich? Hier gilt es, Abhilfe zu schaffen.

Häufig sind es aber gerade solche Kinder, die viel Beachtung bekommen und deren Wünsche und Bedürfnisse weitgehend gestillt sind, die zum Raunzen neigen. Weshalb ist das so? Intuitiv versuchen manche Kinder auf diese Weise, ihren Eltern Druck zu machen, und bekommen oft »um des lieben Friedens willen«, was sie begehren. Einerseits tut man meist, was das Kind will, andererseits kommen negative Gefühle in einem auf und man fügt hinzu: »Aber sei nicht so lästig!« »Musst du schon wieder raunzen?!« Das sind widersprüchliche und halbherzige Botschaften, die das unerwünschte Verhalten nur verstärken.

Grundsätzlich raunzt ein Kind, weil es etwas möchte oder weil etwas stört. Daher hilft es, direkt und klar nachzufragen: »Was möchtest du?« »Was stört dich?« Wenn das Kind wieder raunzend loslegt, dann legen Sie den Finger auf den Mund, als Zeichen zu schweigen, und fordern Sie es auf: »Sag es mir anders, so höre ich es nicht!« »Atme einmal tief durch! Was möchtest du mir sagen?«, wenn es nochmals jammernd beginnt: »Versuch es noch einmal!« Hat das Kind noch immer nicht verstanden, darf ich mir erlauben, es ein wenig nachzuäffen und zu kommentieren: »Möchtest du, dass ich so mit dir rede?« Sie können Ihrem Kind auch Anleitung geben und an seiner statt sagen: »Papa, ich möchte zu trinken! Wiederhole das bitte!« Danach reagieren Sie positiv: »Ja, mein Sohn das kannst du gerne haben!« Wenn Sie Ihrem Kind mit dem gewünschten Verhalten Erfolgserlebnisse verschaffen, wird es die lästige Gewohnheit bald wieder los. Wenn die Situation aber ein Nein erfordert, ist das auch kein Problem.

Wenn Kinder lernen, ihre Bedürfnisse klar zu artikulieren, gewinnen sie dadurch an Bestimmtheit und Selbstwert – und viel Sympathie in ihrem Umfeld.

6.6. Verhaltensänderungen durch »strategische Planung«

Wenn sich schlechte Gewohnheiten eingebürgert haben, ist es meist nicht mit einer einzigen Maßnahme getan. Es gilt zu überlegen:

Welche Rahmenbedingungen beeinflussen das Verhalten des Kindes?
Wann und wie oft tritt das störende Verhalten auf? Gibt es möglicherweise ein legitimes kindliches Bedürfnis, das mir entgangen ist? Welche geänderten Rahmenbedingungen können das Verhalten des Kindes positiv beeinflussen?

Was hat sein Verhalten mit mir zu tun?
Welches Verhalten meinerseits oder im nahen Umfeld könnte Auslöser oder Verstärker für die problematische Eigenschaft meines Kindes sein? – Oft hört man Eltern eingestehen: »Wenn ich nervös bin, dann benimmt er sich unmöglich!« Dann reicht es schon, bei sich selbst für mehr Ruhe und Gelassenheit zu sorgen. Oder: »Wenn ich ihr was sage, wird sie stur!«, dann fühlt sich das Mädchen wohl unverstanden und bevormundet. Vielleicht verwende ich zu oft Kommunikationssperren, anstatt aktiv zuzuhören?

Das vertrauliche Gespräch in guter Atmosphäre
Fragen Sie, wie das Kind sein eigenes Verhalten wahrnimmt. Bei einem solchen Gespräch wird das Kind wohl klar konfrontiert, aber es sollte kein Druck ausgeübt werden, sonst verschließt es sich: Verwenden Sie Ich-Botschaft, aktives Zuhören und die Coaching-Formel. Jetzt haben Eltern die Chance, die wahren Gefühle und Bedürfnisse des Kindes kennenzulernen, in ihm Einsicht zu wecken und die Motivation, sich zu bessern.

Gemeinsam nach Lösungen suchen
Es ist wichtig, dem Kind dabei Mitsprache einzuräumen, um es zu motivieren und um ihn seinen Teil der Verantwortung mittragen zu lassen.

Helfen, die Lösung umzusetzen
»Wie kann ich dich dabei unterstützen?«

Das Verhalten eine gewisse Zeit lang dokumentieren
Das hilft Kindern, eine objektive Sicht auf das eigenen Verhalten zu bekommen, und erspart den Eltern, das Problemverhalten jedes Mal zu kommentieren oder einzuschreiten. Wenn es sich zum Beispiel um Trödeln handelt, so kann man etwa über einen Zeitraum einer Woche eintragen, wann das Kind womit fertig ist. Wichtig ist auch, das Positive hervorzuheben, etwa mit einem »Smiley«.

Am Ende der Woche betrachten Eltern und Kind gemeinsam das Ergebnis. Wichtig ist auch, zuerst das Kind zu fragen, wie es mit dem Ergebnis zufrieden ist, damit es sich selbst beurteilen kann, anstatt ständig nur von anderen beurteilt zu werden. Das ist eine gute Gelegenheit zur kritischen Selbstreflexion, unterstützt durch die »Coaching-Formel«. Der Erfolg wird gewürdigt und sei er noch so gering.

In der darauffolgenden Woche geht das Vorhaben in die nächste Runde, so lange, bis sich ein zufriedenstellendes Ergebnis für beide Seiten eingestellt hat. Dieses gehört ausdrücklich gewürdigt. Damit hat man nicht nur die erwünschte Verhaltensänderung herbeigeführt, sondern auch die Zuneigung und Vertrauensbasis zueinander gestärkt.

Das Experiment beenden

Solche Dokumentationen dürfen nicht sang- und klanglos im Nichts verlaufen, sonst kommuniziert man einander: »Wir nehmen es nicht wirklich ernst!« Auch wenn es nicht funktionieren sollte, dann muss man es zum Thema machen und verkünden, dass man es mangels Wirksamkeit einstellt: »Diese Maßnahme hat uns nicht geholfen. Darum lassen wir es wieder bleiben!« Grundsätzlich ist es aber so, dass Kinder mit Eifer mitmachen, wenn die Eltern mit Interesse dabei sind und sie anfänglich auffordern, den vereinbarten Vermerk zu machen, womöglich kombiniert mit einem Lob. Schimpfen sollte vermieden werden, sonst entsteht eine innere Abwehrhaltung.

Die Methode »strategische Planung« können Eltern beispielsweise auch anwenden, um den irritierenden Gebrauch von Schimpfwörtern bei Kindern einzudämmen.

6.7. Wie Kinder folgen lernen

Hier möchte ich zusammenfassen, was sich aus den vorangegangenen Kapiteln ergibt und worauf Sie achten sollten.

Zumutbarkeit

Sich selbst bewusst machen, was ich will und ob es dem Kind zumutbar ist.

Beispiel 1:
Wenn ich mit meinem übermüdeten Kind zu spät nach Hause komme, ist es wohl unzumutbar, darauf zu beharren, dass es sich alleine und ohne zu murren auszieht und Zähne putzt. Mein Kind braucht Unterstützung, keine sturen Anweisungen.

Beispiel 2:
Ihr Kind schreit aus Angst und Frustration. Wenn Sie ihm gebieten, ruhig zu sein, schreit es noch lauter – nicht aus Protest, sondern aus Überforderung. Hier helfen nur Ruhe, Körperkontakt und emotionale Entlastung (aktives Zuhören durch Gefühlespiegeln). Alles andere wäre Unterdrückung, also seelische Gewalt.

Günstige Rahmenbedingungen schaffen

Das Kind soll Schuhe und Kleidung ordnungsgemäß versorgen: Sind Schrank und Haken in Reichweite? Es soll Hausübung machen: Hat es ausreichend Platz, Ruhe, Aufmerksamkeit, Unterstützung?

Vorausdenken und -planen
Bei vorhersehbar auftretenden Problemen müssen Sie vorausdenken und vorsorgen!

Beispiel 1:
Sie wollen rechtzeitig aus dem Haus gehen: Haben Sie und Ihr Kind alles Notwendige schon am Vorabend hergerichtet? Kennt es Zeit und Ablauf der morgendlichen Verrichtungen? Wird es rechtzeitig geweckt, um ausreichend Zeit zum Waschen, Frühstücken und Wegräumen zu haben?

Beispiel 2:
Kinderparty: Wurde alles Dazugehörige hergerichtet, alles Heikle und Überflüssige aus der Spielzone entfernt? Wissen Ihre Kinder, wie sie sich als Gastgeber verhalten sollen? Kennen die fremden Kinder die Regeln des Hauses? Wann ist Ihre Gegenwart erforderlich, wann nicht?

Beispiel 3:
Es gibt immer wieder Probleme, wenn Sie Ihr Kind vom besten Freund abholen, weil es nicht nach Hause will. Hier einige Empfehlungen:
   Im Vorhinein ausmachen, wie lange Ihr Kind bleiben darf. Vor dem Weggehen nochmals in Erinnerung rufen. Beim Abholen: »Hallo, hier bin ich. Du hast noch 5 Minuten (eine Viertelstunde, je nachdem) Zeit zum Fertigspielen, Einräumen, Verabschieden.« Wenn es so weit ist: »Bitte anziehen! Wir gehen jetzt.«
   Danach sollten Sie keine weiteren Zugeständnisse machen, nicht nochmals alles in Frage stellen lassen, angekündigte Konsequenzen durchziehen.

Klare Regeln erstellen
Kinder müssen wissen: »Das darfst du!«, »Das darfst du nicht!«

Klare Anweisungen geben
Sie formulieren Ihre Ich-Botschaften verständlich, freundlich, kurz und bündig und vermeiden unnötiges Herumkommandieren. Ihre Grundhaltung lautet: »Ich vertrau darauf, dass du mich ernst nimmst.«

Kontakt herstellen, Aufmerksamkeit einfordern
Reden Sie nicht zwischen »Tür und Angel«, sondern rufen Sie das Kind her oder gehen Sie zu ihm hin. Achten Sie auf den Blickkontakt und dass Sie seine Aufmerksamkeit haben. Fassen Sie ein zappeliges Kind an der Hand oder halten Sie es an den Schultern. Erst dann sagen Sie, was Sie wollen. Manchmal hilft ein einleitender Satz wie: »Du Thomas, ich möchte dir etwas Wichtiges sagen!« oder »Ich habe eine große Bitte!«

Vorhaben ankündigen
Kinder brauchen eine gewisse Zeit, um sich auf Neues einzustellen und eine laufende Tätigkeit zu beenden. Dies gilt es zu respektieren. »Wir müssen bald gehen! In 5 Minuten komme ich wieder, dann ziehen wir uns an!«

Sich überzeugen, ob Sie gehört wurden
Bringen Sie Ihrem Kind rechtzeitig bei: »Wenn ich dich rufe, dann antworte!« Diese Regel ist keine Einbahnstraße. Antworten nicht auch Sie, wenn Ihr Kind etwas von Ihnen will? Wenn wir im Beruf einen Auftrag entgegennehmen, sind wir es gewohnt, zu bestätigen, dass wir ihn erhalten haben, und zu informieren, wann er erledigt wird. Die meisten Eltern tun das auch ihren Kindern gegenüber, wenn diese etwas von ihnen wollen: »Ja, hier hast du!« oder »In ein paar Minuten bekommst du etwas zu essen!« oder »Nein, das geht jetzt nicht. Du musst dich noch ein wenig gedulden!« Kindern gegenüber vergessen wir aber, dies einzufordern, und wundern uns dann, wenn wir nach einer Weile nachschauen und feststellen, dass wir ignoriert wurden und die Sache noch immer nicht erledigt ist. Dann ärgern wir uns unnötig und sagen vorwurfsvoll: »Wieso kannst du nicht hören?!«

Auf verbindliche Rückmeldungen achten
Wenn wir uns beklagen, dass wir von unseren Kindern nicht ernst genommen werden, dann liegt es an uns selbst, dies zu ändern!

Viel Frust und Streit lässt sich vermeiden, wenn Eltern immer auf verbindliche Rückmeldungen achten und auch ihrerseits stets mit gutem Beispiel vorangehen.

Wenn ich meinem Kind angewöhne, mir eine Rückmeldung zu geben (»Bitte gib mir eine Antwort!« »Hast du mich gut verstanden?« »Geht das jetzt OK?«), dann merke ich gleich, ob sich das gut anhört oder nicht, je nachdem, ob mein Kind überhaupt reagiert, ob es eifrig »Ja, Papa!« ruft, »Ja, mach ich sofort!« oder ob es gelangweilt »Jaaa, gleiiich!« von sich gibt oder »Nein, ich hab jetzt keine Zeit! Ich muss noch Vokabeln lernen« oder »Nein, ich mag jetzt nicht!«. Akzeptieren Sie lieber ein Nein als gar keine oder eine halbherzige Antwort!

»Gleiiich!« – Sich nicht hinhalten lassen

Wenn das Kind mit »Gleiiich!« antwortet, muss ich nachfragen »Wann ist gleich?«, um einen konkreten Zeitpunkt zu fixieren. »Gleich!« darf nur bedeuten »So schnell wie möglich« und sollte kein dehnbarer Begriff sein. Wenn mein Kind jetzt etwas anderes tun möchte, dann ist es besser, das gleich zu Beginn zu klären. Ich kann mit einem Aufschub einverstanden sein oder die Wichtigkeit meines Anliegens nochmals unterstreichen.

»Ball« zum Kind

Anhand der Rückmeldung spüre ich, woran ich bin und kann hinzufügen: »Informiere mich, sobald du fertig bist!« Sie ersparen sich das lästige Kontrollieren, wenn Sie den »Ball« zum Kind geben und somit Verantwortung übertragen.

Meldepflicht

Die Meldepflicht ist vorteilhaft, wenn Kinder eine Tätigkeit erledigt haben (das beugt dem »Trödeln« vor) oder wenn sie Eigeninitiative ergreifen, sich beispielsweise Getränke und Nahrung aus dem Kühlschrank holen, das TV-Gerät aufdrehen, die Wohnung verlassen etc. – weil sie dadurch den Eltern ermöglichen, den Überblick zu bewahren und gegebenenfalls rechtzeitig ein Stopp auszusprechen. Man erspart sich auch die Überraschung mit ausgegossenen Säften und viele Situationen, die uns vor vollendete Tatsachen stellen.

Durch eine solche Informationspflicht ersparen sich Eltern das von den Kindern als lästig empfundene Nachfragen: »Wann bist du endlich fertig?!« Stattdessen ergeben sich zahlreiche Gelegenheiten, das Kind zu loben und dadurch eine positive Dynamik zu erzeugen.

Die Meldepflicht ist insbesondere dann wichtig, wenn die Aufgaben noch nicht ganz dem Alter des Kindes entsprechen, die Eltern aber schon gewissen Freiräume gewähren und Eigeninitiative fördern wollen.

Um Erlaubnis fragen

Bei kleineren Kindern reicht »Meldepflicht« nicht aus. Sie sollten grundsätzlich bei vielem um Erlaubnis fragen, nicht nur informieren müssen.

Wenn etwas dazwischenkommt

In vielen Situationen ärgern wir uns, dass Zusagen nicht eingehalten wurden. Deshalb ist es wichtig, dass Kinder folgende Regel kennen: »Immer wenn etwas dazwischenkommt, musst du mich informieren – im Vorhinein oder so bald wie möglich!« Dadurch vermeiden wir, dass wir vor vollendete Tatsachen gestellt werden. Wenn wir die Angelegenheit zu einer Bringschuld machen, können wir rechtzeitig reagieren und gegensteuern.

Kinder erfüllen die in sie gesetzten Erwartungen

Viele Eltern akzeptieren in einer falsch verstandenen Toleranz schlechte Gewohnheiten und warten bis zuletzt zu. Anstatt konkrete Rückmeldungen einzufordern, denken sie bereits insgeheim, in Erwartung einer Enttäuschung: »Wahrscheinlich hat er wieder nicht sein Zimmer aufgeräumt!« und treten mit dieser Erwartungshaltung innerlich geladen ihrem Kind entgegen und provozieren somit das unerwünschte Verhalten. Es kommt zu einer Auseinandersetzung, die sonst gar nicht entstanden wäre. Wenn Eltern annehmen, dass ihre Kinder nicht tun, was sie wünschen, dann verhalten sich diese auch dementsprechend und man erhält die Abfuhr, die man im Grunde vermeiden wollte. Positive Erwartungen und Ausdruck von Vertrauen hingegen stärken die Bereitschaft des Kindes, zu kooperieren.

Elternanweisungen und gemeinsame Tätigkeiten haben Vorrang!
Als weitere Grundregel sollte gelten, dass stets die elterlichen Anweisungen (weil Eltern mehr Verantwortung tragen und mehr koordinieren müssen) und das Gemeinsame Vorrang haben, weil man sonst unnötig aufeinander warten muss (gemeinsames Abendessen, fertig machen zum Weggehen, etc.) Wenn es anders sein soll, dann ist das Kind in der Bringschuld. Es muss die Abweichung begründen und mit uns Verhandlungen aufnehmen: »Ich hab jetzt keine Zeit. Kann ich das nach dem Abendessen erledigen?«

Beschreiben, was zwischen uns läuft –
Die »Metaebene« einnehmen
Angenommen, Ihr Kind hat keine Reaktion gezeigt oder nicht in Ihrem Sinne reagiert, dann sollten Sie zunächst wertfrei, ohne Vorwurf, beschreiben, was Sie wahrnehmen, was jetzt gerade zwischen Ihnen und Ihrem Kind läuft, so als würde ein Beobachter von außen die Situation zwischen Ihnen und Ihrem Kind beschreiben. Es geht um die sogenannte **Metaebene**, noch nicht um den Inhalt:

> »Ich sage, du sollst hier bleiben, und du läufst davon.«
> »Ich rede mit dir und du schaust weg …«
> »Ich habe dich drei Mal gerufen und keine Antwort erhalten!«
> »Ich merke, du hast keine Lust, mir zuzuhören …«
> »Ich spüre, ich gehe dir jetzt schon auf die Nerven mit
>   meinen Fragen. Aber ich möchte wissen, ob …«

Wenn wir die Perspektive der Metaebene einnehmen, haben wir den Vorteil, dass das Eigentliche zur Sprache kommt, das, was ist, was sich auf der Beziehungsebene gerade zwischen uns tut, und zwar auf einer neutralen Ebene, die meinem Kind eine gewisse Zustimmung ermöglicht oder eine Klarstellung herbeiführt. Dann erst sage oder wiederhole ich mein Anliegen. Wir reden nicht mehr aneinander vorbei, nicht um den »Brei herum«. Dies fördert die Entwicklung von authentischen Beziehungen.

Übermut und Auszeit

Es gibt Situationen, da ist es müßig, auf Kinder einzureden. In ihren Emotionen, ihrem Übermut oder in ihrem Protest sind sie momentan nicht für vernünftige oder mahnende Worte zugänglich. Anstatt sich zu ärgern, empfiehlt es sich, ruhig zu bleiben und eine Auszeit, einen »Zwischenstopp« einzulegen.

Beispiel:

Kinder streiten oder sind übermütig im Auto. Der Lärm stört Sie beim Fahren, doch sie reagieren nicht auf Ihre Bitte, leise zu sein. Stellen Sie sich zum Straßenrand und warten Sie ab. Bald werden die Kinder fragen, was denn los sei. »Wir fahren weiter, wenn ihr ruhig seid!« Wenn es still wird, fragen Sie: »Habt ihr euch beruhigt? Können wir jetzt weiterfahren?« Kurze Bestätigung einholen. Danach darf man die Sache nicht zerreden und nimmt die Fahrt wieder auf.

Jedem Kind wird bei so einem Stopp, einer Unterbrechung der aktuellen Tätigkeit, bald langweilig und Sie zeigen damit Konsequenz und elterliche Überlegenheit, die bald gute Gewohnheiten herbeiführt oder wiederherstellt. Dies kann man auch bei Kindern tun, die sich weigern, den Sicherheitsgurt anzulegen oder ihn während der Fahrt abschnallen. Wenn Sie es gerade besonders eilig haben, müssen Sie sich natürlich etwas anderes einfallen lassen.

»Bist du bereit?«

Diese Frage vermittelt Respekt vor der Bereitschaft und dem Rhythmus des Kindes. Ähnlich wie bei der vorherigen Intervention gebe ich mit dieser Frage dem Kind eine kurze Zeitspanne, um sich einzupendeln. Ich warte einfach schweigend ab. Während dieser Zeit muss ich mit voller Konzentration bei der Sache sein, darf meine Aufmerksamkeit nicht abwenden und mich nicht ablenken lassen.

Beispiel:
Ein Kind will sich nicht anziehen lassen und strampelt. Anstatt gegen den Widerstand zu arbeiten, hält man es sanft und wartet ab. Dabei kann es weder davonlaufen noch etwas anderes tun. Nach einer kurzen Weile fragt man: »Bist du bereit?!« Das Kind wird erst angezogen, wenn es kooperiert. Das bedeutet wechselseitigen Respekt. Anschließend gibt es eine kurze Anerkennung und Themenwechsel.

Diese Methode hilft auch, wenn Kinder zum Beispiel im Supermarkt toben, sich auf den Boden werfen oder Ähnliches. Wir brauchen einfach nur die Nerven aufbringen, abzuwarten, gar nicht weiter auf das Kind einzureden, zu schimpfen etc., sondern nur schweigend, stark und solidarisch dabeizustehen, sich jedoch nicht der Laune des Kindes zu beugen. Wenn es sich beruhigt hat, nimmt man es in die Arme oder sagt einfach nur: »Bist du fertig?« oder »Komm, wir gehen!«

Zurück zum Start
Angenommen, es gilt die Regel, dass die Kinder klopfen und die Antwort abwarten, bevor sie das elterliche Schlafzimmer betreten. Am Sonntagmorgen jedoch stürmen sie, ohne zu klopfen herein. Anstatt mit ihnen zu schimpfen, lässt man sie die »Übung« wiederholen: »Geht nochmals hinaus, klopft und wartet ab!« Die Kinder tun es und werden nun von den Eltern freudig begrüßt.

»Nur wenn es brennt!«
Sie haben Besuch und wollen während dieser Zeit nicht gestört werden. Das Kind wurde im Vorfeld informiert und gut versorgt. Es darf nur stören, wenn es wirklich wichtig ist und wenn es die Antwort abwartet. Klein Lisa kommt nach kurzer Zeit und will etwas von der Mama!

- Sie muss »Mama!« sagen und warten, bis diese antwortet: »Ja, mein Liebes?« Dann erst kommt sie mit ihrem Anliegen.
- Die Mama überprüft, bevor das Kind loslegt: »Kann das nicht bis später warten?« Das Kind kann sich die Frage selbst beantworte und sagt: »Oh ja!« und geht wieder. Oder das Kind bringt ein unbedeutendes Anliegen vor, dann antwortet die Mutter: »Ich denke, dass das warten kann. Jetzt nicht! Ich möchte mich weiter unterhalten!«
- Ist die Sache von Bedeutung, etwa dass ein Kleinkind aufs Töpfchen muss, dann hat es selbstverständlich Priorität.

Sich mit dem Widerstand »verbünden«
Wenn Ihr Kind Ihre Bitten und Argumente abschmettert, kann es sehr hilfreich sein, zunächst einmal die Perspektive des Kindes einzunehmen und damit Verständnis zu zeigen – ohne Ironie und Vorwurf:

> »Mir kommt vor, das ist dir nicht wichtig …«
> Ihre Vermutung als Vermutung ausdrücken.
> »Anscheinend fällt es dir schwer …«
> »Gell, du magst nicht, wenn …«
> »Stimmt's, du würdest lieber hinausgehen spielen, anstatt …«
> »Folgen kann ganz schön schwer sein …«

Achten Sie dabei auf die positive Formulierung der Gefühle und beschreiben Sie, wie die Situation aus Sicht Ihres Kindes aussehen mag. Es ist wichtig, dass Sie dies nicht nur wissen, sondern auch ausdrücken, damit Ihr Kind sich verstanden weiß – und der Widerstand schmilzt.

Das »Gute am Schlechten« herausfiltern
Alles Schlechte hat auch etwas Gutes: Wenn Sie sich über Ihr Kind ärgern, es aber nicht »niedermachen« wollen, bemühen Sie sich, das »Gute am Schlechten« herauszufiltern:

»Diese Zeichnung ist beachtlich! Es ist nur schade, dass du dafür die Tapete gewählt hast. Das macht mich stinksauer!«

Diese Methode hilft auch, wenn Sie feststellen, dass Ihr Kind schlagfertiger ist als Sie, vielleicht auch ein wenig frech. Versuchen Sie, mit ein bisschen Augenzwinkern, das »Gute« daran zu würdigen und ein wenig Humor in die Auseinandersetzung zu bringen: »Ich freue mich, dass du so ein gutes ›Goscherl‹ hast. Du wirst dich im Leben sicher gut durchsetzen können! Jetzt ist mir aber wichtig …!«

Den »Spieß umdrehen« – zurückfragen

Wenn Kinder nicht folgen können oder wollen, hilft es meist wenig, weiter auf sie einzureden. Wenn Sie den »Spieß umdrehen«, muss sich das Kind rechtfertigen, nicht Sie! Das schaffen Sie ganz elegant, indem Sie einfach nachfragen:

»Weshalb geht das jetzt nicht?« »Was spricht dagegen?« »Was stört dich daran?« »Überzeuge mich!« »Nenne mir einen guten Grund, weshalb du … tun / nicht tun willst.«

Selbstverständlich entscheiden Sie, ob der Grund wichtig genug ist, um den Einwand zu akzeptieren.

An das Gute appellieren

»Momentan findest du das lustig. Aber ich glaube nicht,
dass du mich wirklich ärgern willst!«
»Ich weiß, du kannst auch folgsam sein!«
»Ich weiß, du gönnst auch mir ein wenig Ruhe!«
»Ich bin sicher, dass du es schaffst, dich anzuziehen /
zu beherrschen, wenn du wirklich willst!«
»Ich weiß, in dir steckt ein guter Kern!«

Einwände zulassen und behandeln

Um Konfliktsituationen zu entschärfen, müssen wir Einwände zulassen, ihnen Raum geben und darauf eingehen:

»Was gefällt dir nicht daran?«
»Was ist für dich dabei so wichtig?«

Wichtig ist, dass Sie Verständnis für diesen Einwand zeigen. Sie kennen Ihr Kind. Es fällt Ihnen wahrscheinlich gar nicht schwer, seine Gefühle zu erraten, doch sind die meisten Eltern es nicht gewohnt, sie zu sagen, sie zu »spiegeln«. Beachten Sie, dass Verständnis zeigen nicht bedeutet, mit etwas einverstanden zu sein: »Du fühlst dich benachteiligt, wenn du schon wieder den Müll hinuntertragen musst, weil du den Eindruck hast, dein Bruder tut viel weniger als du ...«

Viele Menschen sind in Verkaufsgesprächen darauf trainiert worden, mit Einwänden konstruktiv umzugehen. Wie wär's, wir würden diese Fertigkeiten auch im Kinderzimmer anwenden?

Wenn sich das Kind frei äußern darf, wir es ausreden lassen und darauf eingehen, vermeiden wir, emotional über das Kind drüberzufahren. Gleichzeitig muss das Kind sich rechtfertigen, wenn es nicht folgen will – wodurch die Eltern die Führungskompetenz beibehalten oder zurückerobern.

Zurück zu Ihrem Anliegen
Wenn Sie einem Einwand nicht stattgegeben wollen, wiederholen Sie Ihr Anliegen und betonen Sie, was Ihnen daran so wichtig ist.

»Du musst dich jetzt anziehen, sonst kommen wir zu spät!«
»Ich verstehe, dass du noch gerne länger aufbleiben möchtest,
   aber jetzt ist Mama-Papa-Zeit!«

Stures Wiederholen – »kaputte Schallplatte«
Wenn weitere Einwände kommen, so bringt es gar nichts, nochmals Erklärungen zu geben. Je mehr wir uns in Rechtfertigungen verstricken, umso unglaubwürdiger werden wir. Das Kind legt es uns als Unsicherheit und Schwäche aus und stellt intuitiv unsere Autorität in Frage, was unweigerlich in einen Machtkampf mündet. Dann können wir nur noch nachgeben oder laut und autoritär werden. Deshalb ist es ratsam, nachdem Sie Verständnis gezeigt und Ihr Anliegen unterstrichen haben, fest und konsequent zu bleiben und abschließend nur kurz und prägnant die letzten drei Worte zu wiederholen: »Nein, jetzt nicht!« »Ich habe nein gesagt!«

Auf den Punkt bringen: Kannst du nicht oder willst du nicht?
Nach einer langwierigen Diskussion kann folgende Frage helfen:
»Kannst du es nicht verstehen oder willst du es nicht verstehen?«
Dann reden wir Klartext. Sollte es tatsächlich noch ein Missverständnis oder eine Verständnisfrage geben, erkläre ich es gerne nochmals, ansonsten kann ich einen Schlusspunkt setzen: »Ich habe es
ausreichend erklärt. Geh Zähne putzen!« Bei weiterem Zögern kurz
und prägnant: »Ich sage Zähne putzen!«

Schlusspunkt
Wenn alle Einwände behandelt wurden, lassen Sie keine weiteren
Diskussionen mehr zu, denn diese führen zu gar nichts mehr. Ma-
chen Sie einen Schlusspunkt: »Ende der Diskussion!« Wann dieser
Schlusspunkt ist, erfordert Fingerspitzengefühl und Mut zu klaren
Worten, denn er sollte weder zu früh noch zu spät kommen.

Nein bleibt Nein
Kinder können sehr hartnäckig sein, wenn sie ihre spontanen Wünsche durchsetzen wollen. Da ist Standfestigkeit seitens der Eltern
gefragt. Beispiel: »Du hast mich gefragt und ich habe nein gesagt. Du
hast mich noch einmal gefragt und ich habe wieder nein gesagt. Wie
oft möchtest du mich noch fragen, um zu hören, dass ich das nicht
erlaube?«

Nicht alles in Frage stellen lassen
Es tut Kindern gut, wenn sie lernen, Entscheidungen der Eltern zu
achten, auch wenn sie manchmal zurückstecken müssen. Das stellt
eine positive Lernerfahrung für Kinder dar.
   Heutzutage erleben wir jedoch vielfach, dass Eltern ständig die
Alltagsbedürfnisse der Kinder über die eigenen stellen, dass ständig
nur getan wird, was und wie das Kind es will. Dadurch lernt es intuitiv: »Meine Bedürfnisse sind wichtiger als eure Bedürfnisse.« Es
übernimmt die Steuerung und erlebt sich als »Nabel der Welt«. Solche Kinder werden tendenziell egozentrisch, despotisch und launen-

haft und es fällt ihnen später oft schwer, sich in Gemeinschaften einzugliedern und auf andere Rücksicht zu nehmen.

Ausnahmen, Regeln, Konsequenzen

Wenn nichts Wichtiges dagegenspricht, bleiben Sie bei einmal getroffenen Entscheidungen oder Vereinbarungen.

Beispiel 1:
Das Kind darf sich eine Sendung ansehen, wenn es mit der Hausübung fertig ist. Es hat getrödelt und bettelt inständig darum. Es verspricht hinterher brav fortzufahren. Bleiben Sie konsequent, bleiben Sie bei Ihrem Nein! Sie können trösten, indem Sie Erfolg in Aussicht stellen: »Nächstes Mal wirst du es bestimmt schaffen. Dann darfst du die Sendung sehen!«

Erziehungskompetenz zeigt sich vor allem auch darin, ob man sich selbst ernst nimmt. Sonst wird alles »zerdiskutiert«, viel Zeit und Energie wird verpulvert, die Atmosphäre nervös aufgeladen. Wenn Sie dies häufig zulassen, schwächen Sie die Entwicklung von Willens- und Entscheidungskraft auch beim Kind. Halten Sie sich an die »80/20-Regel«, maximal 20 Prozent Ausnahmen, und nur mit Begründung!

Konsequenzen positiv formulieren

Konsequenzen sollten durchführbar und möglichst positiv formuliert sein, sonst klingen sie eher wie Drohungen, welche naturgemäß erneut den Widerstand anstacheln und das Beziehungsklima belasten.
»Wenn du um 8 Uhr im Pyjama bist, erzähl ich dir eine
    Geschichte« anstatt
»Wenn du nicht bis 8 Uhr fertig bist,
    bekommst du keine Geschichte.«
»Wenn du die Haube aufsetzt, darfst du hinausgehen!« anstatt
»Wenn du nicht die Haube aufsetzt, darfst du nicht
    hinausgehen!« Widerstand vorprogrammiert!

Wenn Konsequenzen versteckte Drohungen sind
Meist bringt es gar nichts, Konsequenzen anzukündigen oder gar mit
Drohungen zu agieren:
»Wenn du dich nicht anziehen lässt, darfst du nicht fernsehen!« oder
»Wenn du nicht ruhig hältst, bekommst du keine Schokolade!« Das
erzeugt unangenehme Gefühle und verstärkt den Widerstand. Kleine
Kinder haben noch nicht so viel Kontrolle und Selbstbeherrschung,
um einen Aufschub ihrer momentanen Lust- oder Unlustgefühle re-
gulieren zu können. Schon allein deshalb sind solche Ankündigungen
im Grunde eine Überforderung und daher kontraproduktiv. Sorgen
Sie stattdessen dafür, dass es tut, was es soll, indem Sie die obigen
Tipps beherzigen und kooperatives Verhalten würdigen.

Wenn es um Sicherheit und Gesundheit geht
Manchmal können Konsequenzen Überforderung bedeuten: Welche
Verantwortung kann ich mein Kind schon tragen lassen?
»Wenn du nicht Zähne putzt, bekommst du Karies!«
Ich kann dem Kind nicht die Wahl lassen. Die Verantwortung ge-
hört nicht dem Kind, sondern den Eltern! Erziehungsverantwortung,
nicht Entscheidungsfreiheit ist gefragt.

Eigentor
So kann sich ein »Eigentor« anhören: »Wenn du nicht die Jacke an-
ziehst, darfst du nicht hinausgehen!« Wollen wir konsequent sein,
dann müssen wir womöglich den ganzen Nachmittag in der Stube
hocken. Wollen wir das wirklich? Wer diktiert die Bedingungen?

Ultimatum
Als letzter »Trumpf« hilft manchmal nur ein Ultimatum. Dabei dürfen
Sie nur zwischen zwei eingeschränkten Möglichkeiten wählen lassen:
»Du hast die Wahl: Jetzt Zähne putzen und Geschichte hören oder
später Zähne putzen und keine Geschichte hören!« Wenn das für Sie
keine Option ist, dann lieber: »Du hast die Wahl: Mitmachen beim
Zähneputzen oder dich dagegen sträuben. Dann kann es aber unan-

genehm sein! Denk kurz darüber nach!« Schweigen. Dann eine kurze Frage: »Bist du bereit?« Danach können Sie sanft und tröstend hinzufügen: »Gleich sind wir fertig!«

Handeln statt reden
In manchen Situationen sind Taten mehr wert als Worte.

Beispiel 1:
Sie haben Ihr Kind gebeten, ordentlich zu essen. Es hört nicht. Entfernen Sie den Teller!

Beispiel 2:
Es ist klüger, wenn Eltern ganz selbstverständlich für das Kind entscheiden: »Komm, wir ziehen uns an und gehen hinaus spazieren!«, anstatt zu diskutieren. Dann müssen die Dinge freundlich und entschlossen durchgeführt werden. Dabei hilft Verständnis und ein nettes Gespräch, indem ich dem Kind währenddessen etwas Interessantes erzähle oder ausmale, was es gleich alles erleben wird.

So wichtig die rechten Worte zur rechten Zeit, der rechte Ton und die Körpersprache auch sein mögen: Am meisten lernen Kinder aus dem guten Beispiel ihrer Eltern und am Einander-ernst-Nehmen. Nicht das, was wir sagen, zählt am meisten, sondern das, was wir tun und wie wir es tun!

Verständnis, Geduld und Konsequenz

Wie Sie wohl bemerkt haben, sind beim Folgenlernen vor allem die Grundhaltungen von Verständnis, Geduld und Konsequenz angesagt. Das sind Eigenschaften, mit denen man nicht zur Welt kommt und die Eltern in sich selbst erst entfalten müssen. Mit unseren Kindern können wir täglich trainieren und viel dabei lernen. Für diese Chance der Persönlichkeitsentfaltung sollten wir die damit verbundenen Anstrengungen gerne in Kauf nehmen.

Kapitel 7
Kinder als Verhandlungspartner

Erkläre mir und ich werde VERGESSEN.
Zeige mir und ich werde mich ERINNERN.
Beteilige mich und ich werde VERSTEHEN.

unbekannt

Moderne Eltern halten viel vom partnerschaftlichen Erziehungsstil, für den sich insbesondere Thomas Gordon in seiner »Familienkonferenz« stark gemacht hat. Wenn wir Kinder von klein an in Problemlösungen mit einbeziehen, stärken wir ihr Selbstbewusstsein, ihr Verantwortungsbewusstsein und ihre Bereitschaft zur Kooperation. Wenn sie sich solcherart ernst genommen fühlen, lassen sich viele Probleme locker und nachhaltig lösen, weil sie eher bereit sind, Lösungen, die sie selber gefunden oder denen sie persönlich zugestimmt haben, in die Tat umzusetzen. Erinnern Sie sich an das Bild mit den drei Körben? Wir befinden uns im Korb zwei, der Mitsprache oder Mitbestimmung.

Allerdings dürfen Erwachsene bei aller Partnerschaftlichkeit ihre Führungskompetenz nicht abgeben. Sie sind und bleiben hauptverantwortlich dafür, wie miteinander kommuniziert wird, welche Ergebnisse vereinbart und ob diese eingehalten werden. Im Nachfolgenden stelle ich einige Möglichkeiten vor, wie man Kinder in Problemlösungen einbinden kann. Wann diese Methoden angebracht sind und wie viel Verhandlungsspielraum Sie Ihrem Kind in der jeweiligen Situation zugestehen, das zu entscheiden können Sie ruhig Ihrer Intuition überlassen.

7.1. Mitsprache in der Situation

Wenn Probleme auftreten, neigen viele Eltern dazu, die ihrer Meinung nach beste Lösung vorzuschlagen oder zu diktieren. Es geht auch anders, insbesondere bei Problemen, welche die Kinder selbst verursacht haben. Anstatt die Lösung vorzugeben, können Sie das Kind nach einer Lösung fragen.

Hier einige Beispiele:
Robert hat die Vase kaputt gemacht.
Anstatt: »Ich zieh dir zehn Euro vom Taschengeld ab!«
Lieber: »Mach mir einen Vorschlag, wie du mir diesen Schaden ersetzen kannst!«

Die Mutter braucht Hilfe im Haushalt.
Anstatt: »Geh bitte Tisch aufdecken!«
Lieber: »Ich brauche deine Hilfe. Möchtest du Tisch aufdecken oder mir lieber beim Salatwaschen helfen?« Hier bietet die Mutter eine eingeschränkte Wahlmöglichkeit an.

Tino hat nächste Woche Schularbeit.
Anstatt: »Setz dich hin und lerne Vokabeln!«
Lieber: »Du hast nächste Woche Schularbeit und mir ist wichtig, dass du dich gut darauf vorbereitest. Mach dir einen Lernplan und zeig ihn mir nach dem Essen!«

Bei all diesen Möglichkeiten entscheidet das Kind nicht über das OB, sondern das WIE. Die Führungskompetenz und die Kontrolle bleiben bei den Eltern. Sie nehmen das Kind ernst und achten auch darauf, selbst ernst genommen zu werden.

7.2. Vor- und Nachbesprechungen

Nicht immer ist gerade jetzt der geeignete Zeitpunkt für konstruktive Gespräche, weil Sie es eilig haben, die Atmosphäre geladen ist oder Ihr Kind gerade jetzt auf Verweigerungstaktik schaltet. Anstatt auf Biegen und Brechen eine Lösung herbeizuzwingen, verzichten Sie auf den Machtkampf und geben einander »Time out«, also eine Verschnaufpause. Manchmal kann es hilfreich sein, »den Fuß in die Tür« zu stellen, indem Sie Ihren Wunsch nach einem Gespräch ankündigen.

Vorbesprechungen können helfen, konfliktträchtige Situationen im Vorfeld zu entschärfen, Nachbesprechungen dienen dazu, einen bestimmten Vorfall aufzuarbeiten, Beobachtungen einzubringen und dergleichen mehr.

Hier einige Beispiele:
Das Frühstück wurde wieder allzu hektisch eingenommen.

Vater: »Es macht mir keinen Spaß, dass wir kaum Zeit zum Frühstücken finden und den Tisch fluchtartig verlassen. Überlegen wir uns heute Abend, wie wir die Zeit am Morgen besser organisieren können.«

Mutter: »Jetzt ist Schluss mit dem Hin- und Her-Überlegen. Du ziehst die rote Jacke an, basta! Reden wir heute Abend darüber, wie das mit dem Kleideraussuchen besser funktionieren kann.«

Beim Einkaufen im Supermarkt gab es wieder Theater. Sie bringen diese stressreiche Situation so gut wie möglich hinter sich und besprechen die Sache am Nachmittag. Sie fragen Ihre Kinder, wie sie die Situation erlebt haben, was sie glauben, was für Papa schwierig daran war und wie man es nächstes Mal besser machen kann. Das setzt bereits eine gewisse Einsichtsfähigkeit seitens der Kinder voraus, aber viele Eltern werden staunen, wie gut auch schon kleine Kinder die Situation und ihr eigenes Verhalten einschätzen können. Dann bringt man die eigene Thematik auf den Punkt und macht klare Vorgaben. Vor dem Einkaufen wird besprochen, was gekauft wird, was jedes Kind selbst auswählen oder was es sich wünschen darf oder auch nicht, z. B. das Joghurt – und damit Schluss. Gibt es spontane Sonderwünsche, dann hat es zu lauten: »Papa, bitte darf ich …?« und das Kind akzeptiert die Entscheidung des Vaters, ohne zu murren. Vor dem nächsten Einkauf erinnert Papa die Kinder an die getroffene Vereinbarung, erst danach macht man sich auf den Weg. Bevor man den Supermarkt betritt, gibt es ein kurzes Signal zur Erinnerung: »Alles klar?!« Gut kommt bei Kindern auch an, wenn man eine positive Erwartungshaltung ausdrückt, z. B.: »Heute zeigt ihr mir, wie schön Einkaufen mit euch sein kann!« Hinterher sollte das gute Verhalten auch gewürdigt werden. Wenn alles schon lange problemlos läuft, so kann man doch hin und wieder vermerken: »Ich freue mich, dass ich so artige Kinder habe, mit denen ich so gut Erledigungen machen kann!« Lob kommt am besten an, wenn man es überhaupt nicht erwartet. Das motiviert Kinder ungemein. Wie schon erwähnt: Gehört nicht auch Selbstverständliches manchmal gewürdigt?

Vorbesprechungen

können in vielen Situationen hilfreich sein. Dann wissen Kinder, was auf sie zukommt und was man von ihnen erwartet, sei es beim Besuch des Restaurants, des Theaters oder des Kinderarztes.

Terminvereinbarungen

Von größeren Kindern wird es als sehr wertschätzend empfunden, wenn die Eltern fragen: »Ich möchte mit dir reden. Wann hast du Zeit?« Allein die Tatsache, dass Sie schon bei der Terminabsprache mitreden dürfen, steigert ihre Bereitschaft zum Gespräch. Zusätzlich kann man hinzufügen: »Es geht um … Denk darüber nach, welche Lösungen für dich in Frage kommen.«

Vorbereitung

Nicht nur das Kind oder der Jugendliche soll sich auf das Gespräch vorbereiten können, tun Sie es selbst auch! Überlegen Sie sich, was

Sie sich von diesem Gespräch erwarten, welche Vorschläge oder Einwände vom Kind kommen könnten und welches Resultat für Sie zufriedenstellend wäre. Dies ist insbesondere deshalb vorteilhaft, weil Kinder und Jugendliche sehr gute Rhetoriker sind, wenn es um ihre eigenen Interessen geht, und sie uns manchmal gekonnt ablenken, überreden oder gar unter Druck setzen.

Eine zweite Chance geben
Wenn eine Vereinbarung anders funktioniert als gedacht, muss man sich nicht damit abfinden. Sprechen Sie es an, geben Sie sich und dem Kind eine zweite Chance!

7.3. Die Familienkonferenz zur Problemlösung

Alle Familienmitglieder oder alle vom Thema betroffenen Personen werden zum Gespräch eingeladen. Die Atmosphäre soll einladend und genügend Zeit vorhanden sein.

Wichtig ist, dass es einen Moderator, also einen Gesprächsleiter gibt, der darauf achtet, dass alle zu Wort kommen, dass nicht vom Thema abgeglitten wird, die Zeit und die Gesprächsregeln eingehalten werden. Üblicherweise sind das die Eltern, aber bei größeren Kindern, die schon etwas Übung haben, kann diese Aufgabe durchaus auch delegiert werden. Hinterher haben die Teilnehmer Gelegenheit, dem Moderator oder der Moderatorin Rückmeldung (Feedback) zu geben, ob er oder sie diese Aufgabe gut gemacht hat. Anerkennung ist auch hier wichtig. Bei umfangreichen Themen notiert der Moderator auch Stichworte oder bittet einen anderen Teilnehmer, ein Protokoll zu führen. Dann kann er sich noch besser auf seine Aufgabe der Gesprächsleitung konzentrieren.

1) Problemsituation beschreiben

Auch hier geht es darum, das Problem kurz und bündig auf den Punkt zu bringen (Ich-Botschaft). Wenn es um Themen geht, die schon emotional geladen sind, dann gilt es, besonders darauf zu achten, nicht ausschweifend und in einem weinerlichen, klagenden, nörgelnden Tonfall (Selbstmitleid) zu beginnen, aber auch nicht mit einem anklagenden Unterton (Vorwurf) die Atmosphäre von Start weg zu belasten. Sonst schalten Kinder und insbesondere Jugendliche sofort auf Abwehr und es wird schwer sein, sie für eine konstruktive Teilnahme am Gespräch »ins Boot« zu holen. Daher sollten Eltern den Einstiegssatz gut überlegen und einmal tief durchatmen, bevor sie zu reden beginnen. Wenn Sie trotz allem einen Widerstand spüren, dann sprechen Sie es sofort an und sehen Sie es als eine Chance an, Dinge zu bereinigen.

Die 20:80 Regel: Weniger über das Problem, mehr über die Lösung reden

Es zeigt sich immer wieder, dass sich sowohl die Kleinen als auch die Großen als Experten für die Problembeschreibung sehen. Jeder weiß, warum was nicht funktioniert und man kann sich stundenlang darüber ausbreiten. Das Gespräch kann dabei sehr leicht in Rechtfertigungen und gegenseitige Schuldzuweisungen abgleiten. Halten Sie konsequent am Positivkurs fest und sagen Sie ausdrücklich, dass Sie die Zeit nicht damit vergeuden wollen, über das Problem zu reden, sondern dass Sie die Zeit konstruktiv nutzen möchten, um Lösungen zu finden. Eine goldene Regel kann lauten: maximal 20 Prozent der Zeit für die Problemanalyse, 80 Prozent für die Suche nach Lösungen.

Bei belasteten Themen sollten Eltern Raum geben, um Frust abzuladen. Zeigen Sie Verständnis, machen Sie vielleicht auch Notizen, damit nichts verloren geht. Verschiedene Sichtweisen dürfen nebeneinander stehen bleiben, ohne bewertet zu werden. Deshalb gehen Sie nicht sofort darauf ein, zeigen Sie nur Verständnis und nehmen Sie dies alles nur zur Kenntnis.

2) Zur Suche nach Lösungen einladen

»Habt ihr eine Idee?« »Was könnte da helfen?« »Wie können wir dieses Problem lösen?« Nach der Themen- und Standortbestimmung wird das Anliegen wiederholt und zur Suche nach Ideen und Lösungsvorschlägen eingeladen. Alle möglichen und »unmöglichen« Ideen dürfen Platz haben und es darf auch Spaß machen, der Fantasie freien Lauf zu lassen.

3) Ideen sammeln – Brainstorming

Hier gilt die Regel, dass die Lösungsvorschläge nur gesammelt und weder kommentiert noch bewertet werden. Bemerkungen wie »So ein Blödsinn!« oder »Das geht nicht, weil …« wirken demotivierend und blockieren die positiven Energien.

Weiters besteht die Gefahr, dass die größeren und redegewandteren Familienmitglieder als Erstes ihre Vorschläge deponieren und allein dadurch schon die Richtung vorgeben. Deshalb könnte man dazu einladen, zunächst einmal still darüber nachzudenken, vielleicht auch persönliche Notizen zu machen und dann erst mit dem Sammeln der Vorschläge zu beginnen. Jeder sagt nur eine Idee, dann kommt der Nächste dran. Es kann mehrere Runden geben, bis alle Ideen genannt wurden. Es empfiehlt sich, diese Punkte für alle gut sichtbar zu notieren. Wenn sich Lösungsvorschläge wiederholen, dann macht man nur einen Strich dazu. Wiederholen und nachfragen kann helfen, die Sache auf den Punkt zu bringen und Missverständnisse zu vermeiden. Wenn diese Ideen schriftlich festgehalten werden, dann ist auch darauf zu achten, dass die Formulierung passt und dass das Familienmitglied, von dem die Idee kommt, damit zufrieden ist. Alternative: Jede Idee auf ein eigenes Kärtchen oder Blatt schreiben.

Jeder Beitrag gehört gewürdigt. Ich erinnere mich an eine Familienkonferenz, bei der es um die familiären Anschaffungen bei knappem Budget ging. Klein Rudis Vorschlag: »Mama, sag's einfach dem Christkind!«

4) Ideen diskutieren und bewerten

»Was spricht dafür, was spricht dagegen?«
Erst in dieser Phase werden die Ideen besprochen und auf ihre Brauch-
barkeit, Vor- und Nachteile geprüft. Zwei Methoden führen zum Ziel:

Eliminieren, Ausscheiden
Man streicht alle Ideen, die nicht taugen, bis nur noch einige übrig
bleiben, über die man spricht. Allerdings besteht hier die Gefahr,
dass sich die Urheber der »unbrauchbaren« Ideen frustriert fühlen.
Emotionale Gekränktheiten sollte man keinesfalls übergehen.

Die Auswahl der Besten
Man einigt sich auf die zwei oder drei besten Ideen und diskutiert
nur über diese. Diese Methode hat den Vorteil, dass man über die
Unbrauchbaren erst gar nicht lang zu reden braucht. Das hilft, Zeit
und Energie zu sparen.

5) Sich gemeinsam auf die beste Lösung einigen

Auch das fällt nicht immer leicht, weil unterschiedliche Familienmitglieder unterschiedliche Interessen haben. Um zum Ziel zu kommen, wird es häufig notwendig sein, nach den dahinterliegenden Bedürfnissen oder Befürchtungen zu fragen, Kompromisse zu suchen
und darüber zu verhandeln.

Manchmal stellt man fest, dass es noch an Informationen fehlt,
um eine Entscheidung zu treffen. Dann muss diese vertagt werden.
Das hilft auch dann, wenn die Familie ein »time-out«, also eine
Nachdenkpause braucht, weil die Debatte zu hitzig wurde und die
Vorstellungen noch zu weit auseinanderliegen.

6) Die Planung der Umsetzung – Wer macht was?

Die beste Lösung taugt nicht, wenn sie so allgemein formuliert wurde, dass sich womöglich keiner dafür zuständig fühlt. Deshalb muss sie ganz konkret und praktisch in allen Einzelheiten ausformuliert werden. Wenn es beispielsweise um neue Regeln und Tagesabläufe geht, so muss ganz klar sein, wer was wann und mit wem macht und wer auf die Einhaltung achtet.

7) Konsequenzen vereinbaren

Was passiert, wenn die Vereinbarungen nicht eingehalten werden? Welche Konsequenzen ergeben sich daraus? Man mag einwenden, dass diese Frage als Misstrauensvotum verstanden werden könnte, aber es kommt darauf an, wie man es darstellt. Wenn klar ist, wer auf die Einhaltung achtet, und man sich gleich zu Beginn, noch voller positiver Energien, auf die Konsequenzen bei Nichteinhaltung einigt, dann erspart man sich hinterher Diskussionen, die erst recht wieder zum Streit führen. Konsequenzen sollten Kindern ein vertrautes Erziehungsmittel sein, weil man einander ernst nimmt. Selbstverständlich sollten auch Eltern bereit sein, Konsequenzen zu tragen. Das unterstreicht die Paktfähigkeit beider Seiten und sie gehen mit gutem Beispiel voran.

8) Probezeit vereinbaren

Bei Lösungen, die längere Zeit gelten sollen, kann es sinnvoll sein, die gefundene Lösung über einen vereinbarten Zeitraum zu testen. Denn oft zeigt sich erst in der Praxis, ob die Lösung wirklich praktikabel und optimal ist. Wenn sich ein Familienmitglied unwohl oder benachteiligt fühlt, sollte es die Möglichkeit geben, nachzuverhandeln. Dann wird die Vereinbarung entsprechend angepasst. Sie gilt so lange, bis neu verhandelt wird, weil die Kinder größer geworden sind oder sich die Umstände geändert haben.

9) Die Lösung feiern – Engagement oder Verzicht würdigen

Weil gerade Familienkonferenzen sehr viel positive Kraft und Motivation ins Familienleben bringen und die Entwicklung der Kinder nachhaltig begünstigen, sollten die kleinen Errungenschaften im Familienleben angemessen gefeiert werden. Das muss nichts Großartiges sein, vielleicht verkünden die Eltern bloß beim Abendessen: »Wir gratulieren einander zur gefundenen Lösung! Prost! Danke, dass ihr eure Ideen eingebracht habt und bereit wart, so lange zu verhandeln!« Nehmen wir es nicht als selbstverständlich, wenn Kinder bereit sind, sich für etwas zu engagieren oder auf etwas zu verzichten. Es bedarf der elterlichen Anerkennung, damit diese Tugenden nachhaltig den Charakter des Kindes formen können.

7.4. Die Familienkonferenz als Dauereinrichtung

Es muss nicht erst gewartet werden, bis Probleme auftreten. Die Familienkonferenz oder der Familienrat kann auch wie regelmäßige Teamsitzungen zur Dauereinrichtung werden. Ein geeigneter Zeitpunkt sollte festgelegt und für alle Familienmitglieder verbindlich sein. Diese Termine sind mindestens genauso wichtig wie berufliche Termine. Wenn Kinder größer werden und jeder schon sein eigenes individuelles Programm hat, wenn Mutter und Vater viele berufliche Termine wahrzunehmen haben, sollten diese Termine gerade dann einen fixen Platz im Terminkalender aller Familienmitglieder haben, die man ohne triftigste Gründe nicht auslassen darf. Das erfordert Willen und Disziplin von allen Beteiligten, denn das Leben beinhaltet für jeden eine Fülle von Aktivitäten. Besonders Jugendliche sind verständlicherweise immer stärker außerfamiliären Interessen zugewandt. Und trotzdem: Solange man unter einem Dach wohnt, gibt es immer Gemeinsamkeiten, die zu besprechen und zu koordinieren sind.

Die Wünsche-Beschwerden-Anfragen-Schachtel

Zu den vielen Terminen noch ein zusätzlicher? Hat man dafür überhaupt noch Zeit? Ich bin der Meinung, dass gerade eine regelmäßige Familienkonferenz hilft, Zeit zu sparen. Man muss nämlich nicht jede Kleinigkeit oder Unstimmigkeit in der Sekunde lösen, sondern man kann eine Notiz machen und in eine dafür vorgesehene Schachtel oder Mappe legen, damit nichts verloren geht.

Kleinere Kinder lieben es, so eine Schachtel oder Mappe zu basteln oder zu verzieren und fühlen sich sehr ernst genommen, wenn sie ihre Anliegen dort deponieren können. Das können auch Zeichnungen oder Symbole statt Worte sein, die an den Inhalt erinnern. Eltern oder Geschwister können die Kleineren dabei unterstützen. Manche Probleme sind vielleicht schon dadurch gelöst, dass man sich Luft machen kann, indem man sie zu Papier bringt.

Der Ablauf

Die Eltern schaffen die passenden Rahmenbedingungen und bemühen sich, eine angenehme Atmosphäre herzustellen, damit sich jeder wohlfühlen kann. Man einigt sich auch auf die vorgesehene Zeit und achtet darauf, sie nicht ohne Rücksprache zu überschreiten.

Wenn alle Anfragen auf dem Tisch liegen, werden sie thematisch sortiert und man vereinbart eine Prioritätenliste. Manche Anliegen wiederholen oder überschneiden sich vielleicht, andere haben sich inzwischen von selbst gelöst oder erübrigt. Andere wieder werden vielleicht auf später verschoben, weil sie noch nicht dringend sind und das Zeitbudget nicht ausreicht. Bei manchen Problemen kann es auch sein, dass sich ein Vieraugengespräch besser dafür eignet.

Die Befindlichkeitsrunde

Familie ist vor allem eine emotionale Angelegenheit, ein emotionaler Kochtopf sozusagen, denn nirgends ist man einander näher als in der Familie. Die wertvollste Aufgabe dieser kleinsten sozialen Zelle ist es, ein Ort oder ein Refugium zu sein, an dem alle Familienmitglieder sich wohlfühlen können.

Darum ist es wichtig, dass zunächst einmal jedes Familienmitglied sagen kann, wie es ihm geht. Das muss nicht lange dauern und kann recht lustig sein. Kinder müssen erst lernen, über Gefühle zu sprechen, manche Erwachsene haben es schon wieder verlernt. Wir können uns mit Symbolen helfen, die da sein können:

- Ein Würfel: Zeige anhand der 6 Punkte, wie gut es dir geht!
- Lustige Smiley-Zeichnungen: Sie helfen, Befindlichkeiten auszudrücken, ohne viele Worte
- Wetterbericht: von strahlendem Sonnenschein bis Eis, Sturm und Hagel
- Bilder, die als Symbole dienen: Landschaften, Blumen etc.
- Tierbilder oder -figuren
- Kleine Gegenstände, auch Spielsachen, die als Symbole dienen: die »Krims-Krams«-Schachtel
- Es reicht auch, einfach zu sagen: »Heute fühle ich mich wie ....«

Auf diese Weise können Dinge mitgeteilt und Verständnis füreinander erzeugt werden. Die Mitteilungen über Befindlichkeiten sollten weder kommentiert noch diskutiert werden. Allerdings können Eltern nachfragen: »Was könnte dir helfen, dich besser zu fühlen?« und das Gesagte einfach zur Kenntnis zu nehmen. Es ist gleichzeitig auch eine Übung im Einander-Zuhören, Einander-Raum-Geben und Sich-Zurücknehmen.

Das Würdigungsritual

Damit Kinder sich gut fühlen, brauchen sie ausreichend Anerkennung dafür, dass sie sind, wie sie sind. Das hebt ihre Laune und baut ihr Selbstwertgefühl auf. Darum ist es ein froh machendes und hilfreiches Ritual, einander Anerkennung zu schenken. Jedes Familienmitglied wird aufgefordert, etwas Freundliches über die anderen zu sagen.

Beispiele:
Der Bruder sagt zur Schwester: »Ich freue mich, dass du mir gestern bei der Hausübung geholfen hast.« Die Schwester zum Bruder: »Danke, dass du heute auf mich gewartet hast.« Die Mama sagt über ihren Sohn: »Der Thomas war gestern ein vorbildlicher Verlierer beim Mensch-ärgere-dich-nicht-Spiel. Das erfordert ganz schön viel Selbstbeherrschung!« Der Papa zur Mama: »Ich freue mich, dass du so gut für uns kochst!«

Einander freundliche Dinge zu sagen schafft Verbundenheit und ist besonders dann wichtig, wenn zwischen Kindern häufig gestritten wird und ihr Verhalten den Eltern Sorgen bereitet. Wenn ein Kind schlechte Noten in der Schule hat, kann es helfen, einfach zu sagen: »Ich freue mich, dass die Susi wieder gesund ist!« Positives oder auch »das Gute am Schlechten« zu würdigen ist viel wirkungsvoller, als ständig Probleme zu wälzen und allzu häufig Fehlverhalten zu kritisieren. Das Positive hervorzuheben bringt die Stärken und Bemühungen des Kindes ans Licht. Wer genügend Streicheleinheiten bekommt, hat weniger Frust und hat es somit auch nicht notwendig, durch Anecken aufzufallen. Es ist bemerkenswert, wie sehr man Kinder mit kleinen Beobachtungen überraschen und erfreuen kann: »Peter hat gestern seine Spielsachen eingeräumt, ohne dass ich ihn daran erinnern musste!« Das Würdigungsritual tut auch uns Erwachsenen gut. Bestimmt hat es auch einen positiven Effekt auf Ihre Partnerschaft. Allerdings wirkt es nur dann, wenn es echt ist. Man muss auch wirklich meinen, was man sagt, und darf nicht »zu dick« auftragen, sonst wirkt es gekünstelt. Dieses Ritual taugt nur dann, wenn man sich dabei wohlfühlt. Größere Kinder könnten es auch peinlich finden.

Themenbesprechung
Die durch die Befindlichkeitsrunde und das Würdigungsritual erzeugte gute Stimmung hilft, die Themen konstruktiv und effizient zu besprechen, einander zu informieren, zu helfen, Probleme zu

beheben und Pläne zu schmieden etc. Der Ablauf ist wie im vorherigen Kapitel.

Auf den Zeitplan achten

Auch kleine Geschwister lieben es, wenn alle beisammen sind. Allerdings muss ihre Teilnahme auf das zumutbare Ausmaß beschränkt bleiben. Während die Großen reden, kann das Kleinkind auf Mamas Schoß sitzen oder sich im passenden Abstand mit seinem Spielzeug beschäftigen. Es soll sich als wertvoll und dazugehörig empfinden können.

Die Eltern achten auch darauf, dass bei der Familienkonferenz möglichst alle Störfaktoren ausgeschaltet sind, dass kein Fernseher daneben die Aufmerksamkeit ablenkt, die Mobiltelefone ausgeschaltet sind und dass man sich einfach für diese kurze Zeit voll aufeinander einlässt und einander vermittelt: »Du bist mir wichtig!«

Somit erfahren alle in regelmäßigen Abständen, wie es den anderen Familienmitgliedern geht, man muss es nicht jedem extra erzählen. Missverständnisse und Eifersüchteleien kommen meist erst gar nicht auf, man spart viel Zeit, weil es weniger Streit gibt. Umwege und Fehlentscheidungen werden weitgehend vermieden, weil sich Probleme erst gar nicht lange aufstauen. Meinen Sie noch immer, Sie hätten für die Familienkonferenz keine Zeit?

Ideal ist es, wenn sich die Eltern nach solchen Gesprächen auch noch Zeit nehmen, mit den Kindern zu spielen, etwas Schönes mit ihnen zu unternehmen, die nächste Mahlzeit vorzubereiten und einzunehmen oder einfach nur den Abend mit einem schönen Gute-Nacht-Ritual ausklingen lassen. Die Kinder fühlen sich wichtig, sicher und geborgen, die Eltern haben Freude mit ihren Kindern, die sich gut und »pflegeleicht« entwickeln werden.

Das Familienleben bekommt durch solch regelmäßige Gespräche die Kraft, die wir uns alle wünschen, damit Familie ein Ort zum Wohlfühlen, Entspannen und Auftanken wird.

7.5. Mentor-Gespräche

Damit sind regelmäßige Gespräche gemeint, die ein Elternteil mit jeweils nur einem Kind führt. Sie lassen sich mit Mitarbeitergesprächen in Firmen vergleichen, die dazu dienen, das persönliche Wohlfühlbarometer, die Motivation und die Leistungsfähigkeit der Kinder zu begünstigen. Sie unterstützen daher die kindliche Entwicklung und Persönlichkeitsentfaltung.

Diese Gespräche, die nicht länger als eine halbe Stunde oder eine Stunde dauern sollten, eignen sich besonders für Elternteile, die nicht mit der täglichen Erziehungsaufgabe betraut sind, um im Kontakt zu bleiben und Interesse und Anteilnahme zu bezeugen. Sie sagen dem Kind zwischen den Zeilen: »Du bist mir wichtig!« Wenn Kinder größer werden und Eltern die Selbständigkeit unterstützen wollen, können sie anstatt der täglichen Hausübungskontrolle solche Gespräche einführen, die von der Gesprächstechnik her ganz wie Coaching-Gespräche ablaufen können. Obwohl sich diese Gespräche hervorragend zur Leistungssteigerung eignen, ist es wichtig, dass nicht die Leistungen des Kindes, sondern sein Wohlbefinden und seine Person als Ganzes im Mittelpunkt stehen. Das könnte man so ausdrücken: »Schule ist wichtig. Aber noch wichtiger ist mir, dass du dich wohlfühlst.«

Folgende Fragen könnten bei solchen Gesprächen passen:
- »Wie geht es dir?«
- »Was hast du Schönes erlebt vergangene Woche?«
- »Gab es Erfolgserlebnisse? Gab es Schwierigkeiten?«
- »Konntest du umsetzen, was du dir vorgenommen hast?«
- »Was sind deine Ziele für nächste Woche? Nächsten Monat?« Besprechen Sie mit dem Kind gemeinsam einen Plan für die Umsetzung.

Wichtig bei diesen Gesprächen ist es vor allem, dass das Kind ausreichend Gelegenheit bekommt, seine Erlebnisse aus seiner Sicht zu schildern und selbst zu beurteilen. Daher müssen Sie sich Zeit zum Zuhören nehmen. Diese Gespräche sollten nicht nur dann geführt werden, wenn es Spaß macht, sondern es erfordert auch Mut, kleinere Durststrecken durchzustehen. Der Schlüssel zum Erfolg liegt vor allem in der Regelmäßigkeit.

Wenn etwas zwischen den beiden nicht stimmt, muss dies angesprochen werden. Störungen haben Vorrang! Sie müssen ausgeräumt werden.

Nachdem Sie jetzt schon viele Möglichkeiten kennengelernt haben, wie Sie in Ihrer Familie Wohlfühlatmosphäre schaffen und Ihren Kindern zu Freude und Erfolg verhelfen können, werden wir uns im nächsten Kapitel mit dem Konfliktmanagement befassen, denn auch Konflikte sind ein natürlicher Bestandteil in jeder Familie. Sie sollten nicht peinlich vermieden, sondern als Chance gesehen werden, Unstimmigkeiten aus dem Weg zu räumen und die Wohlfühlatmosphäre wieder herzustellen.

Kapitel 8
Konfliktmanagement

Auch aus Steinen,
die einem in den Weg gelegt werden,
kann man Schönes bauen.

Johann Wolfgang von Goethe

8.1. Konfliktregelung durch Konfrontation

In Kapitel 4 und 5 (Grenzensetzen und hilfreiche Methoden) haben wir uns ausführlich damit beschäftigt, wie wir kommunizieren können, damit Kinder unsere Anliegen ernst nehmen und befolgen, in Kapitel 6 (Mit Kindern verhandeln) haben wir uns überlegt, wie wir Probleme schon im Vorfeld partnerschaftlich lösen können.

Was ist aber, wenn dies nicht gelingt? Angenommen Sie haben eine Ich-Botschaft gesendet, nach allen Regeln der Kunst, aber Ihr Kind folgt dennoch nicht? Es hat andere Bedürfnisse und Interessen als Sie und nimmt die Ihren nicht ernst genug. Dann haben wir einen Konflikt! Konflikte sind ein ganz natürlicher und wesentlicher Bestandteil zwischenmenschlicher Beziehungen. Dabei geht es meist um die Frage: Wer setzt sich durch? Für Kinder ist es ganz wesentlich, dass sie lernen, sich durchzusetzen. Bei wem wollen sie das trainieren? Natürlich bei den Eltern. Wir haben das Privileg, ihr bevorzugter Reibebaum zu sein. Das ist nicht tragisch, solange wir es nicht persönlich nehmen, sondern als ganz normalen Teil des Erziehungsalltags. Konflikte müssen also nicht peinlich vermieden werden, sondern wir müssen lernen, sie so abzuwickeln, dass dabei die Würde und Bedürfnisse beider Seiten gewahrt bleiben. Wo es sich reibt, entsteht Wärme, da spürt man einander, das brauchen unsere Kinder. Doch ist es in unserer Verantwortung, dass Konflikte mit Verständnis und Fairness ausgetragen werden, dass sie als Chance wahrgenommen werden, ein neues Gleichgewicht wieder herzustellen. Dazu brauchen Eltern Achtsamkeit, ein gutes Selbstwertgefühl, das auch der eigenen Intuition vertraut, und eine Portion Führungskompetenz.

Die Konfrontation in drei Schritten

Wenn uns etwas am Verhalten unseres Kindes nicht passt, müssen wir es konfrontieren, also die Auseinandersetzung suchen. Die Herausforderung besteht darin, Kritik so zu äußern, dass nicht die Person verletzt, sondern ihr Handeln als nicht akzeptabel bezeichnet wird.

Als kommunikatives Werkzeug eignet sich dazu die schon beschriebene **Ich-Botschaft,** um auf den Punkt zu bringen, was uns stört:

a) Die Situation wertfrei, ohne Vorwurf oder beschuldigenden Unterton beschreiben, z. B.: »Ich habe dir erlaubt, ein Keks zu essen. Während ich telefonierte, hast du aber die ganze Packung heruntergeholt und aufgegessen.«

b) Schildern Sie die Auswirkungen auf Sie persönlich und die Gefühle, die das Verhalten des Kindes bei Ihnen auslöst: »Ich ärgere mich, weil du jetzt keinen Hunger auf das Mittagessen mehr haben wirst und heute Nachmittag nichts mehr da ist, wenn wir Besuch kommen. Ich bin enttäuscht, wenn ich mich nicht auf dich verlassen kann.«

c) Artikulieren Sie eigene Wünsche und Erwartungen: »Mir ist wichtig, dass du dich an mein Wort hältst, auch wenn es dir schwerfällt.«

Idealerweise wird sich nun das Kind entschuldigen und versprechen, dass es sich künftig nicht mehr an den Keksen vergreifen wird. Dann braucht man dies nur noch zu akzeptieren, zu verankern und mögliche Konsequenzen für einen eventuellen Rückfall anzukündigen oder zu vereinbaren. Damit ist die Sache erledigt.

Zwischen b) und c) könnte man auch eine Pause machen, um die Reaktion des Kindes abzuwarten und ihm die Möglichkeit zu geben, einzulenken oder von sich aus Lösungsvorschläge zu machen.

Widerstände und Einwände behandeln

Wenn das Kind aber trotz wohlformulierter Botschaften nicht einlenkt, dann ist der Konflikt nicht gelöst, sondern ein Widerstand kommt uns entgegen. Da empfiehlt es sich, wie folgt zu reagieren:

»Sich mit dem Widerstand verbünden«

Der Widerstand kann sich als Abblocken, Angriff, Rechtfertigung oder als Ausrede präsentieren. »Sich mit dem Widerstand verbünden« bedeutet, auf die hinter dem Widerstand liegenden Gefühle und Bedürfnisse einzugehen, indem wir auf aktives Zuhören umschalten, statt gleich mit Argumenten zu kontern. Sätze wie »Jetzt sei doch vernünftig!« »Du musst doch verstehen …!« bringen gar nichts. Nein, gar nichts muss ich verstehen, wenn ich nicht will!

Wenn das Kind sich nicht zuerst ernst genommen und angenommen fühlt, ist es weder fähig noch bereit, auf Mamas oder Papas Argumente zu hören. Dann steigert man sich hinein, bis keiner mehr zuhört. Vergebliche Mühe! Zugegeben, es ist nicht leicht, zuerst Verständnis für die Situation des anderen zu zeigen, wenn man selbst ein Problem hat und emotional aufgeladen ist. Das erfordert ein bewusstes Sich-Beherrschen, wie wir es von Kindern nicht erwarten können, fällt es doch auch uns Erwachsenen schwer.

Im oben begonnenen Fallbeispiel könnte das Kind folgenden Einwand bringen: »Aber die Lisa hat auch mehr Kekse bekommen!« Hinter diesem Einwand, der einen indirekten Vorwurf enthält

(»Du gibst der Lisa mehr als mir!«), steckt das Bedürfnis des Kindes nach mehr Keksen und mehr Zuneigung, aber auch das Bedürfnis, sich durchzusetzen, indem es zum Beispiel versucht, mich durch die Erzeugung eines schlechten Gewissens zu manipulieren. Nun kann helfen:

»Übersetzen« – Das bedeutet, Wünsche und Bedürfnisse herausfiltern durch aktives Zuhören

Das könnte sich etwa so anhören: »Du hast das Gefühl, benachteiligt zu sein ...« oder »Du warst mit meinem Verbot ganz und gar nicht einverstanden, darum ist es dir schwergefallen, dich daran zu halten ...«

Wichtig: Machen Sie sich bewusst, dass jeder Vorwurf auch ein verstecktes Bedürfnis oder eine Bitte enthält, welche aus der Sicht des Kindes völlig berechtigt und verständlich ist. Daher können Sie durch eine bewusste, auf das Positive ausgerichtete »Übersetzung« den Konflikt entschärfen und die Atmosphäre positiv beeinflussen.

Zuhören, nachfragen, ausreden lassen

Nun geht es wieder um Zuhören, Nachfragen, Ausredenlassen, um das Eingehen darauf, was der andere sagt. Es kommt nicht darauf an, ob Ihr Kind recht hat oder nicht, es kommt darauf an, ob es sich verstanden fühlt. Deshalb ist die Anwendung des aktiven Zuhörens gerade im Konfliktfall von großer Bedeutung. Das muss man aber trainieren, denn unser erster Reflex ist meist eine Abwehr.

Zu Ihrem Anliegen zurückkehren

Das können Sie tun, indem Sie wieder eine Ich-Botschaft vorbringen und die Sache auf den Punkt bringen. Reden Sie darüber, wie der Vorwurf bei Ihnen ankommt, welche Gefühle er bei Ihnen auslöst. Erst dann ist Ihr Kind in der Lage, auf Ihre Argumente, Bitten, Anweisungen oder Verbote zu hören.

Bestätigung einholen und abhaken

»Hast du das verstanden? Kann ich mich auf dich verlassen?«
Wenn Ihr Kind bestätigt, ist die Sache erledigt und abgehakt: »Gut,
dann ist das für mich erledigt!«

Im Falle des Falles: Konsequenzen ankündigen oder vereinbaren

»Wenn du dir wieder ungefragt davon nimmst, musst du morgen darauf verzichten!« Kinder müssen wissen, dass unseren Worten Taten
folgen, nur so können sie uns ernst nehmen.

Einen positiven Ausklang schaffen

»Du kannst wieder spielen gehen!« oder »Komm, hilf mir beim Tisch-
decken!«

Kinder können sehr erleichtert und innerlich dankbar sein, wenn
das befürchtete Schimpfen oder Strafen ausbleibt. Darum ist der
gute Ausklang eine sehr starke Motivation zur Besserung.

Beispiele mit konfrontierenden Ich-Botschaften

Luisa, 3 Jahre, spielt mit Töpfen am Küchenboden.
Die Mutter hat es eilig, weil Besuch kommt.

Dialog A:

MUTTER: »Schau, Luisa, kannst du bitte damit aufhören, das stört
mich beim Kochen! Wenn du spielen magst, dann geh doch bitte
in dein Zimmer!«

LUISA: »Nein, ich mag nicht!«

MUTTER: »Schau, in deinem Zimmer hast du viel Platz zum
Spielen!«

LUISA: »Ich mag aber nicht alleine spielen! Spielst du mit mir?«

MUTTER: »Ich muss jetzt kochen! Ich kann jetzt nicht.« Die Mutter
trägt sie weg.

LUISA: »Huuh!«, heult.

Wie mag es weitergehen? Die Mutter hat sich in eine harte Auseinandersetzung hineinmanövriert, weil sie nicht auf den Widerstand Luisas eingegangen ist und keine Kompromisse angeboten hat. Entweder die Mutter bleibt hart und lässt Luisa heulen, bis sie sich beruhigt hat, oder sie gibt nach, weil sie das herzzerreißende Weinen nicht aushält. Das eine bedeutet Frust, das andere ein Stück verlorene Autorität.

Dialog B: Lieber so:
MUTTER: »Schau, Luisa, ich muss mich beim Kochen beeilen. Wir bekommen Besuch, da stören mich deine Töpfe. Du musst sie jetzt einräumen. Du hast die Wahl: Du kannst in deinem Zimmer spielen oder mir hier beim Kochen helfen.«
LUISA: »Ich mag bei dir bleiben.«
MUTTER: »Gut. Zuerst räumen wir ein, dann setzt du dich zum Tisch und bekommst eine Schüssel und alles, was du brauchst zum Helfen!«
LUISA: »Fein, Mama, das machen wir!«

Die Mutter hat das Problem klar auf den Punkt gebracht und eine eingeschränkte Wahlmöglichkeit angeboten. Luisa fühlt sich wertgeschätzt und kann aktiv entscheiden. Das ist eine gute Basis für ihre Bereitschaft zur Kooperation. Luisas Wunsch wird erfüllt, die Führungskompetenz bleibt bei der Mutter.

Anna, 7 Jahre, mag nicht ins Bett gehen.

Dialog A:
VATER: »Anna, es ist jetzt Schlafenszeit. Gehst du bitte ins Bett?«
ANNA: »Ja, aber …«

Der Vater hat die Sachlage kurz und bündig beschrieben, aber leider mit einer Frage beendet. Das lädt förmlich ein zum Widerspruch.

Dialog B:

VATER: »Anna, es ist jetzt Schlafenszeit. Komm, wir gehen Zähne-putzen! Danach machst du dich fertig zum Schlafengehen!«
Gegebenenfalls kann es eine kurze Verhandlungsphase geben, dann ist konsequentes Handeln angesagt. Danach gibt es das gewohnte Gute-Nacht-Ritual und beide sind glücklich.

Matthias, 11 Jahre, hat den Hammer in der Wiese vergessen.

Dialog A:

VATER: »Du schau, Matthias, der Hammer liegt in der Wiese!«
 (Feststellung ohne Vorwurf)
MATTHIAS: »Oh, das war ich, ich habe ihn vergessen!«
 (Problemloses Eingeständnis)
VATER: »Räum ihn dann weg!« *(Das Wort »dann« ist zu vage.*
 Prompt folgt eine Verzögerungstaktik)
MATTHIAS: »Später!« *(ein Klassiker: Kinder haben verständlicherweise*
 immer etwas Wichtigeres zu tun)
VATER: »Ich hätte ihn gern wieder auf dem Platz!«
 (Weichmacher »hätte«)
MATTHIAS: »OK, ich räum ihn nachher weg!« *(Die gute Absicht ist*
 da. Was »nachher« wohl für Matthias bedeutet?)

Der Beginn des Dialogs war konstruktiv, danach geht es vage weiter. Am Ende ist offen, wann und ob der Hammer überhaupt wieder auf seinen Platz findet. Wenn nicht, dann ist der Keim für den nächsten Ärger schon gelegt – weil Kinder mit zu viel Unverbindlichkeit über-fordert sind.

Dialog B:

VATER: »Du schau, Matthias, der Hammer liegt in der Wiese!«
MATTHIAS: »Oh, das war ich, ich habe ihn vergessen!«
VATER: »Räum ihn jetzt weg!«
MATTHIAS: »Ich kann jetzt nicht, ich mach es nach der Hausübung!«

Der Vater hat nun die Wahl: Entweder er besteht auf sofortige Erledigung oder er akzeptiert die vorgeschlagene Lösung, baut aber einen Kontrollmechanismus ein, z. B.

VATER: »Gut, ich verlasse mich auf dich! Informiere mich, wenn du es erledigt hast!«

Nach Erledigung des Auftrags: »Danke. Und bitte denk' nächstes Mal gleich daran, dass jedes Ding sofort auf den Platz gehört, sobald du es nicht mehr brauchst!«

MATTHIAS, gutmütig: »Ja, Papa!«

Wie in Dialog A hat der Vater einen klaren Auftakt gemacht. Dann geht er auf den Vorschlag des Sohnes ein, knüpft eine positive Erwartung daran (»Ich verlass mich auf dich!«) und baut eine »Meldepflicht« ein, die dieser bereitwillig akzeptiert. Danach gibt es eine Anerkennung (»Danke!«) und eine kleine »Lektion«, die der Sohn bereitwillig akzeptiert. Der Vater behält die Führungskompetenz, der Sohn fühlt sich gut und ernst genommen und hat kein Problem damit, dem Auftrag des Vaters nachzukommen.

8.2. Wenn Sie angegriffen werden: Vom Umgang mit Vorwürfen

>*Wem du die Schuld gibst,*
gibst du die Macht!«
Bodo Schäfer

Ob wir wahrhaft konfliktfähig sind, zeigt sich daran, wie wir reagieren, wenn wir glauben, dass uns Unrecht geschieht.

Wir wissen, dass es nicht leicht ist, die richtigen Worte zu finden, um zu erreichen, was man will, oder um zu sagen, was einen stört. Aber wenn wir den Auftakt machen, so haben wir doch die Chance, uns vorzubereiten, den passenden Zeitpunkt und die passenden Worte im Voraus zu überlegen. Diese Chance haben wir nicht, wenn wir angegriffen werden, wenn wir unvorbereitet mit Beleidigungen oder Vorwürfen wie mit einer kalten Dusche plötzlich überschüttet werden.

Drei klassische Reaktionsformen auf Vorwürfe

Die drei klassischen Reaktionsformen, welche den Konflikt meist verschärfen, sind Verharmlosung, Rechtfertigung und Gegenangriff.

Verharmlosung
Redewendungen wie »Das macht ja nichts«, »Ist ja nicht so schlimm«, »Geh, tu dir doch nichts an!«, »Was regst du dich wegen so einer Kleinigkeit gleich auf!« sollen zur Beschwichtigung dienen, lösen beim Gegenüber aber eher Zorn aus, weil es sich nicht ernst genommen fühlt.

Rechtfertigung
Rechtfertigungen sind das beliebte Reaktionsmuster von Menschen, die allzu friedfertig sind. Oft wollen sie ja nur eine Begründung liefern, um den Angreifer zu besänftigen, zum Beispiel: »Das habe ich nur gemacht, weil …«. Wenn dieser jedoch aggressiv geladen ist, braucht er zuerst eine emotionale Entlastung. Durch die Rechtfertigung fühlt er sich jedoch weder gehört noch angenommen. Außerdem deutet er die Rechtfertigung als Schwäche des Gegenübers, die in dieser Konstellation aggressiv macht. Infolgedessen wird er nochmals »ein Schäuferl« drauflegen und sich auf seinen »berechtigten« Ärger versteifen, worauf eine weitere Rechtfertigung oder eine ärgerliche Reaktionsweise die Eskalation vorantreibt.

Gegenangriff
Viele Menschen sind von Haus aus der Überzeugung »Angriff ist die beste Verteidigung«, weil sie sich »nur ja nichts gefallen lassen« wollen, und rüsten auch bei berechtigter Kritik gleich zum Gegenangriff. Dass eine solche Reaktionsweise in einen Machtkampf mündet, ist eine logische Folge.

Das Charakteristische für die Konflikteskalation ist unter anderem, dass es lauter und hitziger wird, weil ich mich vom anderen unverstanden, verletzt, gedemütigt oder angeklagt fühle. Argumente und Gegenargumente prallen aufeinander, dienen als Munition und werden immer schneller hin und her geschickt. Dadurch sind beide Seiten immer weniger bereit und in der Lage, auf den anderen einzugehen.

8.3. Fallbeispiel »Stinkstiefel!«

»*Nur der Unwissende wird böse.*
Der Weise versteht.«
Indische Weisheit

Schauen wir uns eine Vorwurfssituation an, wie sie allen Eltern mit Kindern passieren kann. Ich habe absichtlich eine Situation aus dem zarten Kindesalter gewählt, die es uns relativ leicht macht, Verständnis und Einfühlungsvermögen aufzubringen.

Situation: Die Eltern haben gute Freunde eingeladen und unterhalten sich angeregt den ganzen Nachmittag. Nach einer Weile kommt der 5-jährige Maxi, stellt sich wütend vor sie hin und schreit: »Ihr seid ein Haufen gemeiner, dreckiger Stinkstiefel! Ich hasse euch!«
Wie würden Sie reagieren? Die meisten Eltern antworten zunächst einmal: »Wie erlaubst du dir, so mit uns zu reden! Weißt du nicht, wie du dich benehmen sollst?« Oder: »Sei nicht so frech! Geh in dein Zimmer, bis du dich wieder benehmen kannst!« Diese Äußerungen gehen von der eigenen Betroffenheit aus und wählen zur Verteidigung den Gegenangriff. Eine Lösung wird darin gesucht, dem Kind gutes Benehmen beizubringen. Angepasstes Verhalten wird gewünscht, die Wahrung des Respekts und des guten Rufes. Was werden die Freunde denn jetzt denken?

Einfühlungsvermögen ist gefragt

Kaum einer überlegt sich, was in diesem Knaben vor sich gegangen sein mag: Er ist über lange Zeit nicht beachtet worden, fühlt sich abgeschoben, unwichtig, wertlos, ungeliebt. Sein Bedürfnis nach Aufmerksamkeit ist den Eltern entgangen, seine schüchternen Versuche blieben unbemerkt. Wenn jetzt sein Frust aus ihm herausbricht, ist auch das nicht erlaubt: Er möge sich beherrschen, »ordentlich« benehmen, entschuldigen und wieder »Ruhe« geben. Gefühlsstau wird verordnet. Das ist ungesund! Es führt zu innerer Aggression, die sich dann zusammenhanglos, scheinbar unbegründet und unpassend nach außen entlädt (Kind geht aggressiv mit Spielkameraden um etc.) oder nach innen (Kind zieht sich zurück, ist gehemmt, fühlt sich unsicher und wertlos). Die letztgenannte Haltung ist noch schädlicher und bleibt lange unbemerkt, weil das Kind ja »brav« ist.

Deeskalation: So bringen Sie Ihr Kind wieder »runter«

Ja, wie können Eltern tatsächlich auf so heftige Äußerungen reagieren? Sie einfach hinnehmen und tolerieren kann doch auch nicht das Wahre sein?! Doch bevor Sie das Verhalten Ihres Kindes tadeln, ist es wichtig, dass Sie zunächst auf seine Emotionen eingehen. Diese müssen ausgedrückt werden dürfen. Sie können Ihrem Kind dabei helfen, dies in zivilisierter Weise zu tun, durch aktives Zuhören, z. B.: »Du bist jetzt aber ganz schön wütend … Mir kommt vor, du hast dich den ganzen Nachmittag vernachlässigt gefühlt …« Schauen Sie Ihr Kind an oder nehmen Sie es in die Arme und lassen Sie es alles »ausspucken«, was es auf der Seele hat. Das wird noch etwas heftig sein und sich sehr vorwurfsvoll anhören, denn der »Stinkstiefel« war ja nur die »Spitze des Eisbergs«, das Ventil. Der ganze Dampf muss jetzt heraus! Warten Sie ab, bis Ihr Kind fertig ist und einen Seufzer der Erleichterung ausstößt. Das tut gut, das ist gesund! Wenn Sie genau hinhören, werden Sie merken, dass Ihr Kind bereits von der Du-Botschaft (Beleidigung) abgekommen ist und Ich-Botschaften (es sagt, was es stört und was es fühlt) formuliert, wenn auch noch sehr emotional. Das klingt schon besser. Dann erst erklären Sie Ihre Position: »Wir haben unsere Freunde schon lange nicht mehr gesehen und waren so sehr ins Gespräch vertieft. Kannst du das verstehen? (Ich-Botschaft: Begründung und Bitte um Verständnis) Bitte entschuldige, dass wir dich so lange nicht beachtet haben (Klare Entschuldigung). Aber wenn dir wieder etwas nicht passt, so sag uns das in einem anderen Ton, denn das hat jetzt ganz schön beleidigend geklungen!« (Belehrung). Dann fragen Sie, was Ihr Kind jetzt braucht oder lassen Sie es ganz einfach ein Weilchen auf Ihrem Schoß sitzen (Nach Lösung suchen, Bedürfnisse befriedigen). Lassen Sie es am Gespräch oder am Spiel teilhaben, schenken Sie ihm Zuwendung und lassen Sie es wissen, dass Sie es lieb haben. Wenn Sie Ihrem Kind Aufmerksamkeit schenken, es vorübergehend in den Mittelpunkt stellen und Gelegenheit zu einer kleinen Selbstdarstellung geben, ist es sicher gerne bereit, sich auch nach den Wünschen der Erwachsenen zu richten, und Sie können sich wieder in Ruhe Ihren Gästen widmen.

Sie müssen sich für das Verhalten Ihres Kindes nicht schämen. Sie zeigen Ihren Gästen, wie verständnisvoll und kompetent Sie mit seinem Wutausbruch umgehen können. Für den Fall, dass Ihnen der Vorfall dennoch peinlich ist, können Sie auch ein Vieraugengespräch wählen.

Ihr Kind lernt Selbstbeherrschung und Einsicht
Natürlich ist es so, dass wir Erwachsene in Sachen Verständnis und Einfühlungsvermögen unseren Kindern vorausgehen müssen. Wir dürfen von ihnen nicht mehr Selbstbeherrschung verlangen, als wir selber in der Lage oder bereit sind, auszuüben. Wenn wir auf ihre Gefühle achten und ihnen erlauben, sie auszudrücken, haben wir den Boden bereitet, auf dem Verständnis, Selbstbeherrschung und gutes Benehmen auf natürliche Weise wachsen können.

Überforderung oder Provokation? Spüre die Not deines Kindes!
Sie müssen intuitiv spüren und entscheiden: Handelt es sich um »Maxi in Not«, wie oben beschrieben, oder um »Maxi Quälgeist«? Grundsätzlich macht es einen Unterschied aus, ob Ihr Kind aus Über-

forderung und Verzweiflung einen Gefühlsausbruch hat und sich im Ton vergreift oder ob Sie einen kleinen Tyrannen vor sich haben, der nicht dulden will, dass Sie sich auch einmal in Ruhe unterhalten wollen. Bei besonderen Anlässen, wie dem Plaudernachmittag mit den Freunden, sollte man Kinder im Voraus darauf vorbereiten, was man von ihnen erwartet, und ihre Bedürfnisse abklären.

Wer hat das Problem?
Im zweiten Fall hat nicht »Maxi Quälgeist« das Problem, sondern Sie! Hier wäre angemessenes Abgrenzen gefragt, damit er lernt, auch die Bedürfnisse anderer zu respektieren. Sie kennen Ihr Kind – mit etwas Achtsamkeit werden Sie den Unterschied bald deutlich spüren!

»Stinkstiefel«: Wenig hilfreiche Reaktionen:
- »Junger Mann, du gehst jetzt sofort in dein Zimmer und denkst darüber nach, was du soeben gesagt hast!« Dies ist eine Maßregelung, bei der die Gefühle des Kindes nicht beachtet und unterdrückt werden. Seine Wut wird im »Exil« weiterbrodeln. Das Kind wird sich ungerecht behandelt fühlen. Seine Bedürfnisse werden nicht wahrgenommen. Vielleicht wird sich das Kind dem Druck beugen, aber zur Einsicht kommen wird es nicht!
- »Warum sind wir Stinkstiefel«? Maxi erfährt keine emotionale Annahme und soll rational erklären, was er meint. Jetzt ist er überfordert. Diese Intervention ist außerdem ein richtiges Eigentor. Wollen wir tatsächlich sachlich darüber diskutieren, ob Stinkstiefel oder nicht? Weil Maxi emotional nicht abgeholt wird, wird er jetzt noch wütender und legt eins nach: »Weil ihr Stinkstiefel seid!« Dumme Frage, dumme Antwort!
- Es hilft auch nicht, wenn die Eltern lachen und so tun, als hätte Maxi einen Scherz gemacht. Da fühlt er sich nicht ernst genommen, sondern ausgelacht und kennt sich erst recht nicht aus.
- Eine weitere mögliche Reaktion: In Verlegenheit lächeln und nichts sagen. Auch hier ist Maxi verwirrt. Er weiß doch, dass er

etwas Schlechtes gesagt hat! Warum reagieren die Erwachsenen nicht? Nehmen sie ihn nicht ernst? Sind sie schwach und hilflos? Dann kann er sie auch nicht ernst nehmen. Er wird weiter seine Grenzen ausloten, indem er sich wieder schlecht benehmen wird.

8.4. Die Deeskalation: von 100 auf 20

Damit meine ich: Was kann ich tun, um einen Konflikt zu entschärfen? Wie beim »Stinkstiefel« ist es besonders schwierig, wenn ich unverhofft angegriffen werde oder mich angegriffen fühle, sei es durch eine mir ungerechtfertigt erscheinende oder beleidigend formulierte Kritik, sei es durch eine absichtliche oder unabsichtliche Provokation. Wenn sie von einem kleinen Kind kommt, ist es schon nicht einfach, defensiv und konstruktiv zu reagieren, geschweige denn von einem Erwachsenen. Wie Menschen auf Vorwürfe reagieren, hängt sehr von der eigenen Persönlichkeit ab, wie wir gerade drauf sind und in welchem Machtverhältnis wir zum Angreifer stehen.

In der nachfolgenden Übersicht versuche ich, die einzelnen Schritte der Deeskalation deutlich zu machen, wie sie auch besonnene Eltern im »Stinkstiefel«-Beispiel angewendet haben. Warum die Formulierung »von 100 auf 20«? Mit 100 will ich den Siedepunkt andeuten, wenn mein Gegenüber vor Wut oder Ärger kocht. Unser Ziel ist es, die Hitze von 100 auf 20 abzusenken. Dann haben wir eine angenehme Temperatur und können gut miteinander reden, um den Konflikt friedlich beizulegen.

Bei 100 – Angriff durch Beleidigung oder Vorwürfe

Reaktion 1: Sich kurz Luft machen – eigene Betroffenheit zeigen
Eine Rückmeldung wie etwa: »Wow! Was ist los?«
Wenn mich jemand angreift oder beleidigt, geht es mir im seelischen Bereich so, als würde mir einer auf die Zehen steigen. Das

erste Bedürfnis, das ich spüre, ist, mehr oder weniger laut »Au!« zu schreien. Da merkt der andere wahrscheinlich, dass er etwas angerichtet hat, dass es mir weh tut. Das dürfen wir uns auch im seelischen Bereich erlauben, das hat mit Schwäche nichts zu tun, sondern mit Echtheit. Wenn ich also meinem Kind oder meinem Partner sage: »Oh, das war ganz schön heftig!« oder »Hoppala!«,ʼ eine kurze Äußerung zum Luftholen, also eine Ich-Botschaft in Kurzform, dann merkt mein Kind, mein Gegenüber, dass es zu weit gegangen ist. Hier sollte man keinen »Vortrag« halten, keine ausschweifenden Erklärungen liefern, die abprallen, sondern nur etwas, das meine Überraschung ausdrückt und mir hilft, ein wenig Zeit zu gewinnen, um mich zu fassen, mir ein Bild von der Situation zu machen und mich auf meinen Angreifer einzustellen.

Wenn Sie allerdings nicht das Bedürfnis haben, etwas von sich zu geben, dann lassen Sie es bleiben und beginnen Sie gleich mit dem nächsten Punkt, der für die meisten Menschen recht schwierig ist:

Reaktion 2: Verständnis für Gefühle zeigen
Wenn der Angreifer »kocht«, braucht er eine kurze emotionale Entlastung, die Verständnis vermittelt, eine Reaktion wie etwa: »Du bist ganz schön wütend …«, »Es ärgert dich, dass ich zu spät komme …«.

Viele Menschen denken sich: Wie komme ich dazu, wenn einer unfreundlich oder beleidigend zu mir ist? Weil der wahrhaft Stärkere sich die Frage stellt »Wie kann ich den Konflikt lösen?« und nicht »Wie kann ich es heimzahlen?«. Das heißt nicht, dass wir uns alles gefallen lassen sollen, sondern dass wir uns beim Abgrenzen von Verständnis und Besonnenheit leiten lassen. Wenn Menschen etwas »heimzahlen« oder sich rächen, dann kommt auch noch die eigene Wut über die Kränkung oder Verletzung hinzu. Deshalb gibt man fast immer mehr zurück, als man bekommen hat. Die Aggression wird also verstärkt und man dreht dadurch selbst aktiv an der Gewaltspirale. Doch gerade unser Gerechtigkeitssinn wehrt sich gegen solche Empfehlungen: »Was, mein Kind / mein Gegenüber hat mich angegriffen / beleidigt und ich soll auch noch Verständnis aufbringen?« »Verständnis zeigen? Das hat er/sie sich nicht verdient!«

Machen wir uns nochmals bewusst: Hinter jedem Vorwurf steckt ein ungestilltes Bedürfnis, eine innere Not. Wenn wir unsere Aufmerksamkeit dorthin lenken und uns in den anderen hineinfühlen, fällt es uns leichter, die Sache aus der Betroffenheit des anderen zu sehen und Konflikte friedlich beizulegen. Das ist sowohl eine Sache der Einstellung, zu der Sie sich durchringen müssen, als auch des Wissens und der Übung. Eine solch versöhnliche Einstellung fällt vielen Menschen schwer, weil sie vielleicht sehr viele Kränkungen erlebt haben oder einfach deshalb, weil ihr »kleines Ego« nicht über seinen eigenen Schatten springen will. Gerade deshalb sollte friedliche Konfliktregelung für jeden Menschen zu einer kommunikativen Schlüsselkompetenz werden, die wir anstreben und trainieren wollen.

Gerade bei unseren eigenen Kindern haben wir oft Gelegenheit zu üben. Es wird uns gelingen, wenn wir uns von unserer Liebe zu ihnen leiten zu lassen. Und der Erfolg wird uns recht geben, denn sie werden sich weniger leicht in Wut und Trotzreaktionen hineinsteigern und ausgewogener werden. Unser ganzes Familienleben wird friedlicher und schöner. Es lohnt sich, dafür an sich selbst zu arbeiten.

Wir sind nun also auf die Gefühlslage unseres Kindes eingegangen und haben als »Erste-Hilfe-Maßnahme« aktiv zugehört und Gefühle »gespiegelt«. Es fühlt sich verstanden und erleichtert. Was löst das aus? Die Beleidigung »Stinkstiefel« war nur die Spitze des Eisbergs. Nun hat es das Bedürfnis, alles »auszuspucken«, was ihm auf der Seele brennt. Es gilt, auch das noch auszuhalten. Doch dies wird schon leichter fallen. Das Kind ist nun bereits in der Lage, seine heftigen Emotionen in Ich-Botschaften auszudrücken, weil es von 100 schon auf 80 abgekühlt ist.

Bei 80 – Den ganzen Frust ausspucken lassen
Durch die emotionale Annahme, die durch das Eingehen auf die Gefühle ausgedrückt wird, und durch mein Nachfragen hat mein Gegenüber nun Gelegenheit, alles voll rauszulassen, was ihm auf der

Seele liegt. War der erste Angriff in Form der Beleidigung nur so etwas wie »die Spitze des Eisbergs«, so kommt nun zutage, was sich darunter alles aufgestaut hat. Ich bekomme Einblick in die Gefühlslage und die Probleme meines Kindes, was mir höchstwahrscheinlich verborgen geblieben wäre, wenn ich den Konflikt sofort unterdrückt hätte. Auch lässt sich das schon leichter aushalten, weil mein Gegenüber nicht mehr in Beleidigungen, sondern in Form von Ich-Botschaften kommunizieren kann. Ich erfahre, wo der Schuh drückt, was stört und was es braucht. Unterbrechen Sie nicht, sondern halten Sie durch, bis es fertig ist, bis der sogenannte »Seufzer der Erleichterung« zu spüren oder zu hören ist.

Wenn Sie bereit sind, auch das noch auszuhalten und es sich anzuhören, dann haben Sie gewonnen, denn nun können Sie eine Trendwende einleiten.

Bei 60 – Sich mit dem »Widerstand verbünden«
Das kann geschehen durch:
- nachfragen, etwa: »Was hat dich besonders geärgert?«
- Verständnis zeigen: »Es ist nicht leicht, allein zu spielen, wenn dich keiner beachtet …«
- hinterfragen: »Ist es so schwer für dich, dich alleine zu beschäftigen?«
- zusammenfassen und eingehen auf das, was gesagt wurde. Eine Reaktion wie etwa: »Hab ich dich richtig verstanden? Du findest dein Spielzeug nicht und ärgerst dich, weil du glaubst, ich hätte es verräumt …«

Diese Methode hilft, Missverständnisse zu vermeiden, und sorgt dafür, dass sich mein Gegenüber verstanden und ernst genommen fühlt. Erst jetzt ist es wahrscheinlich in der Lage, anzuhören, was ich dazu zu sagen habe. Alles andere ist »verlorene Munition«, auch wenn meine Argumente und Erklärungen noch so gut und berechtigt sind. Sie blitzen ab.

Bei 40 – Eigene Ich-Botschaft senden

Ich rede über meine Gefühle und wie es mir geht bei so einem heftigen Angriff.

Eine Ich-Botschaft wie etwa: »Ich möchte nicht von dir beschuldigt werden, wenn du einmal dein Spielzeug nicht findest!« »Ich mag mich nicht von dir beschimpfen lassen, auch wenn du dir diesen Film nicht ansehen darfst.«

Bei 20 – Austausch der Argumente, Suche nach Lösungen

Jetzt habe ich die Basis dafür geschaffen, dass wir »normal« miteinander reden, Argumente austauschen und nach Lösungen suchen können.

Ohne Gesichtsverlust aussteigen lassen

Es ist wichtig, den anderen ohne Gesichtsverlust aussteigen zu lassen, insbesondere dann, wenn dieser sein Unrecht einsieht. Reagiere ich jedoch mit Reaktionen wie »Na, endlich zeigst du Vernunft« oder »Ich hab's ja gleich gesagt!« anstatt mit »Ich freue mich, dass du das einsiehst« oder »Schön, dass wir das bereinigen konnten«, dann wird es mein Gegenüber reuen, einsichtig gewesen zu sein. Dann spürt es nämlich, dass ich meine Überlegenheit hervorkehren, ihm etwas »unter die Nase« reiben, also siegen möchte. Dann empfindet es meine Konfliktlösungsstrategie nur als Täuschungsmanöver und wird höchstwahrscheinlich in die »Und-jetzt-erst-recht-Position« gehen. Dann habe ich mir ein psychologisches Eigentor geschossen und die ganze Mühe war umsonst.

Sollte ich merken, dass ich in dieses Fettnäpfchen gestiegen bin, dann nützt nur eines: Eine sofortige Entschuldigung wie: »Das war eine dumme Bemerkung. Es tut mir leid, ich wollte dich nicht verletzen. Ich freue mich, dass wir zu einem guten Ergebnis gekommen sind.«

DEESKALATION –
ZUSAMMENFASSUNG

Am Beispiel »Stinkstiefel!«

100 Maxi:»Ihr seid ja lauter gemeine Stinkstiefel!«
Eltern: »Wow!«, »Hallo!« – sich Luft machen und/oder
»Du bist ja ganz schön wütend …« Gefühl ansprechen,
eventuell auch nachfragen: »Was ist passiert?« Das Kind
fühlt sich verstanden.

80   Maxi spuckt all seinen Frust aus
Frust abladen lassen. Danach ist dem Kind besser und es
wird ansprechbar.

60   Verständnis zeigen, nach Bedürfnis fragen:
»Alle plaudern und keiner hat dich beachtet …«
Nach Bedürfnis fragen: »Was brauchst du jetzt?«

40   Maxi äußert sein Bedürfnis

**30   Eltern äußern auch ihre Bedürfnisse und suchen nach
Lösungen:** »Wir wollen noch ein Weilchen zusammensit-
zen und uns unterhalten. Wir schlagen vor …«
Verhandlung, Einigung: Kind bekommt, was es braucht,
und lernt gleichzeitig, Rücksicht auf die Eltern zu nehmen.

20   Belehrung, Lerneffekt für das nächste Mal
»So wie du das gesagt hast, ist das ganz schön beleidigend. Sag es in einem anderen Ton, wenn dich wieder
etwas stört.« Einsicht ermöglichen, Versöhnung anbieten.

20   Würdigung
Umarmung, »Danke!«

Übersicht 9

Entschuldigungen nicht erpressen
In den meisten Fällen wird sich das Kind entschuldigen und irgendwie Einsicht zeigen. Dabei ist darauf zu achten, dass die Entschuldigung nicht erpresst wird, sondern aus der Einsicht des Kindes erwächst. Wenn nicht, dann sollte man lockerlassen und eine Nachdenkpause gewähren. Ich kann »den Fuß in die Tür« stellen und sagen: »Es wäre schön, wenn du dich für den ›Stinkstiefel‹ entschuldigst!« Eine Nachbesprechung in guter Atmosphäre kann hier helfen, die Einsicht und das Gute im Kind zu festigen.

8.5. Fallbeispiele mit Vorwürfen

Irene, 7:
»Du hast die Lisa viel lieber als mich!
Immer bekommt sie das größere Stück!«
Statt Rechtfertigung: »Das stimmt doch gar nicht, weil ...« (Kommunikationssperre »Gefühle leugnen«)
Lieber: »Du fühlst dich benachteiligt ...« Stimme oben, als Einladung zum Weiterreden.
Doppelter Vorteil: Irene fühlt sich verstanden und entlastet und gleichzeitig ist nun sie die Erklärung schuldig. Die Mutter hört sich diese an und hinterfragt, zum Beispiel:
Mutter: »Lisa hat heute Geburtstag. Glaubst du nicht, dass es ihr zusteht, das größte Stück auszuwählen?« Nun kann sich Irene die Antwort selbst geben und Einsicht zeigen. Dies wird gewürdigt.

Thomas, 12:
»Nur wegen dir hab' ich jetzt den Bus verpasst!«
Statt »zurückzuschießen« lieber so:
»Ach so, wie das?« (Nachfragen) Thomas: »Weil ich immer zuerst meine Hausübung fertig machen muss!« Vater: »Ich kann deinen Ärger verstehen!« Verständnis, dann erst Erklärung: »Grundsätzlich

haben wir vereinbart, dass zuerst die Hausübung fertig sein muss. Darüber hinaus bist du selbst für deinen Zeitplan verantwortlich.« Lösungsvorschlag: »Wenn du wieder merkst, dass es sich beim besten Willen nicht ausgeht, dann gib mir rechtzeitig Bescheid, damit du nicht zu spät zum Training kommst.«

Der Vater nimmt den Vorwurf nicht persönlich. Er lässt die Verantwortung beim Sohn, sucht aber lieber nach Lösungen, anstatt darüber zu streiten, wer denn schuld sei.

Lena, 14:
»Auf dich ist kein Verlass! Ich hab' dir doch gesagt,
dass ich die Hefte morgen brauche!«
Nicht so: Mutter: »Ich hab sie beim Libro nicht bekommen!« Lena: »Dann hättest du doch zum Pagro geschaut!« Mutter verstrickt sich weiter in Rechtfertigungen, die Tochter hackt noch mehr auf ihr herum, bis das Gesprächsklima »im Keller« ist.
Lieber so: »Es tut mir echt leid!« Ehrliche Entschuldigung, dann Erklärung. »Ich hab sie beim Libro nicht bekommen und dann war schon Geschäftsschluss.« Tochter: »Aber ich brauche sie morgen dringend!« (Ich-Botschaft statt weiter zu beschuldigen) Mutter: »Welche Lösung siehst du sonst noch?« Bestimmt findet sich eine Lösung, die Welt stürzt nicht ein.

Tipp: Größere Kinder können das Besorgen von Schulmaterial ruhig selbst erledigen. Eltern haben sonst auch noch genug zu tun!

Harald, 13:
Sie haben Ihrem Sohn Harald verboten, einen bestimmten Film abends anzuschauen. Nachdem er Ihre Erklärungen (morgen ist Schularbeit) abschmettert, wird die Debatte laut: »Immer bestimmst du alles und schreist mich an!« Statt darüber zu streiten, ob das stimmt oder nicht, geht die Mutter auf die sogenannte »Metaebene«, das heißt, sie nimmt Abstand und beschreibt, was zwischen ihnen beiden gerade läuft: »Du kannst meine Begründung offensichtlich

nicht akzeptieren!« (Beschreibung der Situation aus Sicht des Jugendlichen) Harald hat nun Argumentationsnot, nicht die Mutter, was ihre Position stärkt. Auf seinen Einwand: »Und du denkst, dass ich deshalb nachgeben sollte?« Die Mutter befindet sich wieder auf der »Metaebene« und bringt Harald dadurch in die Defensive. Dann bleibt sie hart: »Tut mir leid, dass ich dir dieses Vergnügen untersagen muss, auch wenn ich vorhin vielleicht etwas zu laut war. Für mich ist die Debatte für heute erledigt. Gute Nacht!« Die Mutter hat auf faire Weise Autorität und »Stehvermögen« gezeigt und mutet dem Sohn zu, mit seinem Frust fertig zu werden. Anders gesagt: Sie nimmt ihn ernst.

8.6. Konsequenzen und Strafen

Es ist richtig und allgemein akzeptiert, dass wir Kindern bei Fehlverhalten möglichst mit logischen Konsequenzen begegnen sollen. Auch ich weise immer wieder darauf hin. Können wir dann auf Strafen ganz verzichten? Wenn die Beziehungs- und Gesprächsbasis stimmt, Eltern und Kinder einander ernst nehmen, dann wird es für Strafen kaum Anlässe geben – manchmal vielleicht aber doch.

Wenn Erwachsene bei Rot über die Ampel fahren oder sonst irgendwelche Gesetze übertreten, dann ist auch von Strafe, nicht bloß von Konsequenz die Rede. Warum also nicht im Erziehungsalltag? Wenn Kinder grob fahrlässig handeln, jemanden ärgern, respektlos sind oder absichtlich Schaden anrichten, dann hat das WORT »Strafe« eine gewichtigere Bedeutung als das Wort Konsequenz. Es hat die Bedeutung der roten Karte. Eine Strafe soll für das Kind spürbar sein, darf aber weder seelisch demütigen noch körperlich verletzen.

Beispiele:
Willi hat beim Fußballspielen die Vase kaputt gemacht, obwohl Ballspielen im Wohnzimmer verboten ist. Mutter: »Da hast du dir eine

Strafe verdient!« Sohn: »Ja, welche?«

Wenn man sich der Sache nicht sicher ist und im ersten Ärger auch nicht überreagieren möchte, so kann man antworten. »Ich muss noch darüber nachdenken!« oder »Überlege dir, welche Strafe dafür passt und wie du das wieder gutmachen kannst!«

Zwei größere Mädchen erlauben sich im Hort einen bösen Scherz mit dem 6-jährigen Andreas. Sie erklärten ihm, dass ihn seine Eltern nicht mehr wollen und er ins Waisenhaus muss. Nur mühsam erfährt die Pädagogin, warum sich das Kind extrem verheult und verstört unter dem Tisch verkrochen hat: »Da habt ihr etwas Böses angerichtet und euch eine Strafe verdient! Denkt darüber nach, morgen reden wir weiter!« Am nächsten Tag muss es vor allem ein klärendes Gespräch geben, damit die Mädchen ein Bewusstsein für ihr Fehlverhalten bekommen und Reue entwickeln können. Wenn gerade in der pädagogischen Strenge Wohlwollen und Verständnis durchklingen, kann es für die Mädchen der entscheidende Impuls zur inneren Umkehr sein. Sie brauchen vor allem eine Gelegenheit, sich zu entschuldigen, und müssen danach trachten, den Schaden wieder gutzumachen. Darüber hinaus übernehmen sie »zur Strafe« und Wiedergutmachung beispielsweise eine Woche lang gewisse Dienste, sie verzichten auf den Kinobesuch oder Ähnliches. Die Pädagogin muss ihnen vermitteln: »Euer Verhalten wird nicht geduldet!« »Ich trau euch zu, dass ihr euch auch gut benehmen könnt!« und »In euch steckt auch ein guter Kern!« Vielleicht sind es gerade diese beiden, die man in Hilfsdienste für Kleinere einbinden sollte. Ist die Sache erledigt, darf man ihnen das Vergehen nicht ständig vorhalten.

So kann man Mobbingsituationen auflösen

Da bei einem solchen Vorfall indirekt ja die ganze Gruppe betroffen ist, ist es auch wichtig, ihn in der Gruppe zu besprechen und aufzulösen. Das kann zum Training für Einfühlungsvermögen dienen, indem zuerst die anderen Kinder gefragt werden: »Was glaubt ihr, wie hat sich Andreas gefühlt?« Dann werden die beiden Täterinnen gefragt: »Glaubt ihr das auch?« Sie dürfen die Anregungen bestätigen, korrigieren, ergänzen. Danach wird Andreas gefragt, ob die anderen Kinder nachempfinden konnten, wie er sich fühlte, und darf es mit seinen Worten sagen, wenn er will. Zuletzt werden die Kinder gefragt, was sie vom Benehmen der beiden Mädchen halten. Jetzt dürfen sie urteilen, aber nicht verurteilen. Die Pädagogin hilft mit passenden Fragen nach, bestätigt, ergänzt. Danach werden die beiden Mädchen gefragt, ob sie das auch so sehen und was in ihnen vorgegangen ist, dass so etwas passieren konnte. Das gibt ihnen Gelegenheit, nun ihrerseits »abzuladen« und sich zu rechtfertigen. Danach die Pädagogin: »Tut es euch leid, was ihr getan habt?« Mit Sicherheit lautet die Antwort »Ja!« Dafür gehören die beiden gewürdigt. »Wenn ihr so weit seid, entschuldigt euch bei Andreas!« Das kann auch unter vier Augen sein. Auch Andreas darf nicht gezwungen werden, die Entschuldigung anzunehmen, denn verzeihen und um Verzeihung bitten ist ein Prozess, der Einsicht, Freiwilligkeit und daher manchmal Zeit braucht. Auf alle Fälle muss die Pädagogin die Kinder schützen und für ihren Mut loben, dass sie bereit waren, sich vor der ganzen Gruppe zu ihrer Tat zu bekennen. Sie muss Andreas fragen, was er noch braucht, damit diese schlechte Erfahrung von ihm verkraftet werden kann. Den anderen Kindern dankt man, dass sie sich aktiv daran beteiligt haben, die Sache zu bereinigen. Es muss betont werden, dass es nun erledigt ist, dass die beiden wieder in der Gruppe wie jedes andere Kind ihren Ehrenplatz haben und dass niemand den beiden Mädchen etwas nachtragen darf. Mit Sicherheit werden alle Kinder aufatmen und sich miteinander verbunden fühlen.

Solche Gruppengespräche können wesentlich dazu beitragen, Mobbingsituationen zu entschärfen oder erst gar nicht aufkommen zu lassen.

Beispiel:

Sebastian, 5 Jahre, läuft davon. Er weiß, die Mutter kann ihn nicht »schnappen«, weil sie das Baby im Arm hält. Eine Weile hält er sie

»zum Narren«, neckt und schimpft sie, anstatt sich beim Abholen vom Kindergarten anzuziehen und artig mitzugehen. Mutter: »So, und weil du mich geschimpft hast, bekommst du 7 Tage Süßigkeitsverbot, Fernsehverbot und ich werde nicht mit dir spielen!« Der Ärger ist groß, die Strafandrohung überzogen. Kann die Mutter sie überhaupt durchziehen? Wird sie nicht sowieso darauf vergessen?

Lieber so:
MUTTER: »Ich bin wütend! Da hast du dir wirklich eine Strafe verdient! Ich muss mich zuerst beruhigen, dann denke ich darüber nach!«
KIND: »Was für eine Strafe bekomme ich?«
MUTTER: »Das muss ich mir noch überlegen! Was glaubst denn du, was du dir verdient hast?«
KIND: »7 Tage Fernseh-Verbot.«
MUTTER: »Reden wir zu Hause darüber weiter.«

Das war schon besser. Aber für Sebastian sind Liebesentzug (nicht mit ihm spielen, nicht mit ihm kuscheln) und Fernsehverbot sicher nicht die beste Lösung. Dadurch wird das Fernsehen für ihn noch attraktiver, wenn es zur Belohnung oder Bestrafung herangezogen wird.

Interessant ist auch, dass bei der Frage »Was glaubst denn du, welche Strafe du dir verdient hast?« die Kinder meist strenger urteilen, als man es selbst täte. Wenn ich dann antworte: »Drei Tage genügt!« anstatt die vom Kind selbst vorgeschlagenen sieben Tage, so freut es sich und weiß es zu schätzen. Ein ernstes, aber offenes Gespräch mit Sebastian ist wichtig, um sein schelmisch-respektloses Verhalten zu korrigieren.

Alles in allem: Sebastians Benehmen mutet eher an wie ein Hilferuf: Welche Bedürfnisse müssen gestillt, welche Grenzen liebevoll und konsequent eingehalten werden? Fühlt er sich abgeschoben? Spielt Eifersucht eine Rolle? Wie sehr achtet die Mutter grundsätzlich auf das Folgen? Kümmert sich auch der Vater ausreichend um den Sohn? Beim Abholen selbst ist es wohl sinnvoll, Sebastian etwas

Zeit einzuräumen, die er für sich braucht, um sich auf die neue Situation einzustellen. Vielleicht kann die Pädagogin dabei unterstützen. Strafandrohungen sollten jedenfalls nicht zur täglichen Strategie zählen. Ernsthafte Vereinbarungen mit einer Erfolgsdokumentation können helfen, damit Sebastian möglichst viele positive Rückmeldungen erhält und motiviert ist, sein Benehmen zu verbessern. Um einen guten Weg einzuschlagen, kann professionelle Unterstützung für die Eltern hilfreich sein.

8.7. Provokationen und Machtkampf

Denken Sie an »Maxi Quälgeist«. Im Unterschied zu »Maxi in Not« geht bei »Maxi Quälgeist« eine gezielte Provokation vom Kind aus.

Eltern sind oft gut beraten, wenn Sie nicht auf jede kleine Provokation reagieren. Mit Fingerspitzengefühl und Intuition gilt es zu entscheiden, ob Sie es sofort ansprechen oder einen günstigeren Moment abwarten, um die passenden Worte zur rechten Zeit zu sagen.

Die verbale Entgleisung

Angenommen, Ihr Sohn leistet sich eine verbale Entgleisung, die Stimmung ist explosiv geladen: Bei größeren Kindern, die laut, frech und beleidigend werden, sollte man möglichst ruhig bleiben und ihnen mit Entschlossenheit und fester Stimme begegnen, um die Grenze zu signalisieren, oder einfach nur schweigen. Sie müssen wissen, dass sie so bei uns nichts erreichen können. »Ich möchte nicht, dass wir in diesem Ton miteinander reden!« Beenden Sie das Gespräch! Angenommen, Ihr Sohn sollte Ihnen nachgehen und weiter auf Sie einschimpfen, dann gehen Sie nicht darauf ein. Wiederholen Sie »So nicht!« oder »Geh!«. Ihr Sohn muss wissen: So lassen Sie nicht mit sich reden! Bleiben Sie aber gesprächsbereit, wenn er zu einem respektvollen Ton zurückgefunden hat, und geben Sie keine »Retourkutsche«. Wenn nun vielleicht Sie eine Auszeit brauchen, dann sagen Sie es! »Ich brauche meine Zeit, um das zu verdauen!«

Kam eine Beleidigung, dann signalisieren Sie kurz: »Es ist nicht OK, dass du so mit deiner Mutter/deinem Vater sprichst!« Ein ernstes Gespräch zu einem späteren Zeitpunkt ist angesagt, bei dem Sie vorausschicken: »So wollen wir unsere Konflikte nicht lösen! Denk darüber nach, wie wir das in Hinkunft regeln können!« Warten Sie auf seine Vorschläge, aber machen Sie keine Vorwürfe, die den Groll anheizen, sondern bleiben Sie respektvoll.

Auch hier kann helfen, womit Jugendliche nun am wenigsten rechnen, dass Sie sich nämlich in sie hineinversetzen, »sich mit dem Widerstand verbünden«: »Du musst ja einen Riesenzorn auf mich haben, weil du so auf mich losgegangen bist. Sag, was habe ich dir denn angetan?« Sie werden sehen: Das Eis schmilzt, besonders dann, wenn Sie auch noch Verständnis dafür haben, wenn er nun seinen Frust ablädt.

Sticheleien

Wenn sich ein respektloser Umgangston eingeschlichen hat oder Konflikte »in der Luft« liegen, wenn also die Beziehung belastet ist, kommt es nicht selten vor, dass Jugendliche zum Angriff neigen, mehr oder weniger direkt oder indirekt, und manchmal auch, indem sie gezielt unsere schwachen Punkte ins Visier nehmen.

Gerade dann ist es wichtig, dies nicht allzu persönlich zu nehmen und diese Angriffe zwar abzuwehren, ohne sich jedoch auf dieselbe Ebene zu begeben. Dies gelingt am besten, indem wir zurückfragen oder unsere eigene Betroffenheit ruhig zur Sprache bringen.

Hier einige Beispiele:

Karl, 15, zu seiner Mutter, bei einem Streit:
»Du hast ja richtige Froschaugen!«
Mutter: »Meine Augen hat mir die Natur gegeben. Beleidige sie nicht!« (Keine Diskussion darüber, ob das stimmt oder nicht! Auch keine Retourkutsche wie: »Und du hast sie von mir!«)

Heinz, 16, zu seinem Vater:
»Ich möchte nie so werden wie du!«
Vater: »Ich wünsche dir, dass du dir von überall nur das Beste mitnimmst und das Beste daraus machst!« oder sich »mit dem Widerstand verbünden«: »Was genau stört dich an mir?« als Überleitung in ein konstruktives Gespräch.

Susi, 15, zu ihrer Mutter:
»Du hast einen unmöglichen Geschmack!«
Mutter: »Geschmäcker sind nun einmal verschieden! Was genau gefällt dir nicht?« oder, wenn ich spüre, dass dies ein Ablenkmanöver ist: »Das steht jetzt nicht zur Diskussion. Sag mir ...«

Wie Drohungen den Machtkampf anheizen

Wenn Kinder nicht nach unseren Vorstellungen agieren, machen viele Eltern Druck – doch das erzeugt Gegendruck, Eltern und Kind befinden sich ganz schnell in einem Machtkampf. Wenn Eltern verlieren, ist es schlecht, wenn ihn die Kinder verlieren, erzeugt es Groll und Rachegefühle. Wie aber aussteigen? Am besten, gar nicht einsteigen! Kinder spüren die negative Erwartungshaltung ihrer Eltern durch allzu häufige Misstrauensbekundungen, selbst wenn sie indirekt und unausgesprochen sind. Das erzeugt logischerweise ein negatives Beziehungsklima und Widerstand.

Von Drohungen und Erpressungen

Vielen Eltern ist nicht bewusst, dass sie oft vorschnell und unnötig in die verbale Gewaltspirale einsteigen, und wundern sich, wenn ihr Kind auf stur schaltet. Wenn es nicht auf »Knopfdruck« folgt, heißt es dann gleich: »Wenn du nicht ..., dann darfst du nicht ...« Es ist demütigend für ein Kind, ständig unter Druck gesetzt zu werden, so als würden Sie ihm nicht zutrauen, dass es aus Einsicht und Liebe zu Ihnen zu motivieren wäre, zu kooperieren und zu folgen. Würden Sie akzeptieren, dass Ihr Partner oder Chef sofort mit einer Drohung kommt, wenn Sie nicht gleich seine Wünsche oder Erwartungen erfüllen? Drohungen sind im Grunde Ausdruck unserer Hilflosigkeit. Das spüren Kinder und geben dann erst recht »Kontra«. Starke Persönlichkeiten und echte Autoritäten können auf Drohungen verzichten!

Fallbeispiele:

Sonja, 7, will nicht nach Hause gehen

Sonja und ihre Mutter haben eine schöne Zeit im Park verbracht: Als die Mutter zum Nachhausegehen auffordert (»Wir gehen nach Hause!«), reagiert die 7-jährigen Sonja mit einem patzigen, trotzigen »Nein«, worauf die Mutter kontert: »Dann werden wir es von deiner Fernsehzeit abziehen!« Nach kurzem Zögern folgt Sonja widerwillig ihrer Mutter, ohne weitere Debatte.

Nun meinen Sie vielleicht, da war doch nichts Dramatisches, das ist doch alltäglich, das muss man nicht überbewerten! Nein, aber ich möchte Sie, liebe Eltern, sensibilisieren. Die Mutter hat sich durchgesetzt, was an sich O.K. ist, aber mit negativer Autorität, mit einer Drohung, einem Verbot. Wenn Eltern in dieser Dynamik drinnenbleiben, dann müssen sie mit der Zeit mit immer größeren »Geschoßen« auffahren, um den Machtkampf zu gewinnen. Das trotzige »Nein!« von Sonja gleich zu Beginn deutet darauf hin, dass die Mutter öfter auf ähnliche Weise Druck ausübt und damit die Beziehung belastet.

Lösungsansatz:

- Wenn Sie ankündigen, was Sie vorhaben, kann Ihr Kind sich besser darauf einstellen. Lieber so: »Wir gehen in fünf Minuten!«
- Sich mit dem Widerstand verbünden: Sprechen Sie an, was Sie beim Kind merken, ohne negativen Unterton: »Du hast noch gar keine Lust, nach Hause zu gehen!« oder »Wenn es so schön ist, fällt das Nachhausegehen schwer!« Das kann Sonja nur bestätigen und hilft, sie »ins Boot« zu holen.

- Zurück zum eigenen Anliegen, es durch eine Ich-Botschaft unterstreichen: »Ich möchte nicht (jedes Mal) diskutieren, bitte komm!« Das wird höchstwahrscheinlich reichen und Sonja folgt ohne Widerwillen. Das ist der entscheidende Unterschied!
- Das eigene Anliegen kann auch durch weitere Argumente verstärkt werden: »Papa wartet schon auf uns, bitte komm!« oder »Wir müssen noch einiges vorbereiten für morgen. Bitte komm jetzt!«

Machtkampf mit Elias, 5

Wenn Elias absolut nicht folgen will, weiß sich die Mutter oft nicht anders zu helfen, als ihm entgegenzuschleudern »Du bist ein ekelhaftes Kind!« Elias: »Nein, bin ich nicht!« gefolgt von Drohungen der Mutter: »Du darfst nicht zur Oma!« »Dann nehme ich den Autoschlüssel und fahre selber!« Die Mutter versucht es weiter: »Ich kaufe dir nichts mehr!« Elias: »Dann kauf ich es mir selber!« Mit nichts ist ihm beizukommen. Egal, was die Mutter sagt, immer weiß Elias etwas »Freches« darauf zu sagen. Auch wenn ein 5-Jähriger seine verbalen »Retourkutschen« nicht wahr machen kann, so fühlt sich die Mutter doch ohnmächtig, wenn er auf alles etwas zu sagen weiß und in seiner Verweigerungshaltung verharrt.

Die Mutter manövriert sich durch die von ihr ausgesprochenen Drohungen selbst in die verbale Gewaltspirale hinein und bringt sich selbst auch noch in die Verlierer-Position. Äußerst unklug!
Warum macht es Elias der Mutter so schwer? Weil er nicht anders kann! Mit Drohungen kann man Kindern kein gutes Benehmen beibringen. Sie nageln Kinder auf Schlimmsein fest. Im Ärger ausgesprochene Beleidigungen beschädigen sein Selbstwertgefühl – worauf sich Elias wehrt, eben durch Frechsein. Analog: Wenn ich jemandem auf die Zehe steige, brauche ich mich nicht zu wundern, wenn er »Au!« schreit oder sich durch Zurückschlagen wehrt. Nicht das Kind ist für den Teufelskreis verantwortlich, sondern der Erwachsene. »Weil er schlimm ist …« sind keine haltbaren Rechtfertigungen.

Die Mutter darf Elias nicht auf gleicher Ebene begegnen – also jener der Streithähne –, sondern sie muss die Erwachsenenposition einnehmen. Das tut sie, indem sie die Verantwortung übernimmt, anstatt sie auf Elias abzuschieben (»Er ist schuld, wenn ich schimpfen muss!«). Sie muss die Steuerung übernehmen, anstatt nur auf Elias zu reagieren. Das wird ihr gewaltfrei gelingen, wenn sie auf die Gefühle und Bedürfnisse hinter seinem Widerstand schaut, wo ja die wahren Ursachen liegen. Aktives Zuhören, Gefühle Spiegeln, Eingehen auf seine Sicht der Dinge sind die Methoden der Wahl. So kann sie für seelische Entlastung sorgen und ihn dadurch aus seiner Trotz- und Verweigerungshaltung herausholen. Erst danach kann man wieder »vernünftig« mit ihm reden und für ein konkretes Problem eine passende Lösung finden.

Ganz bei dir – ganz bei mir

- Ganz bei dir: Wenn wir uns zur Gewohnheit machen, uns ganz auf das Kind einzustimmen, indem wir sagen, was wir gerade spüren und wahrnehmen, dann fühlt es sich verstanden, der Widerstand schmilzt oder kommt erst gar nicht auf. Das schaffen wir durch aktives Zuhören: Beschreiben der Gefühle, des Widerstands.
- Ganz bei mir: Ich sage, was mir wichtig ist, wenn es sein muss, mit Nachdruck, aber ohne Drohung, durch eine Ich-Botschaft. Das reicht völlig aus, um mein Kind zu motivieren.

Machtkampf, »hart auf hart«

Sind wir aber trotz bester Bemühungen in einem Machtkampf gelandet, weil mein Kind gerade jetzt nicht hören will, dann kontern manche Kinder schlagfertig: »Mama, du erpresst mich ja!« Wenn ich mit gutem Gewissen antworten kann »Ja, wenn du das so sehen möchtest!«, dann weiß mein Kind, dass es mich mit seiner Beschuldigung nicht unter Druck setzen kann.

8.8. Fallbeispiele, bunt gemixt

Thomas (9 Jahre) und die schlechte Laune

Der 9-jährige Thomas kommt nach dem Spielen beim Freund häufig grantig und überdreht nach Hause und nervt mit seiner unfreundlichen, bockigen Art.

Mutter: »Wenn du immer grantig nach Hause kommst, darfst du nicht mehr zu Richard gehen! Geh in dein Zimmer und beruhige dich!«

Thomas empfindet die Reaktion der Mutter nicht als neutrale und logische Konsequenz, sondern als sture Drohung. Außerdem diktiert sie ihm die Lösung. Dementsprechend bockig reagiert er.

Lieber so:

Mutter: »Ich merke, du bist oft grantig, wenn du von Richard nach Hause kommst …« (Sie beschreibt die Situation so neutral wie möglich, ohne Gereiztheit und Vorwurf und vermeidet Verallgemeinerungen wie »immer«.) Sie bleibt mit der Stimme oben, als Einladung zum Reden. Thomas kommt dieser Einladung nach und lädt seinen Frust ab. Die Mutter hört sich alles ruhig an und geht darauf ein. Dadurch sorgt sie für emotionale Entlastung. Aber sie nimmt Thomas das Problem, die schlechte Laune, nicht ab. Mutter: »Wenn du etwas brauchst, sag es!« Thomas fühlt sich verstanden und beruhigt sich.

Sollte er dennoch weiter »Gift« auf andere versprühen, empfiehlt es sich, nochmals nachzufragen: »Ist da noch etwas?« Wenn auch das geklärt ist, er aber noch immer stört, kann es auch einmal heißen: »Ich möchte deine schlechte Laune nicht ertragen. Ich schlage vor, du gehst in dein Zimmer, bis es dir besser geht.« Hier handelt es sich um einen Lösungsvorschlag, nicht um eine Strafe.

Sabine, 15 Jahre, soll ihr Zimmer aufräumen

Dialog A:
MUTTER: »Sabine, dein Zimmer ist noch immer nicht aufgeräumt!«
SABINE: »Na, und!?« *(frecher, pubertärer Widerstand)*
   »Was interessiert mich das?!«
Die Mutter begründet, redet sich »den Mund fusselig«.
SABINE: »Ich habe jetzt keine Zeit!« *(Abfuhr. Sabine erachtet es nicht*
   für notwendig, sich zu rechtfertigen.)
MUTTER: »Man kann sich nie auf dich verlassen!« *(Du-Botschaft)*
SABINE: »Mir ist es sauber genug!« *(Ich-Botschaft als Widerstand.*
   Zwischen den Zeilen klingen Botschaften wie: »Ich habe eben andere
   Vorstellungen von Sauberkeit als du!« Und »Was geht dich das an?!«)
MUTTER: »Jetzt fang endlich an!« *(Mutter geht nicht darauf ein –*
   Machtdemonstration)
SABINE: »Du erpresst mich!« *(Gibt widerwillig nach, platziert aber*
   einen Vorwurf an die Mutter.)
Sabine macht sich widerwillig an die Arbeit – wie lange noch?

Dialog B: Lieber so:
MUTTER: »Sabine, dein Zimmer ist noch immer nicht aufgeräumt!«
SABINE: »Na, und!?« *(frech wie in Dialog A)*
MUTTER: »Es ist ausgemacht, dass du jeden Freitag Nachmittag dein
   Zimmer aufräumst. Nun ist es schon 18 Uhr!«
   (Mutter erinnert an Vereinbarung.)
SABINE: »Ich habe jetzt keine Zeit!« *(Abfuhr, wie oben)*
MUTTER: »Du siehst es nicht ein, dass du dich an Vereinbarungen
   halten sollst …« *(Die Mutter bringt auf den Punkt,*
   was den Widerstand Sabines ausmacht.)
SABINE: »Lass mich in Ruh'!« *(Die Mutter bekommt wieder eine*
   Abfuhr.)
MUTTER: »Wenn dir etwas dazwischenkommt, dann informiere
   mich bitte! Ich habe keine Lust, nachzukontrollieren und dann
   auch noch eine unfreundliche Antwort zu bekommen! Wann also

wirst du dein Zimmer in Ordnung gebracht haben?«
(Die Mutter weist auf die Meldepflicht-Regel hin und sendet eine Ich-Botschaft, in der sie Sabines Verhalten ganz unverblümt beschreibt, ohne beleidigend zu werden oder einen Gegenangriff zu starten. Dann verlangt sie eine verbindliche Zusage.)
SABINE: »Ich mach es nach dem Abendessen!« *(Sabine lenkt ein.)*
MUTTER: »Na gut, ruf mich, wenn du fertig bist! Dann kann ich noch die Waschmaschine einschalten.«
(Die Mutter setzt die Meldepflicht-Regel ein. Sie bleibt sachlich und verzichtet auf »Retourkutschen«.)
SABINE: »Einverstanden!« *(Bestätigung)*

Elterliche Führungskompetenz bedeutet, klare Vorgaben zu machen und zu registrieren, was irritiert. Wichtig ist, es zu beschreiben, damit klar wird, was zwischen uns beiden gerade läuft (»Metaebene«). Ich muss nicht empört reagieren, wenn Jugendliche den Ton verfehlen, aber ich darf es nicht kommentarlos hinnehmen, so als hätte ich es gar nicht bemerkt oder als wäre ich mit dieser Behandlung einverstanden. Wir müssen Kinder dazu anhalten, uns verbindliche Zusagen zu geben, und ihnen die Meldepflicht übertragen. Das erspart uns sinnloses Nachlaufen, das uns aufreibt und wobei wir uns oft geradezu lächerlich machen. Nur wenn wir Respekt geben und auch einfordern, bleibt die Beziehung im Lot. So können wir unserer elterlichen Verantwortung nachkommen und beide Seiten können sich gut dabei fühlen.

Viktor und der »Schlangenfraß«

Viktor, 13, stellt gerne Ansprüche, ist aber wenig bereit, sich in Schule und Haushalt einzubringen. Am liebsten sitzt er vor dem Computer, was häufig Streit verursacht. Nach einem stressigen Arbeitstag bereitet die Mutter schnell eine Mahlzeit zu. Als sie ihren Sohn wegen einer Kleinigkeit ermahnt, nimmt er den Teller und knall dessen Inhalt auf den Boden: »So einen Schlangenfraß esse ich nicht!« Die Mutter ist außer sich: »Das putzt du sofort auf, sonst kriegst du gar nichts zu essen!« »Mir doch egal!« Viktor verschwindet in seinem Zimmer und knallt die Tür zu. Von Wegputzen ist keine Rede. Sie weiß: Demnächst bedient er sich aus dem Kühlschrank. Er weiß: Irgendwann gibt sie auf. Den Boden putzt sie.

Ein Teufelskreis: Weil Viktor nicht kooperiert, macht die Mutter Druck. Weil sie Druck macht, kooperiert er nicht. Viktor agiert, die Mutter reagiert. Er ist widerspenstig und abhängig zugleich. Kein Wunder, wenn er negative Gefühle entwickelt. Provokation ist eine beliebte Strategie bei Pubertierenden. Wer darauf mit Befehlen und Erpressungen reagiert, dreht an der Gewaltspirale. Den Befehl der Mutter auszuführen bedeutet für Viktor Gesichtsverlust. Die Mutter »spielt« auf stark und steht in Wirklichkeit auf verlorenem Posten.

Daher wäre es besser, gar nichts zu sagen, in Ruhe weiterzuessen, aber auch kein Essensangebot zu machen. Viktor darf sein Hunger-problem selbst lösen! Wenn sich die Emotionen gelegt haben, kann die Mutter gelassen die Lösungsfrage stellen: »Wer putzt den Boden?« Sollte wieder ein freches »Du« von Viktor kommen, ist erst recht Ruhe angesagt. Als Reaktion der Mutter könnte passen: »Ich sehe das anders!« oder zurückfragen: »Ach, so?!«, dann ist es an Viktor, sich zu rechtfertigen. Wenn es wirklich »hart auf hart« geht, ist es wahr-scheinlich klüger, wenn die Mutter aus dem Machtkampf aussteigt und beispielsweise sagt: »Du weißt, was du zu tun hast!« Am bes-ten, sie verlässt den Raum und kümmert sich weiter nicht mehr um Viktor und die Küche. Vielleicht passt es auch, wenn sie vorschlägt: »Machen wir einen ›Deal‹: Ich erledige das für dich! Überlege dir, was du stattdessen für mich tun kannst!« Viktor wird verstehen, dass er Verantwortung übernehmen, aber nicht gedemütigt werden soll.

Für die Mutter gilt es zu überlegen, wer wofür zuständig ist und wie sie aus eingefahrenen Mustern aussteigen können. Was kann Viktor gut? Was macht ihm Spaß? Wie können die beiden ein gutes Team bilden? Der Schulbesuch und die Erledigung der Hausübungen gehören außer Frage gestellt. Nicht das OB, sondern das WIE soll diskutiert werden. Die Grundlage dazu muss ein respektvoller Umgangston miteinander sein. Dieser muss von der Mutter vorgelebt und von Viktor eingefordert werden. Beide sollten auf einer partnerschaftlichen Ebene ihre Rechte und Pflichten definieren, die Führungskompetenz muss allerdings bei der Mutter bleiben. Wenn die Mutter respektvoll, authentisch, berechenbar und konsequent ist, wird auch ihr Sohn lernen zu respektieren, zu kooperieren und die Verantwortung für sein Leben und seine Taten zu übernehmen.

Besonders Alleinerziehende sollten mit solchen Problemen nicht alleine bleiben, sondern Rat und Hilfe holen!

Reinhard im Teufelskreis

Allzu leicht können Eltern und Kind in einen Teufelskreis hineingeraten, wie in folgendem Beispiel:

Reinhard, 9, macht nicht gerne Hausübung. Die Mutter ermahnt ihn: »Setz dich hin und lerne!« (Anweisung ohne Rückmeldung) Nach einer Weile kommt sie wieder und merkt, dass er verträumt vor sich hinguckt: »Jetzt setz dich endlich hin und tu was!« (Kritik mit negativem Unterton) Sie kommt wieder und er hat erst einige Striche getan: »Du trödelst schon wieder! Also, wenn du deine Hausübung nicht sofort erledigst, gibt es Fernsehverbot!« (Abwertung plus Drohung) Endlich hat Reinhard seine Hausübung mehr oder weniger widerwillig gemacht, vielleicht gab es noch einen Krach, bis Mutter und Kind erschöpft resignieren. Beim Abendessen wird dem Buben »gut zugeredet«. Ein Vortrag wird ihm darüber gehalten, was er tun und was er unterlassen sollte. Die Eltern kommen so richtig in Fahrt, seine Zukunft stehe auf dem Spiel! Das Kind macht sich klein und lässt den »sauren Regen« über sich ergehen. Weil es aber noch immer nicht erwartungsgemäß reagiert (»Ja, Mama, ich werde mich bessern!«) sondern »auf Durchzug« schaltet, verstärkt man die Intensität seiner Bemühungen, bis der Bub nur noch krampfhaft schweigt oder frech aufbegehrt. Dann meinen die Eltern »Er ist so verschlossen!« oder »Er ist so aufmüpfig!«.

Eltern und Kind sind im schönsten Teufelskreis gelandet. Die Eltern begründen: »Weil er so faul ist, müssen wir so viel schimpfen!«

Das Kind empfindet: »Weil sie dauernd schimpfen, vergeht mir die Lust auf's Lernen!« Wenn das Kind die »Ohren zumacht«, so ist das reiner Selbstschutz. Es erträgt es nicht mehr, ständig beurteilt, ermahnt, kritisiert und erpresst zu werden. Wie würde es Ihnen gehen, wenn Ihr Chef Ihnen ständig nur Ihre Schwächen vor Augen führt und Ihnen mit jeder kleinen, noch so selbstverständlichen Anweisung zu verstehen gibt, dass er Sie für eine Niete hält? Sicher nicht aufbauend!

Wer ist schuld an dieser Situation? Diese Frage hilft nicht weiter. Beide Seiten drehen mit viel Energie an diesem Teufelskreis. Die Frage muss lauten: »Wie kommen wir da wieder raus?« »Wo liegen die Ursachen?« »Wie können wir diese Abwärtsspirale stoppen und das Rad in die Aufwärtsrichtung drehen?« »Wie können wir die Lust am Lernen fördern?« »Welche Unterstützung braucht Reinhard wirklich?«

Lösungsansatz:
Um Reinhard zu helfen, muss man ihn aktiv in die Problemlösung mit einbeziehen. Der Coaching-Ansatz kann als Leitlinie dienen. Als Auftakt kann die neutrale Situationsbeschreibung dienen: »Reinhard, ich merke, wie viel Überwindung es dich kostet, dich zur Hausübung zu setzen, und wie sehr dich unsere ewigen Ermahnungen nerven.« Bei Reinhard hat sich schon so viel Widerstand aufgebaut, dass ein konstruktiver Lösungsansatz nicht gefunden werden kann, wenn wir ihm nicht Gelegenheit geben, zuerst all seinen Frust »auszuspucken«, zum Beispiel durch folgende Frage: »Wie ist das für dich, wenn wir dich ständig an etwas erinnern oder gute Ratschläge geben?« Darauf gilt es einzugehen, es ernst zu nehmen und anzuerkennen, damit er sich entlastet und wirklich verstanden fühlt. Viele Eltern verhindern, dass sich ihre Kinder für das Lernen zuständig fühlen, indem ständig sie die Lösungen vorgeben und die Leistungen bewerten. Wenn sie stattdessen Reinhard fragen, was denn er für Ideen dazu hätte, geben sie ihm zu verstehen, dass sie ihn selbst als Experten sehen. Da Schule und Lernen ja seine Angelegenheit ist, kann die Lösung auch nur

von ihm kommen! Das baut auf, darin spürt Reinhard einen Vertrauensvorschuss, das zeigt, dass man ihm etwas zutraut. Ergänzend können die Eltern fragen: »Wie können wir dabei helfen, dass du tüchtig und flott mit deiner Hausübung fertig wirst und dann mehr Freizeit hast?« Der Vorteil für Reinhard wird deutlich gemacht und es kann es zu einer konkreten Vereinbarung kommen.

Die Mutter muss aufhören, Reinhard »nachzulaufen«. Das nervt. Stattdessen muss er aktiv werden, wenn er fertig ist oder wenn er Fragen hat. Bevor Eltern die Lösung sagen, sollten sie immer zuerst nachfragen: »Hast du eine Idee?«, um ihn zum Nachdenken anzuregen. Eine Küchenuhr kann helfen, die geplante Zeit zu stoppen. Dann schaut man, wie weit Reinhard gekommen ist. Besonders spannend und freudig ist es, wenn er noch vor dieser Zeit fertig wird, gewissenhaft und flott gearbeitet hat.

Weiters hilft es, regelmäßige Aufzeichnungen zu führen und diese z. B. wöchentlich gemeinsam anzusehen. Dadurch ergibt sich ein Leistungsvergleich. Wieder soll Reinhard zuerst seine eigene Meinung kundtun, sich selbst kritisch unter die Lupe nehmen und erkennen, wo er Fortschritte gemacht hat. Dadurch muss er sich weniger mit anderen Kindern, sondern vor allem nur mit sich selbst vergleichen, offen und ehrlich, denn er bekommt keine Kritik und Belehrungen mehr von oben. Seine Selbsterkenntnisse kann man anerkennen, bestätigen, relativieren und ergänzen. Unter solchen Umständen wird sich Reinhard die Meinung der Eltern gerne anhören, anstatt sich vor ihr zu verschließen. Die Eltern arbeiten mit, statt gegen die inneren Energien und Motivationen ihres Sohnes.

Wichtig ist auch, dass Reinhard mit all seinen Sorgen zu seinen Eltern kommen kann und dass sich nicht sein ganzes Leben nur um das Lernen dreht. Das ist kontraproduktiv.

8.9. Wenn Kinder ihre Eltern schlagen

Nicht selten höre ich Eltern berichten, dass sie von ihren Kindern geschlagen werden. Solange diese im Kleinstkindalter sind, finden sie es womöglich noch amüsant und setzen nicht deutlich genug Grenzen. Später schlägt das Kind auf die Eltern, wenn es nicht bekommt, was es will. Man redet auf das Kind ein, versucht ihm zu vermitteln, dass das wehtut, und verkündet die Regel: »Wir schlagen einander nicht!« Wenn all das nicht fruchtet, sind Konsequenzen angesagt, denn man darf dieses Verhalten nicht verharmlosen, auch nicht bei kleinen Kindern, denn es bedeutet massiven Autoritätsverlust. Wenn unser Kind uns nicht mehr ernst nimmt, geraten wir in erzieherische Handlungsunfähigkeit und das Kind verliert den Halt, den es zu seiner Entwicklung braucht. Übrigens: Die Formulierung »Wir schlagen einander nicht!« spricht aus der Perspektive der Gleichberechtigung. Das ist für das Kind intuitiv spürbar und wird daher der Situation nicht gerecht. Manchmal passt einfach besser: »Das darfst du nicht!«, weil es angemessen ist, dass ich hier meine Autorität in die Waagschale lege.

Wenn es um spielerisches Rangeln geht, muss es von beiden Seiten als solches akzeptiert sein, auch non-verbal. Das kann Kindern viel Spaß machen. Wenn Schluss sein soll, müssen die Erwachsenen ein deutliches Signal senden, das das Kind auch versteht (»Einmal noch und dann ist Schluss!«).

Wenn ganz kleine Kinder Eltern schlagen oder beißen, so ist das kein Drama, aber man muss danach trachten, dies von Beginn an zu unterbinden. Meist reicht es, wenn ich mein Kind ernsthaft anblicke und »Nein! Das tut weh!« sage. Bei einem neuerlichen Versuch kann ich einfach das erhobene Händchen halten, bis es das bleiben lässt. Damit ist die Sache erledigt.

Wie können wir Aggressionen, die vom Kind ausgehen, »abstellen«? Zurückschlagen wollen wir nicht, das wäre zu einfach und wir wollen nicht an der Gewaltspirale drehen. Das Kind aus dem Zimmer schicken, bis es sich wieder zu benehmen weiß? Vielleicht!

Aber manche Kinder bekommen dort erst recht einen Tobsuchtsanfall, steigern sich in ihre aggressiven Gefühle hinein, machen Dinge kaputt, »rächen« sich an den Eltern. Auch das ist Machtkampf. Das »Aus-dem-Zimmer-Schicken« kann beim Kind ein Gefühl der Ohnmacht auslösen, wenn es sich ausgeliefert fühlt, so als wäre es in der Verbannung. Hingegen kann ein »Geh in dein Zimmer und denk darüber nach!« oder »Komm zurück, wenn du dich beruhigt hast!« hilfreich sein, wenn es wie eine »Auszeit«, eine Nachdenkpause anmutet, denn es kann von sich aus den Weg zurück beschreiten. Gegebenenfalls können Eltern nach einer Weile klopfen und fragen: »Bist du bereit zum Reden?« Dann muss ein ernstes Gespräch geführt werden: »Möchtest du mir etwas sagen?« Wenn sich das Kind reuig anhört, kann passen: »Das war nicht in Ordnung, stimmt's?« Das Kind wird schüchtern nicken. Schauen Sie ihm tief in die Augen. Wenn es treuherzig nickt, bestätigen Sie: »So ist es!« Damit ist die Sache erledigt! Schließen Sie es in die Arme. Jetzt darf es aufatmen und spielen gehen.

Bei einem kleinen Kind, das zum Tobsuchtsanfall neigt, kann es wirksamer sein, es fest in die Arme zu nehmen, um es daran zu hindern, zuzuschlagen. Wenn es sich beim Herumschlagen kaum fassen und bändigen lässt, empfiehlt es sich, es zu diesem Zwecke in eine leichte Decke oder Handtuch zu hüllen. So kann man sicher sein, von seinen kleinen Ärmchen und Beinchen nicht verletzt zu werden und vor allem, ihm selbst dabei nicht wehzutun. Mit ruhiger, fester Stimme kann man sagen: »Ich lasse nicht zu, dass du mich schlägst! Ich halte dich, bis du wieder ruhig bist!« Anfangs wird das Kind wahrscheinlich dagegen protestieren und noch lauter schreien, weil es sich überwältigt und besiegt fühlt. Man kann noch einmal wiederholen: »Ich lasse mich von dir nicht schlagen! Dazu habe ich dich viel zu lieb!« Behalten Sie das Kind fest im Arm und lassen Sie es ausweinen. Ihr Griff bleibt fest, aber nicht grob und wird zunehmend zärtlich. Zum Schluss können Sie ihm über den Kopf streicheln. Wenn es ausgeweint hat, wird es einen Seufzer der

Erleichterung ausstoßen, denn es hat die liebevolle Überlegenheit der Mutter/des Vaters gespürt, die ihm guttut. Sie verankern: »Ich bin deine liebe Mama/lieber Papa und du bist mein liebes Kind. Deshalb schlagen wir einander nicht!« Achten Sie auf sein Nicken, auf seine Zustimmung. Danach gehen Sie zum Tagesgeschehen über. Eine klärende und freundliche Nachbesprechung am Abend könnte den Abschluss bilden, bei dem es seine negativen Gefühle verbal ausdrücken darf. Wichtig ist, nicht nachtragend zu sein und dem Kind seinen »schlechten Charakter« nicht vorzuhalten.

Erhebt Ihr Kind, beispielsweise ein Sohn, der womöglich schon um einen Kopf größer ist als Sie, drohend die Hand, so blicken Sie ihm in die Augen und sagen Sie beispielsweise fest und mutig: »Soll ich mich fürchten?!« Mit großer Wahrscheinlichkeit wird er sie wieder sinken lassen. Dann ist es besser, zu schweigen und einander zunächst einmal aus dem Weg zu gehen und einen besseren Zeitpunkt für ein Gespräch abzuwarten, wenn sich die Emotionen wieder gelegt haben. **Eines muss klar sein: Kinder dürfen kritisieren, sie dürfen ihren Unmut äußern, aber beleidigen und bedrohen dürfen sie ihre Eltern nicht!** Die Ebene des Respekts muss gewahrt bzw. wiederhergestellt werden, ob Kinder nun ihren Willen durchsetzen können oder nicht!

Sollte es tatsächlich so weit kommen, dass ein Jugendlicher die Hand gegen seine Eltern erhebt, dann ist es wohl geraten, die Polizei zu verständigen: »Ich lasse mich von dir nicht schlagen!« Zeigen Sie die Grenze, holen Sie professionelle Hilfe, aber bleiben Sie fair und halten Sie zum passenden Zeitpunkt die Hand zur Versöhnung hin.

Wenn Eltern es verstehen, Konflikte konstruktiv und positiv zu beenden, dann stellen diese eine wunderbare Gelegenheit dar, Liebe und Vertrauen zu festigen oder wiederherzustellen. Gerade im Konfliktfall müssen sich alle Kinder sicher sein können: »Meine Eltern haben mich lieb und glauben an mich!«, weil sie Fairness und Wohlwollen auch in der Auseinandersetzung spüren.

Kapitel 9
Wenn Kinder streiten

» Wenn man einen Menschen bessern will,
muss man ihn erst einmal respektieren. «

Romano Guardini

Hier sind nicht die Eltern im Konflikt mit ihren Kindern, sondern diese haben Konflikte untereinander und die Eltern sind aufgerufen, ihnen bei deren friedlicher Beilegung zu helfen. Sie haben also die Rolle eines Streitschlichters, eines Mediators.

9.1. Rivalitäten um die Gunst der Eltern

Die Rivalitäten der Geschwister um die Gunst der Eltern sind etwas Natürliches. Jedes Kind möchte das Gefühl haben, von den Eltern besonders und vielleicht mehr als die anderen geliebt zu werden. Dies äußert sich in den typischen Eifersuchtsszenen der Geschwister untereinander.

Familienzuwachs
Besonders dann, wenn das erste Kind ein Geschwisterchen bekommt, kann es sich leicht vernachlässigt fühlen, wenn es die elterliche Aufmerksamkeit nicht mehr nur für sich allein in Anspruch nehmen kann. Gefühle der Eifersucht sind eine natürliche Reaktion auf diese Umstellung. Zwiespältige Gefühle treten auf: Einerseits freut es sich über den Familienzuwachs, der einen neuen Spielkameraden und Abwechslung in sein Leben bringt, andererseits ist ihm damit ein Nebenbuhler an die Seite gestellt.

Es ist wichtig, dass die Eltern Verständnis für diese ambivalenten Gefühle zeigen, die beim älteren Kind auftreten können, Gefühle von Freude gemischt mit Neid und Aggressionen. Wie immer, wenn es um emotionale Schwierigkeiten geht, ist es zuerst notwendig, dass diese negativen Gefühle geäußert und ausgedrückt werden dürfen, ohne dass das Kind als böse abgestempelt wird. Wenn es sagen darf, was es fühlt, dann ist es erleichtert, lernt sich selbst verstehen und seine Aggressionen verschwinden bzw. es wird lernen, so damit umzugehen, dass es damit keinen Schaden anrichtet. Wenn Eltern kein Verständnis dafür haben, dann neigen sie dazu, die kindlichen Aggressionen zu unterdrücken, anstatt sie abzufangen und verwandeln zu helfen. Unterdrückte Aggressionen treten aber immer an einer anderen Stelle oder zu einem anderen Zeitpunkt wieder zum Vorschein.

Daher ist es bei der Ankunft eines Geschwisterchens immer wichtig, den älteren Kindern besondere Aufmerksamkeit zu schenken, damit sie sich nicht vernachlässigt fühlen. Manche Eltern sind jedoch so sehr beseelt, alles richtig zu machen, dass sie sich von ihren älteren Kindern in eine Zwickmühle treiben lassen, um nur ja nicht ungerecht zu sein. Auch darin besteht eine Gefahr, denn Kinder merken sehr bald, womit sie bei ihren Eltern Macht ausüben können, vor allem durch das Erzeugen von Schuldgefühlen.

Im Grunde reicht völlig aus, aufmerksam und verständnisvoll zu sein, die neuen Freuden und Einschränkungen aber als zumutbare natürliche Herausforderungen zu sehen, an denen die Kinder reifen können.

Individuell statt gleich lieben

Viele Eltern geben auf die direkt oder indirekt gestellte Frage: »Mama, welches Kind hast du am liebsten?« folgende Antwort: »Wir haben euch alle gleich lieb!« Die Kinder werden die Eltern nun ständig auf die Probe stellen, ob das auch wirklich stimmt, dass alle gleich geliebt und behandelt werden, und die Eltern kommen in eine Situation, sich ständig rechtfertigen zu müssen.

Es gibt einen Ausweg: Kinder wollen nicht gleich, sondern individuell geliebt, in ihrer Einzigartigkeit wahrgenommen und gewürdigt werden. Auch mir stellte einmal eine Tochter diese Frage: »Mama, welches Kind hast du am liebsten?« Zum Glück fiel mir spontan ein: »Ich habe jedes Kind ganz besonders lieb, jedes auf seine Weise.« Damit war sie zufrieden und die anderen auch. Dann erklärte ich ihr: »Ich habe jedes Kind auf eigene Weise lieb, jedes ein bisschen anders. Ihr bereitet mir auf unterschiedliche Weise Freude und manchmal auch Ärger. Je nachdem schimpfe ich mit einem Kind einmal mehr, einmal weniger, denn jeder von euch ist unterschiedlich und ich bin auch nicht immer gleich.« Mit dieser Antwort waren alle vollauf zufrieden.

Kinder lieben es, in ihrer Individualität gewürdigt zu werden. Liebe muss nicht nach dem Gießkannenprinzip verteilt werden, sondern nach den jeweiligen Bedürfnissen. Das erlaubt uns auch, spontan und locker zu reagieren, anstatt uns immer rechtfertigen und kontrollieren zu müssen.

»Du bist meine liebe Liese. An dir mag ich, dass du so fröhlich lachen kannst, dass du so hübsche Locken hast etc.« »Du bist mein lieber Hans, an dir mag ich, dass du so flink und pfiffig sein kannst.« Ein anderes Kind wird gewürdigt, weil es so sorgfältig zeichnen, so aufmerksam zuhören kann etc.

Diese Erkenntnis bringt den Eltern Erleichterung. Alle Kinder gleich lieben zu müssen, bedeutet Stress. Wir fühlen selbst, dass das auch für uns so nicht stimmt. Wenn wir an uns selbst den Anspruch der »gleichen Liebe« stellen, dann tendieren wir nämlich dazu, unliebsame Gefühle zu leugnen, wenn wir uns zu unseren Kindern unterschiedlich hingezogen fühlen. Wir müssen uns ehrlich unseren eigenen Ambivalenzen stellen. Nur dann können wir daran arbeiten und jedes Kind authentisch lieben und ihm wirklich gerecht werden. Wenn sich jedes Kind, so wie es ist, von den Eltern geliebt fühlt, dann verschwindet die Eifersucht wie von selbst.

9.2. Liebe und Gerechtigkeit

Kinder haben einen ausgeprägten Sinn für Gerechtigkeit und sie brauchen die Gewissheit, von den Eltern gerecht behandelt zu werden. Im Zusammenhang mit Geschwisterrivalitäten können sie mit diesem Anspruch aber auch ganz schön Druck ausüben, gerade eben bei Eltern, die diese Herausforderung besonders ernst nehmen.

Das Bemühen der Eltern, es allen recht zu machen, kann zu einer Falle werden, nämlich dann, wenn wir uns regelrecht einspannen lassen in den Karren ihrer Ansprüche und Rivalitäten: »Der Hans hat mehr als ich!« »Die Suse darf länger fernsehen als ich!« »Der Peter bekommt neue Schuhe und ich nicht!« Mit solchen Vorwürfen versuchen sie, auf die Eltern Druck auszuüben und ihren eigenen Vorteil zu vergrößern. Subjektiv gesehen mag es ihnen tatsächlich manchmal vorkommen, benachteiligt zu sein. Geht es uns Erwachsenen nicht auch manchmal so, wenn wir uns mit anderen vergleichen?

Dieser Falle können wir nur dann entkommen, wenn wir den Anspruch der universellen Gerechtigkeit von uns weisen: »Wenn ihr absolute Gerechtigkeit fordert, müsst ihr zum lieben Gott gehen. Ich schaffe das nicht! Ich bemühe mich, gerecht zu sein, aber das gelingt nicht immer. Einmal bin ich locker und entspannt, dann dürft ihr lauter sein, ein anderes Mal brauche ich Ruhe. Dann rege ich mich vielleicht wegen einer Kleinigkeit auf. Das Wetter ist auch nicht alle Tage gleich. Bei mir ist das auch nicht anders.« Oder: »Ich mute euch zu, dass einer einmal mehr hat als der andere. Damit müsst ihr leben, ohne vor Neid zu erblassen.«

Wenn Sie versuchen, jedem Kind zu geben, was es braucht, und ansprechbar sind für eventuelle Gefühle der Benachteiligung und diese ernst nehmen, ohne sich von kindlichen Ansprüchen erpressen zu lassen, dann werden Sie bestimmt zu einer Balance finden, bei der alle Beteiligten sich wohlfühlen. Dann kann über alles gesprochen oder auch gestritten werden und die geschwisterliche Liebe wird dennoch die gemeinsame Basis bleiben und für ein harmonisches Familienleben sorgen.

Konfliktpotential vermeiden

Nicht vor vollendete Tatsachen stellen, im Vorfeld informieren

Ein Kind braucht mehr Kleidung, weil es schneller wächst oder mehr kaputt macht als das andere. Müssen Sie deshalb jedem Kind neue Kleider kaufen? Alles in Doppelgarnitur, damit nur ja keines sich benachteiligt fühlt? Das wäre teuer und ein pädagogischer Unsinn. Da wir davon ausgehen können, dass wir es nie allen recht machen können, ist es bei manchen Anschaffungen oder Entscheidungen wichtig, die anderen Geschwister schon im Vorfeld zu informieren und nach möglichen Einwänden zu fragen: »Die Ute braucht eine neue Füllfeder, weil sie ihre verloren hat. Du aber hast gut auf deine aufgepasst und ich kann nicht gleich zwei davon kaufen. Verstehst du das oder fühlst du dich benachteiligt?« Wenn Kinder die Wertschätzung der Eltern spüren und dass ihre Tugenden nicht als selbstverständlich genommen werden, dann können sie erstaunlich großzügig sein und wahrscheinlich antworten: »Mama, das macht nichts, ich bin mit meiner Füllfeder noch immer zufrieden.« Oder: »Ich weiß, dass wir nicht so viel Geld haben, alles doppelt zu kaufen!« Das Kind wird für sein vernünftiges Verhalten gewürdigt. Eine Anerkennung in anderer Form kann es fallweise geben, sollte aber keinen selbstverständlichen Anspruch darstellen.

Ähnlich verhält es sich, wenn Kinder aus ihrer Kleidung herauswachsen und die Eltern sie den jüngeren Geschwistern geben wollen. Das muss unbedingt vorher besprochen werden. Dann hat das ältere Kind Gelegenheit, sich von seinem Kleidungsstück zu verabschieden und sich in Großzügigkeit, aber nicht Überheblichkeit dem jüngeren Geschwisterchen gegenüber zu üben. Ein überraschtes und empörtes »Die hat meine Badehose an!« als Konfliktpotential und Rechtfertigungen im Nachhinein können Sie sich damit ersparen. Das bedeutet nicht, dass Eltern immer um Erlaubnis fragen müssen, aber wenn sie im Voraus über ihre Absichten informieren, dann fühlt sich das Kind ernst genommen und Einwände können noch berücksichtigt werden.

Wie geht es Ihnen, wenn Ihr Chef oder Ihr Partner Sie vor vollendete Tatsachen stellt, macht Sie das nicht auch wütend? Die Entscheidung mag noch so vernünftig sein, wären nicht auch Sie verärgert? Nichts ist frustrierender, als übergangen zu werden!

Alles mehrfach anschaffen?

Um nervendem Kinderstreit aus dem Weg zu gehen, schaffen viele Eltern Kleidung, Spielzeug und dergleichen gleich zwei Mal an. Aber wenn Kinder nicht gelernt haben, sich zu vertragen, nützt das alles nichts. Sie suchen förmlich nach Streitäpfeln und sind dabei sehr kreativ. Unglaublich, worüber Kinder streiten können! Kein Wunder, denn sie brauchen die Auseinandersetzung zu ihrer gesunden Entwicklung.

Dass jedes Kind einen eigenen Mantel, eigene Schuhe, eine eigene Schultasche und einen eigenen Schreibtisch hat, sollte bei unserem westlichen Lebensstandard eine Selbstverständlichkeit sein. Aber muss jedes Kleidungsstück, jedes Spielzeug zwei Mal angeschafft werden? Sicher nicht! Im Gegenteil: Wenn Kinder weniger besitzen, gehen sie achtsamer damit um, lernen teilen, borgen, verhandeln, verzichten. Darin liegt im Wesentlichen die Schule des sozialen Lernens. Diese Chance sollten wir ihnen nicht nehmen!

Wie solche Probleme im Einzelfall gelöst werden können, ist Ihrer natürlichen Erziehungskompetenz überlassen, in gegenseitigem Einvernehmen und mit intuitivem Gespür für die jeweils stimmige Entscheidung.

9.3. Streitigkeiten unter Kindern

Das elterliche Vorbild

Kinder lernen am Modell der Eltern. Daher ist es logisch, dass Kinder am meisten am Vorbild der Eltern lernen, Konflikte zu lösen: Wie gehen die Eltern miteinander im Konfliktfall um? Wird vieles unter den Tisch gekehrt oder laut und hemmungslos vor den Kindern ausgetragen? Zeigen die Partner Wertschätzung und Achtung füreinander, auch bei Meinungsverschiedenheiten und Bedürfniskollisionen? Ist die Liebe das verbindende Band? Können sie noch miteinander lachen, unbeschwert und spontan sein? Oder machen Vater und Mutter einander häufig unterschwellige Vorwürfe, zieht man sich beleidigt zurück, wenn es nicht nach dem eigenen Willen geht? Schluckt einer der beiden zu viel hinunter, um Konflikte zu vermeiden? Kann und darf man sich abgrenzen, ohne dafür verurteilt zu werden?

Bei Konflikten zeigt sich am deutlichsten, wie die Machtverhältnisse zwischen den Eltern ausgeprägt sind. Wirklich zufriedenstellend kann eine Partnerschaft meiner Meinung nach nur dann sein, wenn beide Partner sich um faire und für beide Seiten zufriedenstellende Lösungen bemühen.

Wenn Eltern spüren, dass es in ihrer Streitkultur Mängel gibt, dann sollten sie Konfliktseminare besuchen, um das zu lernen, was sie offensichtlich in ihrer Kindheit nicht lernen konnten. Wenn alles zufriedenstellend läuft, aber ein besonderes Problem einen wunden Punkt darstellt, der über einen bestimmten Zeitraum offenbar allein nicht bewältigt werden konnte, dann sollten sie unbedingt einen Mediator oder Therapeuten aufsuchen, bevor die Beziehungsbasis darunter zu leiden beginnt.

Nachgeben oder Ellenbogen?

Bei der Frage »Wer setzt sich durch?« versucht jedes Kind naturgemäß, die Eltern auf seine Seite zu ziehen, sie als Verbündete zu gewinnen, die zu seinen Gunsten ein Machtwort sprechen. Die Eltern befinden sich also unversehens in der Position des Schiedsrichters. Das Problem dabei ist, dass, egal wie die Entscheidung ausfällt, eines der Kinder sich immer benachteiligt fühlen wird. Daher ist es klug und wichtig, aus der Rolle des **Schiedsrichters** auszusteigen und stattdessen die Rolle des **Mediators**, des Konflikthelfers, einzunehmen.

Streitende Kinder sind die natürlichste Sache der Welt, auch wenn sich Eltern noch so sehr um Harmonie bemühen. Schließlich geht es darum, sein Ego zu behaupten, seinen Willen durchzusetzen und sich gegen Übergriffe anderer zu wehren.

Eltern, die ihr Kind nicht zu einem kleinen Egoisten erziehen wollen, raten oft »Der G'scheitere gibt nach ...«, »Sei doch friedlich, es zahlt sich nicht aus, zu streiten«. Andere Eltern wiederum wünschen vor allem, dass ihr Kind lernt, sich im Leben zu behaupten. Deren Motto lautet: »Lass' dir nur ja nichts gefallen!« Die angemessene Botschaft sollte aber lauten: »Es ist wichtig, dass du deine Meinungen und Interessen durchzusetzen lernst – aber es ist nicht egal, wie!«

Das Machtwort – Wenn Eltern den Schiedsrichter spielen

Schauen wir uns eine konkrete Situation im Kinderzimmer an: Anna greift nach dem Spielzeug ihres Bruders und erntet Widerstand. »Lass es los, das gehört mir!« »Ich will es aber!« »Du bist blöd!« Und schon ist die schönste Streiterei, vielleicht sogar Rauferei, im Gange.

Da fühlen sich Eltern berufen, einzuschreiten, um den Streit zu beenden. Sie übernehmen meist die Rolle des Schiedsrichters und versuchen, eine für beide Beteiligten gerechte Lösung zu finden, welche die Kinder dann mittels Machtwort akzeptieren müssen. So kann der Streit oft schnell gelöst werden.

Diese Methode birgt aber auch Nachteile:

- Die Kinder betrachten sie (zu Recht) als Einmischung in ihre Angelegenheiten.
- Es gibt kaum eine Lösung, bei der sich nicht zumindest einer der beiden benachteiligt fühlt.
- Widerstand gegen die elterliche Autorität kommt mit zunehmendem Alter auf.
- Die Kinder entwickeln Gefühle der Rache und Eifersucht untereinander.
- Sie versuchen, die Eltern auf ihre Seite zu bringen und die Dinge so darzustellen, wie sie für sie von Vorteil sind, wobei der Streitpartner schlecht gemacht wird. Tricks und Lügen werden gefördert.
- Die Kinder lernen nicht, eigene Lösungen zu erarbeiten.

Es stellt sich die Frage: Soll ich mich überhaupt einmischen? Wann und wie greife ich ein? Eltern müssen nicht bei jeder Kleinigkeit intervenieren, sollten aber auch nicht tatenlos zusehen, wie sich ihre Kinder die Köpfe einschlagen oder sonst irgendwie fies verhalten. Vielmehr können sie ihnen helfen, selbst konstruktive Lösungen für ihre Konflikte zu finden.

9.4. Eltern als Mediator

Wenn Kinder streiten, können Eltern als Konflikthelfer statt als Schiedsrichter auftreten und dabei folgendermaßen vorgehen:

- Zuerst beobachten, ob ich überhaupt gebraucht werde. Gegebenenfalls nachfragen: »Braucht ihr mich, oder könnt ihr euren Konflikt auch alleine friedlich lösen?« Das wirkt bereits und die beiden besinnen sich auf ein vernünftiges Gespräch.
- Wenn Einschreiten erforderlich ist:
- Den Streit unterbrechen, nötigenfalls durch ein Machtwort. Die Situation beschreiben: »Ich merke, ihr könnt euch nicht einigen, wer zuerst mit dem roten Auto spielen darf.« Ist ein Gespräch momentan nicht möglich, muss man sie trennen: »Wenn ihr euch wieder beruhigt habt, möchte ich mit euch reden!« Dabei darf man sich nicht auf die Debatte einlassen, wer recht oder unrecht hat. Wenn Sie lediglich das Problem, wie Sie es wahrnehmen, beschreiben, hilft es Ihren Kindern, sich bewusst zu werden, worum es eigentlich geht, und von der emotionalen Ebene auf die Sachebene zu kommen: »Du ärgerst dich, dass er deinen Turm kaputt macht, und du ärgerst dich, dass er dich nicht mitspielen lässt.«
- Als Nächstes ist es wichtig, beide Parteien anzuhören und dafür zu sorgen, dass sie einander ausreden lassen. Das trägt auch dazu bei, dass sich die Emotionen wieder beruhigen. Beispiel: »Wie ist es denn zu diesem Streit gekommen?« »Und was sagst du dazu?« Ist eine Auszeit notwendig (z. B. jeder geht in sein Zim-

mer), kann man nachfragen: »Seid ihr schon bereit, darüber zu reden?«, um sicherzustellen, dass es nicht ein Schreiduell wird.

- Hüten Sie sich davor, die Aussagen selbst gleich zu kommentieren und zu beurteilen, aber hören Sie so zu und fragen Sie gegebenenfalls nach, dass jedes Kind sich verstanden fühlt und auch selbst mehr Klarheit über seine eigenen Gefühle und Bedürfnisse bekommt. Erklären Sie den Kindern gegebenenfalls, dass Verständniszeigen nicht Zustimmung bedeutet. Das ist eine andere Sache.
- Helfen Sie den Kindern, Vorwürfe und Beleidigungen (»Du-Botschaften«) in sogenannte »Ich-Botschaften« umzuwandeln, indem Sie sie dabei unterstützen, die Störung und ihre Folgen konkret zu beschreiben. Beispiel: »Kannst du deinem Bruder/ deiner Schwester sagen, was dich eigentlich so gestört hat?« »… was dich so böse gemacht hat?«
- Fragen Sie beide nach den dahinterliegenden Bedürfnissen: »Warum ist für dich dieses Auto gerade jetzt so wichtig?«
- Fassen Sie die wechselseitigen Aussagen und Argumente zusammen, das verschafft den Kindern ein klares Bild der Sachlage: »Du möchtest das Auto haben, weil es dir gehört. Und du willst nicht, dass er es dir aus der Hand reißt.« Somit sind das Problem und die dahinterliegenden Bedürfnisse und Motivationen auf den Punkt gebracht, es liegt klar »auf dem Tisch«.
- Sie fördern gegenseitiges Verständnis, indem Sie wechselseitig nachfragen: »Kannst du verstehen, dass sie sich darüber ärgert, wenn du …?« »Kannst du verstehen, dass er nicht will, dass du …?«
- Helfen Sie, Bedürfnisse und Wünsche herauszufiltern und positiv zu formulieren: »Was ist für dich dabei so wichtig?« »Was wünscht du dir von deinem Bruder/deiner Schwester?« »Was brauchst du?«
- Fassen Sie die Situation objektiv und wertfrei zusammen und laden Sie zum Verhandeln ein: »Da ihr nicht beide gleichzeitig

schaukeln könnt, müsst ihr eine Lösung finden: Was schlagt ihr vor?«

- Lassen Sie die Kinder verhandeln und helfen Sie dabei, wenn nötig. Beispiel: »Du möchtest jetzt also unbedingt mit diesem Auto spielen. Wie lange brauchst du es denn? Wenn du fertig bist, kannst du es dann deiner Schwester borgen?« Sie können eventuell auch selbst Vorschläge einbringen: »Was haltet ihr davon, wenn …«
- Holen Sie die Zustimmung für die angebotene Lösung bei beiden Konfliktpartnern ein. Verhandeln Sie so lange, bis eine für beide Seiten passende Lösung gefunden wird – bis dahin darf keiner das Spielzeug, den Zankapfel, haben.
- Treffen Sie Vereinbarungen für den nächsten Konfliktfall: »Was müsst ihr beachten, damit nächstes Mal nicht wieder so ein Streit entsteht?« Die Regel könnte lauten: »Wenn einer etwas haben möchte, muss er zuerst fragen, egal ob es ihm gehört oder nicht. Niemand darf etwas aus der Hand reißen.«
- Ermutigen Sie Ihre Kinder, Regeln und Vereinbarungen nach einiger Zeit auf ihre Wirksamkeit zu überprüfen. »Passt diese Lösung noch für euch beide? Wenn nicht, was soll verändert werden?«
- Sprechen Sie den Kindern Anerkennung für ihre Bemühung aus, den Konflikt friedlich beizulegen. (»Ich finde das schön, wie vernünftig ihr miteinander reden könnt.« »Da habt ihr euch aber wirklich bemüht, eine faire Lösung zu finden.«)

> **Das Prinzip: Eltern sind für den Prozess, Kinder für die Lösung zuständig**

Als Zusammenfassung finden Sie die Übersicht 10.

Eltern sind also für die Art und Weise zuständig, wie miteinander gestritten wird, wie die Lösungen zustande kommen, und sie tragen die Hauptverantwortung für das Klima in der Familie. Die jeweilige Lösung aus einem Kinderstreit können sie aber ruhig den Kindern überlassen.

WENN KINDER STREITEN

INTERVENTION
Konflikthelfer statt Schiedsrichter
Prozess begleiten statt Lösung servieren
WIN-WIN statt Sieger/Verlierer

Streitende trennen – Hilfe anbieten

Positionen klären – Worum geht es?
Ausgangssituation beschreiben

Dahinterliegende Ursachen und Bedürfnisse herausfiltern

- Gefühle ausdrücken helfen
- Wünsche und Bedürfnisse herausfiltern
- gegenseitiges Verständnis fördern
- Fakten festhalten, zusammenfassen

Verhandeln helfen

Vereinbarungen treffen

Strategie für »das nächste Mal« vereinbaren

Eltern sind für den Prozess,
Kinder für die Lösung verantwortlich!

Ihr Partner in Erziehungsfragen

Übersicht 10

Mediation bringt allen Vorteile

Zugegeben, auf diese Weise als Streithelfer oder Mediator aufzutreten, erfordert einige Zeit, Geduld und Übung, aber die Vorteile machen sich bald spürbar bemerkbar:

- Die Eltern sind der Last enthoben, es allen recht zu machen.
- Kinder lernen, ihre Konflikte selbst zu lösen.
- Kinder sind motivierter, Lösungen umzusetzen, die sie selbst gefunden oder denen sie persönlich zugestimmt haben.
- Sie fühlen sich geachtet und ernst genommen. Dadurch steigen Selbstwertgefühl und Selbstsicherheit.
- Sie entwickeln mehr Durchsetzungsvermögen und besseres Sozialverhalten.
- Sie müssen sich nicht krampfhaft verteidigen oder nach Ausreden suchen.
- Sie können eigene Fehler leichter zugeben und zeigen schneller Einsicht.
- Sie lernen, die Sichtweise des anderen besser zu verstehen und es fällt ihnen daher leichter, Kompromisse zu finden.
- Sie entwickeln weniger Eifersucht, Intrigen und Rivalitäten.
- Es gibt weniger unguten, feindseligen Streit, der in Machtkämpfe ausartet.
- Fairer Streit bereinigt das Familienklima: Konflikte müssen nicht unter den Tisch gekehrt werden »um des lieben Friedens willen«.
- Mit der Zeit entsteht ein spürbar besseres Verhältnis zwischen den Geschwistern, aber auch zwischen Eltern und Kindern.
- Die Anlässe zum Streiten werden immer seltener.

All dies sind viele gute Gründe, Kinder dabei zu unterstützen, partnerschaftliches Streiten zu lernen.

Eltern achten auf die Einhaltung der Regeln

Hier können Eltern manchmal sehr wohl ein Machtwort sprechen, wenn sie merken, dass einer die Regeln übertritt oder sich unfair verhält. Nimmt sich ein kleineres oder größeres Kind das Spielzeug seines Bruders oder seiner Schwester und die Eltern sehen es, dann können sie einschreiten und daran erinnern: »Leg es zurück und frag zuerst deinen Bruder!«

Kinder sind sehr empfindsam auf Abgrenzen bedacht. Daher kann eine andere Regel lauten: Zuerst klopfen, dann eintreten. Wenn es trotzdem Ärger gibt, können die Eltern fragen: »Hast du die Antwort abgewartet?«

9.5. Abgrenzen und schützen

Abgrenzen muss erlaubt sein

Vor allem jüngere Geschwister setzen häufig auf die Gutmütigkeit der Eltern, wenn es darum geht, dass sie bei jedem Spiel der Größeren mitspielen, bei deren Ausgängen mit Freunden dabei sein, ihr Zimmer betreten oder deren Sachen benutzen wollen. Es ist schön, wenn ältere Geschwister bereit sind, die Jüngeren bei ihren Aktivitäten dabei sein zu lassen und Dinge herzuborgen. Diese Tugenden gehören gefördert, aber nicht erzwungen.

Es wäre verkehrt, wenn die Eltern aus falschem Mitleid die Größeren mahnen: »Siehst du nicht, er weint, weil du es ihm nicht borgst! Jetzt lass ihn doch auch endlich damit spielen!« Das Kind hört die unterschwellige Botschaft: »Wenn du dich abgrenzt, bist du ein Egoist!« Wenn Eltern solcherart Druck machen, erklingt es wie ein Befehl und die Älteren müssen nachgeben. Vielleicht werden sie auch noch beschimpft, wenn sie es nicht tun wollen. Sie fühlen sich übergangen und ungerecht behandelt. Die Kleinen hingegen erkennen sehr rasch, dass der Schlüssel zum Erfolg Weinen, »Petzen« und Raunzen ist und lernen, diese Strategien vermehrt einzusetzen. Kein Wunder, dass sie damit bei den Größeren Groll anstatt Großzügigkeit erzeugen. Auf diese Weise können Eltern den Keim zu einer lang anhaltenden Feindschaft zwischen den Geschwistern legen.

Würden Sie sich nötigen lassen, jemandem einen Gefallen zu tun oder etwas zu verschenken? Nein! Wer sich nicht abgrenzen darf, steckt voller negativer Gefühle. Dadurch entsteht viel Aggressionspotential oder das Kind verlernt es, sich abzugrenzen, weil immer Nachgeben und angepasstes Verhalten verordnet wurde. Die Eltern wundern sich dann: »Er kann sich nicht durchsetzen!« oder »Er ist immer so aggressiv!« Wir können Kinder motivieren, sich liebenswürdig und großzügig zu verhalten, aber zwingen sollten wir sie nicht.

Motivieren, aber nicht übergehen

Die elterliche Intervention könnte so aussehen, dass sie dem abgewiesenen Geschwisterchen einfühlsam erklären: »Schade, er hat jetzt gerade keine Zeit / keine Lust, mit dir zu spielen. Was möchtest du stattdessen tun?« und vermitteln: »Das musst du aushalten. Ich kann und will ihn nicht dazu zwingen!« Den abweisenden Geschwisterteil könnten die Eltern fragen: »Wann bist du fertig?« »Wann hast du wieder Zeit für deine Schwester? Sie freut sich so sehr, wenn sie mit dir spielen kann!« Mit großer Wahrscheinlichkeit kommt eine zustimmende, verbindliche Antwort, weil das wichtigste Bedürfnis jedes Kindes, in seiner Persönlichkeit und seinen Grenzen respektiert zu werden, erfüllt wurde. So bekommen Kinder Gelegenheit, respektieren, verhandeln und warten zu lernen. Zum Trost kann es lauten: »Ich verstehe, dass du jetzt traurig bist. Komm, ich lese dir eine Geschichte vor!«

Kindliche Machtspielchen

Wie alles kann auch das Recht auf Abgrenzung zu kindlichen Machtspielchen missbraucht werden, wenn zum Beispiel ein Kind in seinem Recht auf Abgrenzung genüsslich die anderen zappeln lässt oder egoistisch vor den Kopf stößt. Dann reicht es meistens aus, dass die Eltern dieses Verhalten offen beschreiben und bewerten: »Ich finde es schade und egoistisch, dass du dich gar nicht mit deiner Schwester beschäftigen möchtest, obwohl du es versprochen hast! Anscheinend genießt du es sogar, sie jetzt zappeln zu lassen.« Sie brauchen jedoch kein Machtwort sprechen. Ihre Meinung genügt. Gestehen Sie Kindern auch ein Stück Egoismus zu. Sie müssen Gelegenheit haben, sich auch damit auseinanderzusetzen, ohne zusätzlichen Druck. In manchen Fällen kann aber sehr wohl ein elterliches Machtwort nötig sein: »Diese Tafel Schokolade gehört euch beiden. Deshalb verlange ich von dir, dass du ihr davon gibst, ansonsten muss ICH sie in Verwahrsam nehmen!«

Einen geschützten Rahmen zur Verfügung stellen
Auch hier können Sie helfend eingreifen, indem Sie zum Beispiel mit dem jüngeren Geschwisterchen an der Tür des älteren klopfen und sagen: »Die Laura möchte dir etwas sagen!« Dann lassen Sie das jüngere Kind für sich selber sprechen und verhandeln. Sie sorgen nur dafür, dass es ernst genommen und angehört wird. Gegebenenfalls helfen Sie auch beim Verhandeln. Aber sprechen müssen die Kinder so bald wie möglich für sich selbst.

Diese Strategie eignet sich auch am Spielplatz mit fremden Kindern und hilft den Kleinen, schrittweise Schüchternheit abzulegen, Selbstbewusstsein und Eigenständigkeit zu erwerben.

Wenn Kinder »sekkieren« und dann verharmlosen
Beispiel:

Ihr Kind sagt: »Ich bin ja nur im Vorbeigehen angestreift« oder »Ich habe ja nur sooo gemacht!«, hat aber dabei vor der Nase seiner Schwester irritierend herumgefuchtelt. Dann müssen Sie die Sache auf den Punkt bringen und bemerken: »Hast du gefragt, ob sie das will?« oder »Merkst du nicht, dass sie das stört?«

9.6. Die Rangordnung unter den Geschwistern

Unterschiedliche Rechte

Grundsätzlich sollten Kinder, wie schon gesagt, gleich und gerecht behandelt werden. Aber es muss auch gelten: Die Größeren haben mehr Rechte, aber auch mehr Pflichten als die Kleineren. Größere dürfen länger aufbleiben, länger ausbleiben, bekommen mehr Taschengeld etc. Dafür haben sie auch mehr Pflichten und müssen mehr Rücksicht nehmen auf die Kleineren. Die Debatte darüber, wer was darf, wird nicht abreißen, denn mit jedem Entwicklungsschritt wird es andere Vereinbarungen geben.

Wenn Verantwortung delegiert wird

Wenn größere Kinder in Abwesenheit der Eltern auf Jüngere aufpassen, dann bedeutet das auch, dass sie Verantwortung übertragen bekommen. Welche Befugnisse dieses Kind in Ihrer Abwesenheit hat, sollte im Voraus klargestellt und den Kleinen vermittelt werden: »Ihr müsst tun, was die große Schwester euch sagt!« Die Kleinen müssen sich aber auch beklagen dürfen, wenn sie der Meinung sind, dass ihnen Unrecht geschehen ist und die Macht missbraucht wurde. Darüber muss es ein faires, klärendes Gespräch geben. Die Großen müssen für ihren Einsatz gewürdigt werden, die Kleinen dafür, dass sie gefolgt haben.

Bewunderung und Fürsorge zwischen Geschwistern

Auf diese Weise können die älteren Geschwister ein echtes Vorbild für die Jüngeren werden. Die Großen werden bewundert und geachtet, die Kleinen geliebt und umsorgt. Wichtig ist aber auch, dass Eltern ihre Großen mit derartigen Pflichten nicht überfordern, denn die Elternrolle darf ihnen nicht untergejubelt werden.

Keine starren Rollenzuschreibungen

Eltern sollten darauf achten, dass die Position des Kindes in der Familie (Ältester, Nesthäkchen etc.) nicht zum Korsett für das Kind wird. Auch älteste Kinder dürfen »kindlich« sein und auch jüngste Kinder sollen und können Aufgaben in der Familie übernehmen. Es sollte darauf geschaut werden, diese Rollenbilder nicht dauerhaft in Kraft sein zu lassen, sondern sie stellenweise auch aufzuweichen.

Kapitel 10
Entwicklungspsychologie
und das 3-Körbe-Prinzip

»Werden Kinder in ihrer Entwicklung gehalten,
schlägt sich das in ihrem Verhalten nieder.«

Johann Heinrich Pestalozzi

Dieses Kapitel über Entwicklungspsychologie hat keinen Anspruch auf Vollständigkeit, sondern möchte lediglich einen zusammenfassenden Überblick geben, wie viel Freiheit, Mitsprache und Autorität ein Kind in den jeweiligen Phasen braucht, die mit den Jahresangaben nur ganz allgemein skizziert sind.

10.1. Die Entwicklung von 0–3 Jahren

Beziehungspflege: auf Basis von Bedürfnisbefriedigung, Körperkontakt, aufmerksamer Präsenz und einfühlsamer Interaktion
Erziehungsziele: Aufbau des Urvertrauens, der sicheren Bindung und des Folgenlernens

In diesem zarten Alter haben vor allem die zwei Körbe Freiheit und Gehorsam Bedeutung. Keinerlei Pflichten trüben die unbeschwerte frühe Kindheit. Kleine Kinder sind hilflos und müssen sich voll und ganz auf ihre Eltern, denen sie blind vertrauen, verlassen können. Wenn der kindliche Wille erwacht und sich in Trotzreaktionen ausdrückt, müssen Eltern Verständnis dafür haben und diese Phase mit liebevoller Autorität und Führungskompetenz begleiten.

Wenn Kinder die Steuerung übernehmen

Ein Fehler in der modernen Erziehung besteht vielfach darin, dem Kleinkind zu viel an Eigenständigkeit und Eigenwillen zuzugestehen. Manche Eltern wollen das Kind nicht frustrieren, scheuen die Auseinandersetzung und das klare Nein. Es entwickelt dadurch keinen stärkeren, sondern einen launenhaften Charakter und lässt sich immer schwerer führen. In vielen Fällen übernimmt das Kind die Steuerung und die Eltern richten sich ständig nach seinen Wünschen und Launen. Sie geraten dadurch in eine Überforderungssituation, das Familienleben wird zunehmend stressig. Vor allem aber tut es den Kindern nicht gut. Wenn Kinder die Steuerung übernehmen, fühlen sie sich ungeborgen und auch ihrerseits überfordert und es kann zu schwerwiegenden Entwicklungs- und Verhaltensstörungen kommen. In seinem Buch »Warum unsere Kinder zu Tyrannen werden«, das heftige Kontroversen ausgelöst hat, weist Michael Winterhoff aus der Sicht des Kinderpsychiaters deutlich und ausführlich darauf hin.

Von 0–15 Monaten

Das Baby und Kleinkind hat alle Freiheiten, seine Gefühle und Bedürfnisse auszuleben: Hunger, Schlaf, Bedürfnis nach Sicherheit und Geborgenheit, Entdeckungs- und Spieltrieb. Die Aufgabe seiner Bezugspersonen besteht vor allem darin, physisch und emotional stimmig darauf zu antworten. Dazu brauchen Eltern viel Einfühlungsvermögen und viel Rücksichtnahme auf die kindlichen Bedürfnisse.

Was kann man einem Kleinkind schon zumuten?

Alleinsein? Nein! Folgen? Ja! Sich fallweise allein beschäftigen? Ja!

Von 0–1 Jahr ist das Tragetuch ideal. Die Mutter hat die Hände frei und bestimmt, was geschieht. Das Kind kann sich zunehmend auch alleine beschäftigen, solange es die Bezugsperson im Blickkontakt haben kann, der den Dialog nach Belieben ermöglicht. Es wird mit Sensibilität und Klarheit darauf vorbereitet, was gerade von ihm erwartet wird, auch wenn es das scheinbar noch nicht versteht.

Bekundungen von Vorlieben und Eigenwillen zeigen sich im Grunde genommen schon sehr früh, indem das Baby zum Beispiel bestimmte Dinge will und danach greift, bestimmte Speisen oder Rituale liebt und andere ablehnt. Keinesfalls ist es damit »unfolgsam«, sondern dies ist Ausdruck seiner Individualität und seiner Bedürfnisse.

Als Ausdruck seines Entwicklungstriebes fängt es schon sehr früh damit an, seine Umgebung spielerisch zu testen, seinen Einfluss- und Handlungsradius zu erkunden. Beispiel: »Kommt Mama, wenn ich schreie? Hebt sie mir immer wieder den Ball auf, wenn ich ihn hinunterwerfe? Folgt sie mir nach, wenn ich weglaufe?«

Von 15 Monaten bis 3 Jahren

In die charakteristische Opposition geht das Kleinkind aber erst ab der Trotzphase, wenn es versucht, seinen Willen gegen den der Erwachsenen durchzusetzen. Die Aufgabe der Eltern besteht hier vor allem darin, dem Kind Sicherheit zu geben durch verlässliche Präsenz, es emotional gut abzuholen (aktives Zuhören, Eingehen auf Gefühle, kompetenter Umgang mit Trotzreaktionen), aber die Steuerung beizubehalten und dem Kind das Folgenlernen beizubringen. Das Kind besitzt Freiheiten in einem sehr geschützten engen Rahmen, kleine Wünsche können ihm jedoch durchaus erlaubt werden. Um diese durchzusetzen, passt die altmodische Formulierung: »Mama/Papa, bitte darf ich …?« Kann es noch nicht sprechen, so aber doch in die Hände klatschen, als Zeichen eines kindlichen »Bitte!«. Manche Erwachsene finden es »affig«, Kindern solche Gewohnheiten beizubringen. Das ist ihre Perspektive. Ich finde es kindgerecht, sofern wir es nicht zu einem zwanghaften Dressurakt verkommen lassen. Fingerspitzengefühl ist gefragt.

Beispiel:

Ein Kind, 15 Monate, weint und weigert sich, allein zu spielen. Nachdem sich die Mutter mit ihm beschäftigt hat, möchte sie Verrichtungen im Haushalt machen. Als das Trösten nicht hilft, richtet sie ihm eine Decke her und sagt: »Hier kannst du dich ausweinen und spielen!« Hartherzig? Nein! Die Botschaft zwischen den Zeilen lautet: »Es ist OK, dass du weinst. Ich mute dir das zu und vertraue darauf, dass du damit klarkommst!« Die Botschaft wirkt: Die Kleine beruhigt sich rasch und spielt friedlich neben der Mutter.

Die Mutter erreicht ihr Ziel, ohne sich vom Kind dirigieren zu lassen und ohne seine Kooperation zu »erkaufen« – also keinerlei Schnuller, Süßigkeiten oder dergleichen, einfach nur so, auf Basis wechselseitigen Respekts: Das ist natürliches Suchtpräventionstraining.

Wie entsteht die Veranlagung zur Sucht?

Indem man versucht, echte kindliche Bedürfnisse durch Ersatzhandlungen oder Ersatzprodukte aus der Konsumwelt zu stillen, weil man sich überfordert fühlt oder eine schnelle Lösung herbeiführen möchte. Beispiele: Schnuller statt Zuwendung, Zuckerl statt Trost, Fernsehen statt Aufmerksamkeit, statt sich mit dem Kind zu beschäftigen oder ihm zuzumuten, selbst mit einem Problem, zum Beispiel Langeweile, klarzukommen. Wenn solche Handlungen immer wieder auf ähnliche Weise gesetzt werden, dann haben sie eine automatisierende, prägende, Sucht fördernde Wirkung. Suchtprävention besteht also darin, sich authentisch auf die Bedürfnisse des Kindes einzulassen und diese zu befriedigen, aber auch, es zu unterstützen, Frustrationstoleranz zu erwerben: Durch Verständnis, Aufmerksamkeit und Ernstgenommenwerden lernt es, Verzicht zu verkraften und innerlich stark zu werden.

Nicht alle Spontanbedürfnisse, sondern die Entwicklungsbedürfnisse achten

Die Eltern sorgen für das Kind, indem sie nicht alle kindlichen Spontanbedürfnisse, sondern seine dahinterliegenden Entwicklungsbedürfnisse achten. Beispiel: Die kleine Elina kreischt, weil sie Mamas Kugelschreiber will. Mama bleibt hart (Korb Autorität), bietet ihr aber stattdessen Papier und Stifte an und setzt sie auf den flugs hergerichteten Schreibplatz: »So, hier kannst du uns etwas Schönes zeichnen!« Die Mutter hat nicht das Spontanbedürfnis (Kugelschreiber aus der Hand nehmen), sondern das dahinterliegende Entwicklungsbedürfnis geachtet (zeichnen, die Großen imitieren) und die passende Alternative zur Verfügung gestellt, zur vollen Zufriedenheit des Kindes. Sie hat sich durch das Kreischen nicht unter Druck setzen lassen, sondern zwischen den Zeilen vermittelt: »Ich mute dir mein Nein zu, aber ich habe Verständnis. Ich weiß, was du wirklich brauchst!«

Unterscheiden: Weinen aus Not oder Weinen als Machtkampf?

Ihre Intuition wird Eltern helfen, zwischen zweierlei Arten von Weinen zu unterscheiden: das Weinen aus Not und Überforderung und das Weinen und Schreien als Mittel, um sich durchzusetzen. Im ersten Fall sind ausschließlich einfühlsame, elterliche Präsenz und aktives Zuhören gefragt (Korb Freiheit), im zweiten Fall muss uns bewusst sein, dass es sich um einen intuitiven kindlichen Machtkampf handelt, der keinesfalls als Bosheit anzusehen ist, sondern als Ausdruck kindlicher Entwicklungsregungen. Hier ist es wichtig, dass sich die Eltern durchsetzen (Korb Autorität) und das Kind zunächst bei seinen Gefühlen abholen (aktives Zuhören, Gefühle-Akzeptieren), um ihm den Frust des Nein besser ertragen zu helfen. Dadurch können viele Eskalationen und »hart auf hart«-Situationen vermieden werden. Grenzen setzen muss keinesfalls schroff und lieblos erfolgen und endet solcherart friedlich.

Um Kindern das Folgen zu lernen, brauchen Eltern Verständnis, Geduld und Konsequenz.

Medienkonsum und Reizüberflutung

Wer seinem Kind eine anregende Umgebung mit natürlichen, mit allen Sinnen erfahrbaren Erlebnissen beschert, die das Kind auf natürliche Weise lebhaft und fröhlich machen, wer es vor Reizüberflutung durch zu viel »Action«, Menschenmassen und moderne Medien schützt, tut viel für die Entfaltung seiner Intelligenz. Es ist erwiesen, dass passiver Medienkonsum und mangelnde Bewegung die Entfaltung der Hirnareale beeinträchtigen. Nicht umsonst kommt das Wort »begreifen« vom Wort »greifen«. Deshalb sollten Kinder unter 3 Jahren am besten gar kein Fernseh- oder Videoprogramm konsumieren. Obendrein bedeutet allein schon die schnelle Bildabfolge für das Kleinkind eine Überforderung.

10.2. Von 3–6: Das Kindergartenalter

Beziehungspflege: auf Basis aufmerksamer Präsenz und Schaffung einer einfühlsamen, Vertrauen stärkenden Gesprächsbasis. Verlässlicher Rhythmus und Ordnungsrahmen. Schutz vor Reizüberflutung. Körperkontakt ist noch immer sehr wichtig, jedoch weniger intensiv als im Säuglings- und Kleinstkindalter.

Erziehungsziele: Stärkung von Selbstwertgefühl, Selbständigkeit, Erwerb erster Kompetenzen, schrittweises Erlernen von Kooperation, Disziplin und Rücksichtnahme, Erwerb von Frustrationstoleranz, Entwicklung von Empathie.

Freiheit für Gefühle, Bedürfnisse und Respekt vor der sich entwickelnden Persönlichkeit des Kindes. Kinder müssen lernen, sich einzugliedern und unterzuordnen (Korb Gehorsam), aber auch, sich durchzusetzen. Der Korb der Mitsprache gewinnt an Bedeutung. Steuerung und Führungskompetenz bleibt bei den Eltern.

Korb Gehorsam und Autorität

Es ist falsch verstandene Toleranz, kindliches Frechsein und Ungehorsam zu verharmlosen und zu akzeptieren. Ebenso unangemessen ist es, dies persönlich zu nehmen, schroff, beleidigt oder mit übertriebener Strenge darauf zu reagieren. Kindern muss bereits in zartestem Alter Respekt entgegengebracht, aber von ihnen auch eingefordert werden. Freundliche, kindgerechte Hinweise reichen: »Mit einer freundlichen Bitte erreichst du mehr! Sag es anders!« oder »Ich möchte nicht, dass du so zu mir sprichst!« Es ist klug, erst dann zu reagieren, aber freundlich und ohne weitere Belehrungen, wenn der Ton stimmt.

Der Korb der Mitsprache

Die Aufgabe der Eltern ist es, ihre Kinder von klein auf in ihrer Entwicklung zu Eigenverantwortung und Eigenständigkeit zu fördern. Deshalb:

Kindern nicht alle Probleme abnehmen

In bester Absicht und Fürsorge neigen viele Eltern dazu, ihren Kindern alle Probleme abzunehmen, ohne zu bedenken, dass ihre Hilfe häufig eine unangemessene Bevormundung und Überbehütung darstellt, welche die versteckte, fatale Botschaft enthält: »Ich trau dir nichts zu!« Kinderprobleme gehören von Kindern gelöst! Wenn ein 2-Jähriger seinen Teddybären sucht, einem 4-Jährigen langweilig ist oder der 6-Jährige mit seinen Schnürriemen nicht klarkommt, dann ist es sein Problem! Eltern können unterstützen, indem sie Verständnis zeigen und die passenden Fragen stellen, vielleicht auch mithelfen, aber für die Lösung des Problems ist das Kind selbst zuständig. Hüten wir uns vor aufgedrängten Ratschlägen und Lösungen!

Eltern denken: Ich helfe, weil er es nicht kann. Vielleicht verhält es sich gerade umgekehrt? Er kann es nicht, weil Mama ständig hilft! Lassen wir Kinder an ihren Problemen wachsen! Wie freudig stolz sind sie dann, etwas geschafft zu haben! Und wenn es nicht so ausfällt wie erhofft, dann ist es nicht Mamas Schuld, sondern sie sind um eine Erfahrung reicher und übernehmen Eigenverantwortung. Diese Lektion werden sie sich merken!

Wie schon in vorherigen Kapiteln ausgeführt, sollen Eltern ihren Kindern nicht ihre Probleme abnehmen, sondern sie befähigen, sie selbst zu lösen. Hier muss man vom Korb der Autorität (Bevormundung) in den Korb der Mitsprache, ja sogar der Freiheit

(Selbstbestimmung) überwechseln – ohne jedoch Erziehungsverantwortung abzugeben.

Kooperationsbereitschaft fördern

Dieses zarte Alter ist sehr gut geeignet, die Lern- und Kooperati-
onsbereitschaft des Kindes grundzulegen und zu fördern, die sich
darin äußert, dass sie immer wieder nachfragen: »Mama, Papa, darf
ich helfen?« Kinder helfen gerne, weil sie sich dabei als wichtig und
kompetent erleben. Dies sind wahrlich berührende Regungen kindlicher Hilfsbereitschaft. Man sollte sich hüten, dies mit einem »Lass
das, das kannst du nicht!«, »Du machst dich nur schmutzig!«, »Ohne
dich bin ich schneller fertig!« abzutun. Ansonsten dürfen sich Eltern
nicht wundern, wenn sie bei ihren größer gewordenen Kindern später abblitzen, wenn sie dann um Hilfe bitten. Das Gefühl für Hilfsbereitschaft und Kooperation entsteht in diesen ersten Kinderjahren.
Daher ist es Aufgabe der Erziehenden zu Hause und im Kindergarten, diese hoch motivierten Lernbestrebungen zu unterstützen und
den dafür nötigen Rahmen zu schaffen.

Für einen geordneten Abschluss sorgen

Kindliches Helfen in diesem Alter sollte nur auf Freiwilligkeit erfolgen und es sollte keinerlei Druck ausgeübt werden. Die Eltern
sollten lediglich darauf bestehen, dass die Tätigkeit ordentlich beendet wird. Man muss dem Kind vermitteln, dass es, anstatt wort-
los wegzulaufen, verkündet: »Ich bin fertig!« oder »Ich mag nicht
mehr!« Der geordnete Abschluss kann einfach darin bestehen, dass
dem Kind gesagt wird:»Danke, du kannst wieder spielen gehen!« Das
Kind wird dabei lernen, die Gegenstände auf ihren Platz zurückzulegen oder Mama zu übergeben, den Arbeitsplatz ordentlich zu hinterlassen und gegebenenfalls die Hände zu waschen. So lernt es Struktur für sein Handeln und es ergeben sich wunderbare Gelegenheiten,
Anerkennung zu geben, sodass das Kind Leistung mit Freude verbin-
det, was später für das schulische Lernen enorm wichtig ist.

Kinder brauchen einen eigenen Bereich

Freiheit bekommt das Kind für jene Dinge, für die es bereits Verantwortung übernehmen kann: die Spielzeugschachtel, die Puppenküche, über seine Spielzeit verfügen. Es darf Wünsche äußern und mit seinen Vorstellungen das Familienleben angemessen mitbestimmen.

Nicht uneingeschränkt schalten und walten lassen

Bei aller Förderung der Eigenständigkeit sollte man Kinder in diesem Alter nicht uneingeschränkt schalten und walten lassen. Die Eltern müssen die Kontrolle darüber behalten. Kleine Kinder sollten stets fragen müssen, wenn sie etwas aus der Küche, dem Wohnzimmer oder dem Kühlschrank holen wollen. Flaschen öffnen und eingießen sollte im Vorschulalter nur unter Aufsicht erfolgen dürfen. Das gibt Gelegenheit, noch notwendige Anleitungen zu geben, ihnen Achtsamkeit beizubringen, aber auch anschließend Anerkennung auszusprechen.

Freiheit für kindliche Klagen und Einwände

Wenn Eltern eine Kultur des Widerspruchs pflegen und kindliche Einwände ernst genommen werden, lernen Kinder Regeln gerne zu akzeptieren und sich in bestehende Ordnungen einzufügen. Dabei entwickeln sie Selbstbewusstsein, Verantwortungsbewusstsein und Disziplin. Sie haben Folgen gelernt, kennen aber auch ein angemessenes Maß an Selbstbestimmung, das sie selbstbewusst und freudig motiviert in die Zukunft und dem Schuleintritt entgegenblicken lässt.

Medienkonsum und Reizüberflutung

Mäßiger Medienkonsum im Ausmaß von einer halben Stunde pro Tag mit sorgfältig ausgewähltem Inhalt ist für das Kind erträglich. Besser ist es, das Kind darf darauf verzichten. Daher sollten Eltern auf eine strikte Einhaltung achten, auch wenn das Kind von der bunten Bilderwelt noch so fasziniert sein sollte. Kindern mit viel passivem Fernsehkonsum wird auch schneller langweilig, weil sie mit der Zeit verlernen, kreativ zu sein und sich selbst zu beschäftigen. Eltern sollte auch bewusst sein, dass die täglichen Nachrichten für das Kind wahre Horrorshows sind. Auch wenn wir hinterher versuchen, mit ihnen diese Berichte aufzuarbeiten (wer tut das tatsächlich?), so bleiben doch so manche Bilder in ihrer Seele haften, die Ängste und Mutlosigkeit auslösen oder zu einer emotionalen Abstumpfung führen können. Dasselbe gilt für die Faszination der beliebten Computerspiele.

Die Experten der Werbe- und Filmbranche sind psychologisch geschult und wissen, wie sie Aufmerksamkeit für die Produkte ihrer Auftraggeber erreichen können, indem sie zum Beispiel Bilder und Informationen seitlich einfließen lassen, so auch bei vielen »Action«-Filmen. Was passiert? Das Stammhirn erhält das Signal »Gefahr« und macht den Körper zur Flucht bereit: Der Puls schlägt schneller, das Herz rast, was im Ernstfall gut wäre, um sein Leben zu retten – aber als Täuschungsmanöver bei passivem täglichen Konsum ungesund und schädlich ist. Weil Kinder diese vielen schnellen Bilder nicht verarbeiten können, werden sie unruhig, zappelig und können sich nicht konzentrieren. Später heißt es dann: »Mein Kind ist hyperaktiv« und es wird medikamentös ruhiggestellt.

Wenn sich ein Kind in der Natur austoben, sich bewegen, aber auch beobachten kann, hat es danach die nötigen Fähigkeiten, sich auch auf ruhige und Konzentration fördernde Spiele einzulassen. Wenn Kinder kein Bedürfnis mehr spüren, hinauszugehen, allein oder mit anderen Kindern zu spielen, dann besteht akuter Handlungsbedarf.

10.3. Von 6–10: Das Volksschulalter

Beziehungspflege: auf Basis von Authentizität, aufmerksamer Präsenz und Aufrechterhaltung einer einfühlsamen, Vertrauen stärkenden Gesprächsbasis. Verlässliche Strukturen und Ordnungsrahmen. Körperkontakt wird weniger, soll aber nicht gänzlich verschwinden und sich vorrangig am Bedürfnis des Kindes orientieren. Körperkontakt darf es sehr wohl auch in ritualisierter Form bei Begrüßung, Abschied und beim Gute-Nacht-Ritual geben. Manche Kinder empfinden alles Weitere als peinlich. Grundsätzlich gilt in jedem Alter: keine aufgedrängten Zärtlichkeiten!

Erziehungsziele: Stärkung von Selbstwertgefühl, Eigenständigkeit und Eigenverantwortung, Fortschritte bei Frustrationstoleranz, Kooperation und Disziplin, Bereitschaft zur Rücksichtnahme, Schulung des Wertebewusstseins, Benehmen in der Gesellschaft, Erwerb vieler neuer Kompetenzen, erste Konfrontation mit Pflichten.

Korb Gehorsam, Autorität

Haben die Eltern bisher in konsequenter und verständnisvoller Weise ihre Autorität ausgeübt, dann hat das Kind bereits eine relativ gefestigte Persönlichkeit, die Zeiten unkontrollierter Trotzreaktionen sind vorbei. Kinder akzeptieren gerne Autoritäten, sofern sie sich von diesen geliebt und respektiert fühlen. Das gilt nicht nur für Eltern und Lehrer, sondern grundsätzlich Erwachsenen gegenüber. Daher ist es auch wichtig, ihre berührende Bereitschaft zu vertrauen nicht zu missbrauchen, ein kindliches Nein zu respektieren und sie angemessen vor Gefahren, die von Fremden ausgehen können, zu warnen.

Gibt es Defizite im Korb der Autorität, so ist es in der Volksschulzeit besonders wichtig, dem Grenzensetzen Priorität einzuräumen, um den Respekt des Kindes zurückzugewinnen. Ansonsten besteht die Gefahr, dass es sich in der Pubertät nichts mehr sagen lässt und dem Einfluss der Eltern entgleitet – mit allen Gefahren, die damit verbunden sind.

Korb Freiheit

Die Freiheit für Gefühle, Bedürfnisse und der Respekt vor der sich entwickelnden Persönlichkeit des Kindes wird ergänzt durch eine erste beginnende Unabhängigkeit von den Eltern: Den Schulweg alleine gehen, die Kleidung selbst aussuchen, Koffer selbst packen, je nach Situation und Verlässlichkeit des Kindes. Kinder brauchen freundliche Anleitung und berichten, wenn sie eine Arbeit erledigt haben. Das erlaubt es den Eltern, den Überblick zu bewahren und Anerkennung zu geben. Immer öfter erhält das Kind die Erlaubnis: »Du darfst!«

Korb Mitsprache, Mitbestimmung
Zur Mitbestimmung kann das Kind eingeladen werden (Familienkonferenz) oder es kann von sich aus Verhandlungen aufnehmen, indem es Vorschläge oder Einwände präsentieren darf. Eltern müssen jedoch darauf achten, dass sie von ihren Kindern nicht in Endlosdebatten verwickelt werden, ohne jedes wirkliche Argument (versteckter Machtkampf, kindliche Manipulation), und dass Vereinbarungen auch von Seiten des Kindes eingehalten werden. In Bezug auf die elterliche Führungskompetenz ist darauf zu achten, wann Sie die Mitsprache beenden und wann Sie wieder aus Ihrer Autorität heraus agieren müssen.

Worauf Eltern achten sollten:
- Auf eine offene, herzliche Beziehung
- Ausgewogenheit zwischen Mitsprache und Autorität
- Schulung des Wertebewusstseins
- Schutz vor Reizüberflutung
- Gesunde Strukturen, Zeit- und Ordnungsrahmen, Einbinden in Pflichten
- Pflege der Partnerschaft, Familienkultur und Familienrituale
- Soziale Kontakte mit Erwachsenen, aber auch Kinderfreundschaften pflegen helfen
- Kindern etwas zutrauen, delegieren, Verantwortung abgeben, aber sie nicht mit den Aufgaben allein lassen und überfordern
- Freizeitaktivitäten und Hobbys der Kinder fördern, aber Stress vermeiden. Deshalb ist es wichtig, auch ungeplante Zeiten zuzulassen, die die Kinder zur freien Verfügung haben.

Wenn Eltern eine gesunde Basis schaffen, ist die Volksschulzeit eine wunderschöne Zeit und sie werden die persönliche und intellektuelle Entwicklung ihrer Kinder voll genießen können. Tag für Tag gewinnen sie an Kompetenzen, stellen Fragen über Fragen und öffnen sich für die Wunder dieser Welt.

Den Forscher- und Entdeckergeist entfalten helfen

Nachfolgendes gilt generell für die Kindheit, bekommt in dieser Entwicklungsstufe jedoch eine besondere Bedeutung: viel mit Kindern unternehmen, Ausflüge, Abenteuerurlaube, wo sie entdecken, experimentieren und sich einbringen können. Kinder haben ein riesiges Bedürfnis, die Welt um sich herum zu entdecken. Wenn Schule schon Pflichterfüllung bedeutet, so sollte in der Freizeit vor allem das, was Spaß macht, gefördert werden, nach den persönlichen Talenten und Vorlieben. Hier werden die Grundlagen und Motivationen für Bildung, Forschung und Entdeckergeist gelegt, hier darf den eigenen Interessen und der eigenen Kreativität gefolgt werden. Entscheidend sind das Interesse und das Vorbild der Eltern, ob Kinder mit ihnen über ihre Erlebnisse und Beobachtungen reden können. Diese Gespräche sollten wenig Belehrung, aber jede Menge Anregungen enthalten. Da sollten Eltern vor allem für das Zuhören, für die Begeisterung ihrer Kinder und für ihre Fragen zur Verfügung stehen. Dann wird es einen persönlichen Bildungshunger entwickeln, die Grundlage für eine positive Einstellung zu Lernen und Leistung, und die Bereitschaft, sich anzustrengen.

Umgang mit modernen Medien

Empfehlung: Eine Stunde pro Tag ist eine absolute Obergrenze. Je weniger passiver Medienkonsum einem Kind erlaubt wird, umso kreativer und neugieriger wird es die Welt um sich herum erobern. Im Umgang mit interaktiven Medien ist es wichtig, dass Eltern gemeinsam mit ihren Kindern diese neuen Dimensionen von Medien und Kommunikation erkunden und sinnvolle Vereinbarungen treffen. Dies betrifft insbesondere auch das Übermaß an Gewalt, das sowohl die Berichterstattung als auch die Freizeitindustrie beherrscht.

Erlernen von Pflichten und Verantwortung

Das Augenmerk der Gesellschaft und der Eltern ist heutzutage meist rein auf schulische Leistungen fixiert. Für Kinder gibt es oft lediglich zwei Bereiche in ihrem Leben: Schule und Freizeit. Es fehlt das schrittweise Einbinden und Erlernen von Verantwortung. Da wird im modernen Erziehungsalltag erstaunlich wenig von den Kindern verlangt, weder zu Hause noch in der Schule. Man schont sie wie Kleinkinder, wenn es darum geht, das eigene Zimmer in Ordnung zu halten, auf ihre Kleidung zu achten, Mithilfe im Haushalt zu leisten, und nimmt ihnen dadurch die Möglichkeit, lebenspraktische Fähigkeiten zu erweben und Verantwortungsbewusstsein zu entwickeln.

Schulstress und Schulängste

Die einseitige Betonung schulischer Leistungen kann gerade bei Kindern mit schwächeren kognitiven, intellektuellen Fähigkeiten und geringerer häuslicher Förderung rasch zu enormen Versagensängsten führen, weil es zu wenig andere Bereiche gibt, in denen sie sich bewähren können. Stör- und Vermeidenshaltungen sind die Folge und ein schwieriger Teufelskreis beginnt sich zu drehen. Deshalb ist es gerade dann, wenn Kinder in der Schule weniger erfolgreich sind, besonders wichtig, dass sie sich als Person von ihren Eltern und Lehrern geliebt und akzeptiert fühlen, dass sie die nötige Förderung erhalten, aber auch alternative Möglichkeiten, ihre Fähigkeiten entfalten und zeigen zu können. Kein Kind ist gerne ein Versager! Schulverweigerung entsteht nicht von allein!

Mehr soziales und lebenspraktisches Lernen auch in der Schule anbieten

Deshalb wäre auch in der Schule größerer Wert auf soziale und lebenspraktische Fähigkeiten und das Erlernen von Verantwortung durch Einbindung in kleine Pflichten zu legen. Die Schulen sind aufgerufen, hier die geeigneten Rahmenbedingungen zu schaffen. Dann könnten viele Schüler mit dem Spruch »Nicht für die Schule lernt ihr, sondern für das Leben!« mit Sicherheit mehr anfangen, anstatt ihn als eine abstrakte, altmodische »Augenauswischerei« zu belächeln.

Wenn Kinder auf solche Weise einen »Biss« für das wirkliche Leben bekommen, dann werden sie auch mehr und nicht weniger Sinn in dem Wissen entdecken, das ihnen die Schule vermitteln möchte, und stärker motiviert sein, sich anzustrengen, um gute Leistungen zu erbringen.

Authentizität und Vorbild

Eltern müssen sich in dieser Zeit auch hinterfragen lassen, Rede und Antwort stehen. »Papa, du sagst, wir sollen ehrlich sein, aber vorhin hast du die Nachbarin angeschwindelt!«, »Warum bleibst du nicht bei der roten Ampel stehen?« »Warum wirfst du kein Geld in die Zeitungsbüchse?«

Gespräche über Interessen und Berufswahl

Die Volksschulzeit ist ideal, um Werte in den Kindern zu verankern, durch Erlebnisse, Bücher und Gespräche. Es müssen die Fantasien und Meinungen der Kinder Platz haben und dürfen keinesfalls lächerlich gemacht werden, besonders auch bei Gesprächen über die künftige Berufswahl. Holen wir sie nicht gleich in die Niederungen des Alltags mit unserem »Ja, aber ...«, mit den realistischen Kommentaren unserer verlorenen Träume, womöglich gepaart mit Resignation und Zynismus. Wir sollten auch nicht versuchen, sie für unsere unerfüllten Hoffnungen oder Prestigepläne einzuspannen. Helfen wir ihnen vielmehr, durch unsere Fragen und Rückmeldungen ihre eigenen Visionen zu entwickeln, den Blick für Ideale, aber auch für die Realität zu schärfen. Wichtig ist, dass wir ihnen ermöglichen, laut nachzudenken, und dass sie sich wirklich verstanden fühlen. Dann werden sie auch bereit sein, sich unsere Meinungen anzuhören, die gerade in dieser Entwicklungsperiode einen hohen Stellenwert haben, vor allem dann, wenn sie mit unserer Vorbildhaltung übereinstimmen. Ihr Kind weiß noch keine Antwort auf die

Frage der Berufswahl? »Macht nichts, bis du groß bist, kannst du es dir noch gut überlegen!«

Benehmen in der Gesellschaft

Hat man früher gutes Benehmen häufig überbetont und Kinder oft allzu früh und unsensibel in starre Konventionen gepresst, so war es wichtig, dass sich die moderne Pädagogik gegen kinderfeindliche Zwanghaftigkeiten eingesetzt hat, um eine Lockerung zu bewirken. Heute beobachten wir oft das andere Extrem. Manchmal wird mit ideologischem Eifer darauf verzichtet, Kindern gute Manieren beizubringen, zum Schaden für ihre Entwicklung. Eltern ist meist nicht bewusst, dass Kinder dadurch gar keinen Gewinn haben, sondern auf sehr viel Ablehnung und Kränkung stoßen und nicht wissen werden, wie sie damit umgehen sollen. Das kann zu Aggressionen und sonstigen Störungen führen. Das Vermitteln sozialer Fertigkeiten und Benimmkultur mit Fingerspitzengefühl ist notwendig und möglich!

Wenn das Kind König ist

Viele Eltern wollen, dass ihre Kinder es gut haben und dass sie sich auf die Schule konzentrieren können, und verhalten sich ihnen gegenüber wie Dienstboten, während die Kinder vor dem Fernseher sitzen oder sich sonst irgendwie ihre Langeweile vertreiben. Kinder, die auf solche Weise verwöhnt werden, lernen die Leistungen der Eltern nicht zu schätzen. Für sie ist alles selbstverständlich und sie verlieren den Respekt. Sie leben in einer Art weltfremdem Schlaraffenland und konfrontieren ihre Eltern mit stets steigenden Forderungen, ohne ein Gefühl dafür zu entwickeln, dass auch sie einen Beitrag zu leisten haben.

Verständlicherweise entsteht dann in den Eltern ein latentes Gefühl, ausgenützt und ausgelaugt zu werden, was sie häufig grantig und gereizt werden lässt. Oft genug entwickeln Eltern deshalb eine nicht eingestandene Feindseligkeit ihren Kindern gegenüber, was sich negativ auf die Beziehung auswirkt.

Wenn es so ist, dann gilt es, ehrlich darüber nachzudenken und

Änderungen herbeizuführen. Die Verantwortung gehört den Eltern, wir können sie nicht auf unsere Kinder abwälzen, wenn wir Dinge einreißen lassen, die uns nach einiger Zeit überfordern. Beschuldigungen und Beschimpfungen sind keine Lösung, sondern bewusstes und kompetentes Handeln. Erziehungshilfe von außen, z. B. durch den Besuch eines ABC-Elternführerscheins, kann die Situation für Eltern und Kinder wieder ins Gleichgewicht bringen.

Kindern steht zweifelsohne ein wichtiger Platz im Leben ihrer Eltern zu, die Sinnfrage ihres Lebens sollte aber nicht allein auf das Kind konzentriert sein. Es sollte keinesfalls dafür herhalten müssen, um Frustrationen in der Partnerschaft oder sonstige Defizite in ihrem Leben zu kompensieren. Wenn Eltern beginnen, das Kind auf ein Podest zu heben und sich selbst zu verleugnen, dann knüpfen sie unbewusste Erwartungen an das Kind. Sie wollen für ihren Einsatz auf »ihre Rechnung« kommen und im Ausgleich dafür Zuwendung und Anerkennung vom Kind erhalten. Mit solchen Erwartungen, die unbewusst auf das Kind projiziert und von ihm intuitiv wahrgenommen werden, ist das Kind überfordert, denn es kann diese niemals erfüllen. Entwicklungsstörungen sind die Folge. Diese müssen sich nicht immer leicht erkennbar als Verhaltensauffälligkeiten zeigen. Oft reagieren solche Kinder sogar durch besonders angepasstes Verhalten, weil sie diese unausgesprochenen Erwartungen zu erfüllen versuchen. Die daraus resultierenden Persönlichkeitsstörungen wirken meist tief hinein ins Erwachsenenleben und können ohne therapeutische Hilfe kaum behoben werden. Zum Trost: Jedes Problem kann gelöst werden, wenn Sie den Mut haben, den »Blick in den Spiegel« zu wagen.

Zusammenfassung
Die Freiheit und Eigenständigkeit der Kinder ist zu fördern.

Kinder müssen lernen, sich unterzuordnen (Korb Gehorsam), aber auch, sich durchzusetzen. Der Korb der Mitsprache gewinnt an Bedeutung. Die Steuerung und Führungskompetenz bleibt bei den Eltern.

10.4. Vorpubertät: 11–13 Jahre

Für die Eltern-Kind-Beziehung und die Ausgewogenheit der drei Körbe gelten ungefähr dieselben Aspekte wie in der Volksschulzeit, mit noch stärkerer Betonung der Mitsprache und Förderung der Eigenständigkeit und Eigenverantwortung, aber auch der Familienrituale. Die Teilnahme des jungen Menschen an außerhäuslichen Aktivitäten nimmt zu: passende Gemeinschaftserlebnisse und Aktivitäten, die sowohl einen künstlerischen, sportlichen und sozialen Aspekt haben können, bieten sich an.

Gruppendruck

Eine enorme Bedeutung hat in dieser Zeit der Wunsch, dazuzugehören. Daher ist die gute Gesprächs- und Vertrauensbasis äußerst wichtig, damit Eltern den Einblick behalten, wie es ihren Kindern geht, mit wem sie sich treffen und wer sie fasziniert. Nur so können Eltern ihren Kindern die Stärke geben, eigene Meinungen zu bilden und gegebenenfalls den Mut zu haben, auch gegen den Strom zu schwimmen.

Medienkonsum

Ähnlich wie im vorherigen Kapitel, mit einem Stück mehr Selbstbestimmung. Ehrlich: Haben Sie mehr als eine Stunde pro Tag Zeit, müßig vor der »Glotze« zu sitzen? Und wenn Sie tatsächlich diese Art von »Zerstreuung« brauchen (wo wir doch besser täten, in unserer stressgeplagten Zeit unsere Ruhe und unsere Mitte zu finden), leiden dann nicht das Familienleben, die Partnerschaft, die sozialen Kontakte darunter? Wer sein Leben interessant gestaltet, hat es nicht ständig nötig, anderen Leuten beim vorgespielten Leben zuzusehen. Welches Vorbild geben wir dann unseren Kindern?

Gespräche über Sexualität

Wichtig ist auch, dass Eltern schon vor Beginn der Pubertät mit dem nötigen Feingefühl mit ihren Kindern über Sexualität, Partnerwahl und Partnerschaft sprechen, ihnen ihre Wertehaltung kundtun und ihnen sagen, was sie von ihnen erwarten, zum Beispiel, dass sie sich nicht zu früh in vorschnelle sexuelle Erfahrungen einlassen sollten, was Verantwortung in der Liebe bedeutet, etc. Das bleibt im Hinterkopf und bietet Orientierungshilfe. Wenn junge Menschen zum ersten Mal verliebt sind, sind sie für solch elterliche Empfehlungen weitaus weniger empfänglich, wenn nicht schon vorher Grundlagen geschaffen wurden.

Eltern dürfen sich nicht darauf verlassen, dass Aufklärung in der Schule passiert. Vielfach wird den Kindern dort nur die technische Seite erklärt, mit ihren damit verbundenen Emotionen bleiben sie meist allein. Diese müssen sie bei den Eltern verarbeiten können, bevor es im nächsten Entwicklungsschritt, wenn dieser übergangen wurde, »uncool« wird, gerade mit den Eltern über solche Dinge zu reden. Vielleicht denken Kinder dann auch, das wäre uns peinlich, über dieses Thema zu reden, wenn wir es nicht schon früher getan haben.

Gespräche über Drogen, Religion, Werte, Weltanschauung

Ähnlich verhält es sich mit Gesprächen über Drogen, Religion, Umweltschutz und andere wichtige Lebensthemen. Es ist entscheidend, ob wir bereits vor der Pubertät unsere Werte vermitteln konnten. Eigene Werte vorzuleben und Kinder beispielsweise in unser religiöses und traditionelles Leben einzubinden ist wertvoll, indoktrinieren sollten wir sie aber nicht! Wir sollten Kindern die Freiheit zugestehen, sich selbst Gedanken über diverse Themen zu machen und auch mal anderer Meinung zu sein als die Eltern. Das führt zu interessanten Gesprächen über unterschiedliche Auffassungen, zur Darstellung persönlicher Überzeugungen, ohne die eigenen Werte »drüberzustülpen«. In der Zeit bis zur Pubertät können Eltern ihren Einfluss auf positive Weise geltend machen. Danach suchen Kinder ihre eigenen Werte, die sie häufig zu gegensätzlichen Positionen führen. Der elterliche Einfluss, der bis dahin die Kinderseele genährt hat, bleibt aber »im Hinterkopf« vorhanden und hilft jungen Menschen, die Entwicklung zu persönlichen und reifen Wertegrundlagen zu finden.

Zeit mit Kindern verbringen

Bis zu Beginn der Pubertät sind die Eltern die wahren Helden ihrer Kinder und sie lieben es, Zeit mit ihnen zu verbringen. Kommen wir ihnen mit diesen Wünschen entgegen, indem wir ihnen Priorität einräumen, und genießen wir es, die Welt noch einmal aus den Augen von Kindern zu sehen, denn bald schon beginnt die Pubertät, die aufgrund mancherlei Faktoren, darunter die eiweißreiche Ernährung, immer früher beginnt, wenn auch von Kind zu Kind verschieden. Unterschiedlich kann auch die körperliche, geistige und emotionale Entwicklung sein. Damit beginnt die Loslösung von den Eltern und dann sind andere Dinge wichtiger. In der Vorpubertät spüren wir bereits, dass die Kinderzeit leise Abschied nimmt.

10.5. Pubertät: ab 13 Jahren

Pubertät und die drei Körbe

Die Körbe **Freiheit** und **Mitsprache** gewinnen immer mehr an Bedeutung, der Korb **Autorität** tritt langsam in den Hintergrund und wandelt sich in gegenseitiger Wertschätzung in eine zunehmend erwachsene Beziehung. Die Freiheit des jungen Menschen wird immer weniger von elterlichen Erziehungsmaßnahmen eingeschränkt, sondern durch Selbstkontrolle in bewusst übernommener Eigenverantwortung.

Erziehungsthemen
- Verantwortung übertragen, Eigenständigkeit fördern
- dem Alter entsprechendes, kontrolliertes Loslassen
- Reibebaum, Sicherheitsseil, Fels in der Brandung sein
- Vertrauen schenken

Wann ist ein Mensch erwachsen?
Wenn er auf eigenen Beinen stehen und Verantwortung für sich

selbst und in der Gesellschaft übernehmen kann. Wir leben in einer Zeit der Paradoxien: Die individuelle Freiheit wird ganz groß geschrieben und wir gestehen sie auch unseren Jungen zu. Das zeigt sich beispielsweise in der Lockerung der Jugendschutzbestimmungen und in der Herabsetzung der Volljährigkeit von 21 auf 18 Jahre, des Wahlrechts teilweise sogar schon auf 16.

Viele junge Menschen sind erstaunlich reif, selbständig und verantwortungsbewusst. Anderen hingegen gelingt es immer später, die Verantwortung für ihr Leben zu übernehmen. Einerseits wollen sie länger studieren, andererseits das bequeme »Hotel Mama« nicht so früh verlassen. Oder aber sie entfernen sich vom Elternhaus sehr früh, um Konflikten aus dem Weg zu gehen, auch ohne Existenzgrundlage, und fordern weiterhin die elterliche Versorgung durch Alimente oder staatliche Zuwendungen ein.

Gesellschaftliche Einflüsse
Nachfolgend möchte ich einige Aspekte unserer modernen westlichen Gesellschaft beschreiben, welche das Heranreifen von gefestigten Persönlichkeiten erschweren.

Die Wichtigkeit von Vorbildern
Die nach Idealen dürstende Jugend bekommt von der Medienwelt die Idole der Freizeitindustrie vorgesetzt, erprobte Vorbilder aus der menschlichen Geistes- und Kulturgeschichte kennen sie wenig oder sie gelten als »uncool«. Wenn nun auch persönliche Vorbilder fehlen, von Erwachsenen, zu denen sie eine emotionale Bindung haben, zu denen sie aufschauen und vor denen sie Respekt haben können, dann fehlt es ihnen an Halt und Orientierung, die sie gerade in den von Natur aus turbulenten Zeiten der Pubertät besonders benötigen.

Die geistige Umweltverschmutzung
Hinzu kommt eine noch nie dagewesene geistige Umweltverschmutzung, welche durch die Werbungs- und Unterhaltungsindustrie nicht nur auf unsere Jugend niederprasselt. Doch gerade sie sind die

privilegierte Zielscheibe einer immensen Manipulationsmaschinerie, der sie in ihrer jugendlichen Naivität oft wahrlich hilflos ausgeliefert sind. Auch als Erwachsener braucht man einen gefestigten Charakter, um daran nicht, meist ungemerkt, Schaden zu nehmen.

Die Krise der Konsumgesellschaft
Wir leben in einer Konsum- und Spaßgesellschaft, die den Lebensstil vieler Erwachsenen prägt und auch von der Wirtschaft, der Werbung und den Medien stark propagiert wird, in welcher das individuelle, narzisstische Erleben und Habenwollen für viele ein Maßstab für Lebensglück geworden ist. Das leben wir auch unseren Kindern vor. Andererseits ist unsere Gesellschaft anscheinend nicht mehr fähig, unserer Nachkommenschaft nachhaltige Lebensgrundlagen zur Verfügung zu stellen.

Kein Platz in der Gesellschaft
Abstraktes Lernen und Freizeitspaß sind für die gesunde kindliche Entwicklung zu wenig. Die Verwöhnungen der Konsumgesellschaft und das naive Schonenwollen vor Alltagspflichten machen aus unseren Jugendlichen Riesenbabys, deren unberechenbarem Verhalten sich die Gesellschaft zunehmend hilflos gegenübersieht. Unbewusst und ungewollt vermitteln ihnen Erwachsene zwischen den Zeilen: »Ihr seid nutzlos und lästig.« Ist das nicht demotivierend?! Dementsprechend verhalten sie sich dann auch.

Das Fehlen von Bewährungsproben
In vielen Fällen versäumen es Familie und Gesellschaft, Kindern und Jugendlichen eine schrittweise persönliche und soziale Einbindung in das Miteinander mit der dazugehörigen Verantwortung und somit einen Platz in der Gesellschaft anzubieten bzw. zuzuweisen. Die Erwachsenenwelt muss sich wieder verstärkt Gedanken darüber machen, welche passenden und attraktiven Initiationsriten, sprich Bewährungsproben, sie jungen Menschen anbieten kann, sowohl auf der symbolischen als auch auf der praktischen und sozialen Ebene.

Wie wäre es, die Volljährigkeit ab 18 an Bedingungen zu knüpfen?
Wer sie erfüllt, kann sie schon vor 21 erhalten. Danach darf sie selbstverständlich keiner Person vorenthalten werden.

Die Abwesenheit der Väter

Insbesondere in der Pubertät zeigt auch eine weitgehende Abwesenheit der Väter Folgen, wenn diese durch eine einseitige berufliche
Auslastung, Scheidung, Desinteresse an Erziehungsbelangen oder
durch mütterliche Ausgrenzung (»Du verstehst nichts davon!«) abhanden kommen. Auch der pädagogische Beruf ist heutzutage überwiegend weiblich. Mütter vermitteln eher Verständnis und Fürsorge,
Väter fordern mehr heraus und strahlen im Allgemeinen von Natur
aus mehr Autorität aus als Frauen. Kinder brauchen beides und gerade in der Pubertät brauchen sie auch väterlichen Einfluss und männ-
liches Vorbild.

Motivation und Lebenssinn

Den Sinn des Lebens erkennen Menschen, wenn sie ihre persönlichen Talente und Neigungen entdecken, entfalten und im Dienst
an der Gesellschaft einbringen können, in der sie Platz haben, mit-
gestalten und mitbestimmen können. Persönliche Träume und Ziele,
Herausforderungen und Pflichten, Annehmlichkeiten und Spaß sollen ein sinnvolles Ganzes ergeben können.

Wenn sinnvolle Herausforderungen und eine gesunde Balance
zwischen Idealen, Spaß und Pflicht fehlen, entsteht ein Gefühl von
Langeweile, von »Null-Bock«-Mentalität, von Verweigerungshaltung, die anfällig macht für Schulverweigerung, Sucht und asozia-
le Verhaltensweisen. Altmodische Sprüche wie »Müßiggang ist aller
Laster Anfang« haben meiner Meinung nach eine gewisse Berechtigung. Viele Jugendliche finden keinen Arbeitsplatz, andere sind
schon von Start weg »nicht vermittelbar«. Hinzu kommt, dass sich
unser westliches Wirtschafts- und Gesellschaftssystem offensichtlich
in einer tiefen Krise befindet, der Umbruch liegt in der Luft. Das
spüren junge Menschen intuitiv ganz besonders. Sie sind verunsi-

chert und machen sich zurecht Sorgen um die Zukunft. Wofür und von wem sollen sie sich einspannen lassen?

Die Gefahr von rechtsextremen Ideologien

Junge Menschen, die mit einem Defizit an positiver Autorität und Struktur herangewachsen sind, die vielleicht auch zu wenig positive Gemeinschaftserlebnisse machen durften, sind besonders in Gefahr, ihre emotionalen Bedürfnisse nach Zugehörigkeit und Unterordnung durch den Zustrom zu rechtsextremen Ideologien zu kompensieren. In solchen Gruppierungen können sich auch schwache Persönlichkeiten stark fühlen. Dort gibt es eindeutige Werte, einfache Lösungen, verbindliche Regeln und eine gute Portion Drill – alles Dinge, welche eine verweichlichte Erziehung von ihnen fernzuhalten suchte.

Was Eltern wissen sollten, um ihre Jungen sicher durch die Pubertät zu begleiten

Jugendliche sind Kritiker und Besserwisser

Haben Kinder in früheren Entwicklungsphasen die Meinung der Eltern gerne übernommen, so stellen sie nun alles in Frage. Sie werden unsere schärfsten Kritiker und geben sich mit halbherzigen Antworten nicht zufrieden. Nur eine ehrliche Auseinandersetzung kann helfen, bei der wir ihnen erlauben, Frust abzuladen, Belastendes auszusprechen, auch überzogene oder ungerechtfertigte Vorwürfe. Nur wenn sie sich in ihren Gefühlen und in ihrer momentanen, vielleicht noch unreifen Sicht der Dinge ernst genommen fühlen, kann ein konstruktiver Dialog beginnen. Erst dann sind sie bereit, auch unsere Standpunkte anzuerkennen, und zwar nur dann, wenn wir ganz ehrlich sind und auch die Verantwortung für Krisen und eigenes Versagen übernehmen. Wenn ein Jugendlicher seinen Eltern eine schwierige oder gescheiterte Beziehung vorwirft, kann man nur erwidern: »Es tut mir leid, dass es uns nicht gelungen ist, eine bessere

Partnerschaft vorzuleben, und ich hoffe, dass du es besser machen wirst. Jedenfalls wünsche ich dir alles Gute!« Irgendwelche Rechtfertigungen würden sie in solchen Momenten nur abschmettern.

Die Suche nach der eigenen Identität

Auf der Suche nach der eigenen Identität wird experimentiert: Mode, Haarfarbe etc. Pubertierende brauchen gewisse Freiräume, um sich erfahren zu können. Veränderungen bleibender Natur, wie zum Beispiel Tätowierungen, sollten sie aber erst mit der Volljährigkeit vornehmen dürfen, damit es später nicht zu Recht heißt: »Das hättest du mir nicht erlauben dürfen!«

Vorbilder spielen, wie gesagt, eine große Rolle, aber auch verschiedene Möglichkeiten der Selbsterfahrung, die sie die Gesellschaft von Gleichaltrigen suchen lässt. Deshalb ist es so wichtig, im Gespräch zu bleiben, damit wir diesen Prozess, der meist mit allerlei Ambivalenzen einhergeht, mit Verständnis begleiten können. Keinesfalls sollten wir als die ewigen Besserwisser auftreten und junge Menschen lächerlich machen. Fehler sollten ohne Gesichtsverlust eingestanden werden können, damit sie nicht in einer pubertären Protesthaltung hängen bleiben, sondern Einsicht und Reife entwickeln können.

Eltern sind Reibebaum

Wenn Jugendliche zwar die Freiheit (»Ich tu, was ich will!« »Von dir lass ich mir nichts mehr sagen!«), nicht aber die damit verbundene Verantwortung übernehmen wollen, auf wohlgemeinte elterliche Ratschläge nicht hören, dann wird manchen Eltern alles zu viel. Wenn die Nerven blank liegen, ist man vielleicht versucht, ihnen entgegenzuschmettern: »Dann mach doch, was du willst!«

In Wirklichkeit sind junge Menschen oft gerade dann sehr orientierungslos, wenn sie das wirklich dürfen. Insgeheim hätten sie sich mehr Widerstand von den Eltern erwartet. Manche Konflikte sind eine Art Initiationsritual. Sie starten Machtkämpfe und Provokationen, mehr um des Kämpfens willen, um sich auszuprobieren, als um zu gewinnen. Manchmal sind sie recht froh, wenn sie noch hören »Nein, das darfst du nicht!«, weil das elterliche Nein vor allem vor Gruppendruck schützt. Grünes Licht oder ein klares Stopp? Das gilt es mit viel Fingerspitzengefühl für die jeweilige Situation zu erspüren.

Weder kontrollierend noch gleichgültig
Wenn sich Eltern überfordert fühlen, neigen sie oft dazu, aus einer gewissen Panik heraus kleinlich und kontrollierend zu werden oder aber die Zügel vorschnell schleifen zu lassen. Junge Heranwachsende brauchen aber weder das eine noch das andere Extrem. Sie brauchen vor allem das Gefühl, dass man sie für kompetent hält, dass man sie liebt und ihnen vertraut.

Naturgemäß nimmt der Einfluss der Eltern ab, jener der Freunde nimmt zu. Die Interessen verlagern sich nach außen und natürlich auch dem anderen Geschlecht zu. Vertrauen ist das schönste Geschenk, das Kinder ihren Eltern machen können, doch müssen diese es als natürlich betrachten, dass eine Zeit der Abgrenzung beginnt, der Geheimnisse und des »Das geht dich nichts an!«. Die Intimsphäre des jungen Menschen ist zu respektieren! Das bedeutet nicht, dass man nicht mehr fragen darf, offen und direkt.

Experimente und Grenzerfahrungen
In keinem anderen Lebensabschnitt hat der Mensch eine größere Risikobereitschaft als in der Pubertät, das gilt es zu akzeptieren. Das hat tatsächlich neurophysiologische Gründe: Der Bereich im Gehirn zur Abschätzung von Gefahren reift erst später. Junge Menschen, insbesondere Burschen, wollen sich erproben, das sollten wir nicht in übertriebener Ängstlichkeit zu verhindern suchen. Sehr wohl aber können wir ihnen unsere Bedenken in passender Form mitteilen. Damit sie lernen, verantwortungsbewusst mit Gefahren umzugehen, ist das wichtigste Sicherheitsnetz die Gesprächs- und Vertrauensbasis. Dann werden sie ihre Handlungen nicht aus Gruppendruck, sondern aus überlegtem, eigenem Antrieb heraus setzen. Wichtig ist, dass wir ihnen vermitteln, dass wir im Falle des Falles immer für sie

da sind, ohne ihnen jedoch die Folgen ihres Handelns abzunehmen, vielleicht aber tragen helfen.

Der Sinn von Geboten und Verboten

»Verbote sind dazu da, um übertreten zu werden!« Verbote stellen einen besonderen Reiz dar, sich über vorgegebene Normen hinwegzusetzen: Das macht neugierig, das macht Spaß! Das spürt jedes Kind, das spürt auch der vernünftige Erwachsene und freut sich, wenn er kein Strafmandat einfährt, obwohl er die Geschwindigkeitsbegrenzung überschritten hat. Individuum versus Regeln, versus Normen: In diesem Spannungsfeld wollen wir uns ausprobieren, unsere Möglichkeiten und Fähigkeiten ausloten und wir benötigen eine gute Portion Vernunft und Einsicht, um es freiwillig bleiben zu lassen – es sei denn, die Hemmungen sind zu groß, weil man zum Feigling erzogen wurde.

Gerade in der Pubertät entwickeln junge Menschen oft einen unglaublichen »sportlichen Ehrgeiz« darin, Verbote zu überschreiten, Normen zu brechen, insbesondere dann, wenn sie zu wenig emotionalen Rückhalt, dafür aber Gewalt und Unterdrückung erfahren haben. Das ist hinlänglich bekannt. Weniger bewusst ist den meisten, dass auch eine halt- und grenzenlose Erziehung zu ähnlichen Resultaten führt. Die häufig genannte Schlussfolgerung, man müsse Regeln und Verbote lockern oder abschaffen, weil sie ja doch nur zu Übertretungen verleiten, halte ich für falsch.

Junge Menschen wollen Grenzen überschreiten! Das ist ein Entwicklungsbedürfnis! Wenn wir also Schutzbestimmungen immer mehr aufheben, harmlose Verbote beseitigen, dann müssen sie ihre Grenzerfahrungen bei zunehmend riskanteren Dingen suchen. Wenn es keinen Reiz mehr hat, beim Rauchen erwischt zu werden, die Altersgrenze des Filmes zu unterschreiten, um Mitternacht auf der Straße aufgelesen zu werden und Ähnliches, wenn ihr Leben nicht spannend genug ist, dann wenden sich viele Jugendliche riskanteren Unternehmungen zu und erhöhen den Einsatz: Manchmal setzen sie dabei sogar ihr Leben oder ihre Zukunftschancen aufs Spiel. Drogenexperimente, »Komasaufen«, hoch riskante Sportarten gehören meiner Meinung nach dazu.

Wenn vernünftige Schranken fehlen und das Leben zu wenig Sinn und Herausforderung für junge Menschen beinhaltet, dann nehmen wir ihnen den Nährboden zur Entwicklung von Motivation und Eigenverantwortung und somit Möglichkeiten zum Erlernen freiwilliger, emotional ausgewogener und vernünftiger Ziele, Selbstbeherrschung und Einsicht – anders gesagt, wir hindern sie daran, erwachsen zu werden.

Gesprächs- und Konfliktkultur

Die Pubertät ist die Zeit der Herausforderungen und der Loslösung. Wenn Vertrauen und Respekt die bisherige Kindheit geprägt haben, können Eltern der Pubertät getrost entgegensehen. Schwierig kann es werden, wenn sie bisher schon Mühe hatten sich durchzusetzen und der Erziehungsalltag von Streitereien und Machtkämpfen geprägt war.

Die Rahmenbedingungen müssen neu gesteckt, Grenzen schrittweise gelockert werden. Es darf ruhig die Bringschuld der jungen Leute sein, uns durch gute Argumente zu überzeugen. So lernen sie zu verhandeln, argumentieren, diskutieren, sich durchzusetzen. Wir müssen es ihnen nicht leicht machen und Mut zur Rolle eines Reibebaums aufbringen.

Zuerst die Leistung, dann die Belohnung

Wenn es heißt »Lass mich bitte, ich verspreche dir …«, dann ist es oft ratsam, zuerst die Leistung einzufordern, die Belohnung (beispielsweise länger auf- oder ausbleiben dürfen) kommt hinterher. Wenn aus Elternsicht ein Veto angemessen ist, dann ist nicht nur wichtig, es zu begründen, sondern auch Verständnis für den Frust des Jugendlichen zu zeigen, damit es leichter akzeptiert werden kann. Danach ist Standfestigkeit und Konsequenz angesagt, auch wenn sie versuchen sollten, uns zu überreden oder Druck auszuüben.

In vielen Fällen können Eltern aufhören, Bedingungen zu diktieren, die zum Widerspruch förmlich einladen. Oft ist es besser zu sagen: »Mach mir einen Vorschlag!« Dann muss sich der junge Mann oder die junge Dame anstrengen, eine akzeptable Lösung zu finden, die die Eltern bejahen oder ablehnen können, und bei Zustimmung die vorgeschlagenen Vereinbarungen auch einzuhalten. So bleibt die Führungskompetenz bei den Eltern, auch wenn sie den Freiraum vergrößern.

Delegieren und vertrauen

Wenn es um die Zubereitung von Mahlzeiten, die Erledigung von Arbeiten oder die Organisation von Partys, Ausflügen und dergleichen geht, ist es empfehlenswert, dass sich die Erwachsenen weitgehend heraushalten. Wenn die Jungen unsere Ratschläge oder Hilfe brauchen, werden sie es uns wissen lassen. Dann können wir immer noch entscheiden, ob und in welcher Weise wir sie unterstützen wollen, und sie werden es zu schätzen wissen. Auch wenn das Resultat weniger perfekt ist, es ist viel wertvoller, wenn sie es ohne unsere Hilfe schaffen! Es muss im Voraus klargestellt sein, was während dieser Zeit passieren darf und was nicht, wer welche Kosten trägt und in welchem Zustand sie die Küche oder die Wohnung hinterlassen müssen, damit wir unser Einverständnis geben. All das sind Gelegenheiten, ihnen die Folgen ihres Handelns, also die Verantwortung tragen zu lernen.

Junge Menschen wollen Dinge auf ihre Weise machen, experimentieren, Erfahrungen sammeln, Erfolge und Misserfolge auskosten – nicht alles so machen, wie es immer schon war, sondern auf eigene Weise, neu und ganz persönlich. Lassen wir sie ohne Gesichtsverlust auch unangenehme Erfahrungen machen. Die Einsicht reicht. Darum sollten sich Erwachsene mit Besserwisserei zurückhalten, mit Kommentaren wie »Ich hab's ja gleich gewusst!« und Ähnlichem.

Das Erlernen von finanzieller Eigenständigkeit

Von Natur aus ist der Mensch so angelegt, dass er eigentlich schon ab der Geschlechtsreife in das Erwachsensein übergeht. Wenn er in der Lage ist, Nachwuchs zu zeugen, muss er auch in der Lage sein, diesen zu versorgen. Das bedeutet Verantwortung, das bedeutet Erwachsensein.

In früheren Zeiten war es in unserer Kultur selbstverständlich, dass ab 14, nach Beendigung der Schulpflicht, das Erwachsenenleben begann, indem man zum Beispiel volle Arbeitsleistung verlangte, alle Rechte jedoch erst mit der Volljährigkeit mit 21 übertragen wurden.

Auch heute ist es so, dass ein Lehrling weit mehr vom wirklichen Leben erfährt als ein Schüler. Er lernt das Berufsleben kennen und kann über sein erstes selbst verdientes Einkommen verfügen. Kluge Eltern verlangen von ihm einen bescheidenen Beitrag zu den Lebenskosten, weil es die Übernahme von Verantwortung symbolisiert.

Schüler können diese Erfahrung noch nicht machen. Damit auch diese nicht kleinkindhaft in der elterlichen Abhängigkeit bleiben, empfehle ich ab der ersten oder zweiten Oberstufe, dass sie von den Eltern nicht mehr Taschengeld, sondern ein Budget erhalten, mit dem sie all ihre Ausgaben außer Kost und Quartier im Elternhaus zu bestreiten haben.

Wie hoch dieser Betrag sein soll, ist gemeinsam zu ermitteln, ob er einmal im Monat oder wöchentlich ausbezahlt wird, ist Verhandlungssache, ebenso, was davon tatsächlich zu finanzieren ist und wofür das Geld keinesfalls ausgegeben werden darf, zum Beispiel für Drogen. Sinnvoll ist es, dieses Budget etwa in Höhe der Familienbeihilfe zu halten und in ausgabenstarken Monaten, zum Beispiel bei Schul- und Ferienbeginn oder zu Weihnachten, einen Zusatz zu leisten. Bei größeren Geldausgaben wie Zahnspange oder Schülerreisen sollte es eine eigene Vereinbarung geben, zum Beispiel eine angemessene Kostenbeteiligung.

Von vielen Eltern Jugendlicher höre ich die Klage, dass ihre Kinder immer höhere Ansprüche stellen, mit Geld aber nicht umgehen können. Kein Wunder, wenn man ihnen keine Gelegenheit gibt, dies zu lernen! Das Taschengeld stand ausschließlich für die Freizeit zur Verfügung, das Budget hingegen inkludiert auch die notwendigen Anschaffungen eines Schülers oder einer Schülerin.

Wenn dieser die Möglichkeit hat, seine Jause im Schulbuffet aus seinem eigenen Geld zu kaufen oder sie aus dem gratis zur Verfügung stehenden Kühlschrank einzupacken, dann wird er sich wahrscheinlich rasch organisieren. Wenn es um sein eigenes Geld geht, wird er sehr wohl überlegen, ob er sich wirklich teure Markenprodukte leisten will oder nicht. Plötzlich bekommen junge Menschen ein Gespür dafür, was die Dinge wert sind, und freuen sich viel mehr, wenn sie sich etwas leisten konnten, für das sie auf etwas anderes verzichten mussten.

Für die Eltern entfällt das ständige Nachfragen, wofür sie das Geld brauchen, für die Jugendlichen das ständige Bitten um Selbstverständlichkeiten und das ständige Sich-rechtfertigen-Müssen, aber auch die Versuchung, ein bisschen zu flunkern.

Vom Umgang mit Kritik

Junge Menschen wollen ihre eigene Welt bauen, das Rad neu erfinden, die Welt verändern. Das sind gesunde Impulse. Wie schon erwähnt, sind sie im Grunde ihrer Seele Idealisten und Kritiker. Sie beobachten uns genau, denken und sagen uns ihren Teil. Ihre Kritik kann hart und manchmal auch ungerecht sein. Sie vermitteln uns manchmal das ärgerliche Gefühl, alles besser wissen zu wollen, obwohl sie vom »wirklichen Leben« und seinen Schwierigkeiten noch wenig Ahnung haben. Oft werden wir gnadenlos kritisiert. Wenn sie bis Beginn der Pubertät einen respektvollen Umgang mit ihren Eltern hatten, werden sie auch jetzt in ihrer Kritik respektvoll sein. Wenn sich aber Spott oder Verachtung in ihren Ton mischt, dann sollten wir dies keinesfalls hinnehmen. Die Antwort könnte lauten: »Du darfst mich kritisieren, aber nicht beleidigen!«

Für die Kritik unserer Jungen sollten wir nicht nur offen, sondern auch dankbar sein. Sie kann wehtun, hilft uns aber, schlechte Gewohnheiten, Bequemlichkeiten und falsche Kompromisse eines etablierten Lebens in Frage zu stellen. Sie sagen uns auch spätestens jetzt, was sie von unserer Erziehung halten. Seien wir darauf gefasst, dass sie immer etwas kritisieren werden, egal, wie sehr wir uns bemüht haben. Mit Erstaunen werden wir hören, dass manches, was wir für total richtig hielten, von unseren Kindern ganz anders erlebt wurde. Jetzt ist auch der Zeitpunkt gekommen, wo sie das Bedürfnis haben, all ihren angesammelten Frust loszuwerden. Wenn wir uns verständnisvoll und ehrlich darauf einlassen, werden wir feststellen, dass Kinder ihrerseits Verständnis für ihre Eltern haben. Nur in einer ehrlichen Auseinandersetzung kann Versöhnung gelingen und die Beziehung zwischen den Generationen wird eine neue Qualität des Wohlwollens und des Respekts auf gleicher Ebene bekommen. Manchmal reicht eine Aussprache, manchmal dauert dieser Prozess eine gewisse Weile, aber es lohnt sich immer, ihn ehrlich, aber auch im Bewusstsein der Elternwürde zuzulassen.

Die Gesprächsbasis bleibt die wichtigste Verbindung und spätestens jetzt sollten Eltern lernen, die Haltung eines Coachs einzunehmen, der Verständnis zeigt, der laut nachdenken hilft und dabei mit der eigenen Meinung zurückhält. Wichtig ist, dass die Jungen ihre eigenen Ideen und Träume ausdrücken können und dass wir ihnen durch gute Fragen helfen, am Boden der Realität und der Vernunft zu bleiben.

Vergessen wir nicht: Die junge Generation will ihr Leben und die Welt nach ihren eigenen Vorstellungen gestalten, getragen von ihren eigenen Visionen und Idealen. Sie sind die Pioniere und Weltverbesserer von morgen und fordern uns heraus. Der Generationenkonflikt ist auch ein wichtiger gesellschaftlicher Prozess, denn die Auseinandersetzung zwischen Tradition und bewährten Lösungen auf der einen Seite, Protest und Erneuerung auf der anderen Seite bringt die Gesellschaft voran.

Es muss so sein und deshalb sollten wir solch ehrliche Auseinandersetzungen nur begrüßen. Sie halten uns jung und am Puls der Zeit.

Das Sicherheitsnetz

»Nichts kann den Menschen mehr stärken als
das Vertrauen, das man ihm entgegenbringt!«
Adolf von Harnack

Elternschaft ist von Natur aus eine überaus hohe Herausforderung. Hinzu kommen in unserer modernen, hektischen Zeit allerlei zusätzliche gesellschaftliche und persönliche Belastungen. Eltern müssen nicht erst warten, bis sie sich hilflos und überfordert fühlen, bis ernste Schwierigkeiten die Eltern-Kind-Beziehung und die Entwicklung des Kindes gefährden.

Darum ist es wichtig, Prioritäten zu setzen und nach geeigneten Ressourcen Ausschau zu halten, eine Art »Sicherheitsnetz« aufzuspannen. Dazu gehören das offene und auf Wertschätzung basierende Gespräch mit dem anderen Elternteil, der auch bei Trennung in die Verantwortung eingebunden bleiben sollte, der Austausch mit anderen Eltern und Großeltern. Wenn Fragen oder Schwierigkeiten auftreten, sollten Sie am Ball bleiben, bis Sie das Problem wieder »im Griff« haben. Dabei können Weiterbildungen für Eltern wie der »ABC-Elternführerschein®«, das Eltern-Coaching, der Besuch einer Beratungsstelle, eines Therapeuten, das Gespräch mit den Pädagogen und Pädagoginnen des Kindes und gegebenenfalls auch mit dem Jugendamt helfen. Damit erspart man sich vielleicht die späte Reue: »Ach, hätte ich doch …!«

Das wichtigste Sicherheitsnetz ist jedoch die Gesprächs- und Vertrauensbasis zu Ihrem Kind. Diese sollte insbesondere nach Konflikten in einer fairen Nachbesprechung wieder hergestellt werden. Ihr Kind soll Konsequenzen spüren, aber auch, dass Sie nicht nachtragend, sondern bereit sind, die Hand zur Versöhnung auszustrecken. Ihre elterliche Liebe sollten Sie Ihrem Kind niemals entziehen, auch dann nicht, wenn es auf Abwege geraten ist. Sie müssen nicht alles gutheißen, was Ihr Kind tut, es soll Verantwortung für sein Leben übernehmen, aber es muss auch spüren, dass Sie in ihm trotz allem den »guten Kern« wahrnehmen. Dieser Glaube und dieses Vertrauen können ihm auch im späteren Leben zu einer wichtigen Kraftquelle und zum Keim für Einsicht und Umkehr werden.

Auf eines möchte ich nochmals hinweisen: Trotz aller guten Ratschläge, die wertvolle Anregungen und Selbsterkenntnis bringen können, bleiben jedoch Sie selbst als Mutter oder Vater der eigentliche Experte für Ihre besondere Situation. Die Verantwortung gehört ebenfalls Ihnen, Sie kennen Ihr Kind und dürfen sich nach wie vor auf Ihre Intuition verlassen, um aus den vielen Angeboten das für Sie und Ihr Kind Richtige herauszufiltern. Sie haben auch das Recht, Fehler zu machen und daraus zu lernen!

Das bestätigt wohl auch die damals 6-jährige Sharon-Vanessa Berthold auf das Bedauern ihrer Mutter, ihre Tochter womöglich schlecht behandelt zu haben: »Du bist die beste Mama, weil du meine Mama bist!« Mit dieser Gewissheit dürfen auch Sie authentisch und freudig Ihr Elternsein leben!

Liebe Leserinnen und Leser, das Leben mit Kindern findet JETZT statt, lassen Sie sich ganz darauf ein und genießen Sie in vollen Zügen, was auch immer es bringen mag. So möge jeder Tag in Ihrem Familienleben zu einem einzigartigen Erlebnis werden!

Das wünsche ich Ihnen und Ihren Kindern von ganzem Herzen!

Ihre
Maria Neuberger-Schmidt

Literatur

Max H. Friedrich:
Irrgarten Pubertät: Elternängste. Ueberreuter 2005

Thomas Gordon:
Familienkonferenz. Die Lösung von Konflikten zwischen Eltern und Kind. RoRoRo 1981

Carl R. Rogers:
Die nicht-direktive Beziehung, Fischer Taschenbuch-Verlag

Friedemann Schulz von Thun:
Miteinander reden, Teil 1. Störungen und Klärungen. Allgemeine Psychologie der Kommunikation. RoRoRo 2010

Michael Winterhoff:
Warum unsere Kinder Tyrannen werden. Oder: Die Abschaffung der Kindheit. Gütersloher Verlagshaus 2008

Sandra Velásquez:
Die Brücke zu dir. Wie Erziehung gelingt und Kinder stark werden. Ueberreuter 2011

Michael Ende:
Momo. Thienemann Verlag, Stuttgart/Wien

ELTERNWERKSTATT

Verein im Dienst von Kindern, Eltern, PädagogInnen

Gemeinnütziger Verein, gegründet 1999

Elternbildung und Beratung

Anerkannter Elternbildungsträger des Familienministeriums
(Bundesministeriums für Wirtschaft, Familie und Jugend)

Schwerpunkte: Erziehungsberatung, Beratung bei Trennung/
Scheidung

Kostenfreie telefonische Beratungshotline

Vorträge, Workshops, Seminare

Urheberrechtlich geschütztes Seminarkonzept
„ABC-Elternführerschein®"

Regional tätiges Netzwerk von zertifizierten ElterntrainerInnen

Weiterbildung von MultiplikatorInnen

Weiterbildung für PädagogInnen

Seit 1999: Kolumne »Erziehung ist (k)ein Kinderspiel« von
Obfrau Mag. Maria Neuberger-Schmidt in verschiedenen
Regionalzeitungen

Gleichnamiges Buch, erschienen 2008, über 6500
verkaufte Exemplare

ELTERNWERKSTATT
Verein im Dienst von Kindern, Eltern, PädagogInnen
A-1230 Wien, Altmannsdorferstr. 172/31/2
Tel./Fax: +43-1-6622006
office@elternwerkstatt.at
www.elternwerkstatt.at

Ihr Partner in Erziehungsfragen

Über die Autorin

Maria Neuberger-Schmidt
Geboren am 30.6.1952 in Ungarn, führte ihr Weg
1956 nach Österreich, von 1973 – 1982 nach Pa-
ris, wo sie ab 1976 Romanistik (»Lettres Moder-
nes«) in Fächerkombination mit Psychologie und
Ethnologie studierte. 1991 – 1993 machte sie die
Ausbildung zur dipl. Lebens- und Sozialberaterin
in Wien, Ausbildungen in Training, Coaching,
Lehrgang für systemische Psychotherapie und Beratung für Kinder
und Jugendliche und deren Eltern. Die Mutter von 4 erwachsenen
Kindern und 2 Stiefkindern wurde bekannt durch ihre Kolumnen (seit
1999) und ihren Bestseller (Edition TIPS, 2008) »Erziehung ist (k)ein
Kinderspiel«. 1999 gründete sie den Verein Elternwerkstatt und entwickelte das seit 2003 in Österreich urheberrechtlich geschützte Seminarkonzept ABC-Elternführerschein,° an dem mittlerweile über
1.400 Eltern teilgenommen haben. Seit 2005 bildet sie Personen aus
dem psychologisch-pädagogischen Berufsumfeld zu zertifizierten ElterntrainerInnen mit Schwerpunkt ABC-Elternführerschein° aus. Der
Verein Elternwerkstatt ist mittlerweile ein öffentlich anerkannter Bil-
dungsträger (Wien-CERT) und wird durch das österreichische Fami-
lienministerium (BMWFJ) gefördert.

Von Maria Neuberger-Schmidt bisher erschienen:

»Erziehung ist (k)ein Kinderspiel«
Edition TIPS, ISBN 978-3-85358-002-8,
Nov. 2008, 198 Seiten, € 14,90

Dieses Buch entstand aufgrund jahrelanger Nachfrage
infolge ihrer redaktionellen Tätigkeit als Kolumnistin
in verschiedenen Regionalzeitungen
Für Eltern, Großeltern, PädagogInnen, Interessierte

Weiters im Ennsthaler Verlag erschienen

Martin Weber
Der Mensch im Gleichgewicht
Gesundheit neu gedacht mit Herz,
Logik und Intuition

ISBN 978-3-85068-833-8;
Format: 13,5 x 21 cm, 208 Seiten, geb.

Der Bestseller von Ausnahmetherapeut Martin Weber!
Es geht ihm nicht darum, Krankheiten zu bekämpfen, sondern
Gesundheit zu erhalten und zu aktivieren. Dazu gehört der ganze
Mensch mit seinem Umfeld, seinen Beziehungen, seinen Gedanken
und Gefühlen.
Webers Botschaft ist für Menschen gedacht, die an wirklicher Heilung interessiert sind, nicht an Symptombekämpfung. Er zeigt auf,
dass Medikamente niemals zu wirklicher Heilung führen. Und dass
vor allem der Körper nach Verletzungen oder Operationen wie ein
sensibles Musikinstrument neu gestimmt werden muss.

Auch als Hörbuch erhältlich:
Martin Weber · Der Mensch imGleichgewicht - Hörbuch
Gesundheit neu gedacht mit Herz, Logik und Intuition
ISBN 978-3-85068-880-2; 7 CDs, Laufzeit ca. 490 min, Booklet

Ennsthaler *Bücher für ein bewusstes Leben*

Weiters im Ennsthaler Verlag erschienen

Silvia Beyer
Meine Kinder spiegeln mich
Die Pubertät mit Hilfe der Spiegel-
gesetz-Methode leichter bewältigen

ISBN 978-3-85068-730-0;
Format: 13,5 x 21 cm, 112 Seiten, geb.

Dieses Buch beruht hauptsächlich auf Erfahrungen der Autorin mit zwei eigenen und einem »angeheirateten« Kind. Zentrales Thema: Die Pubertät – oft so sehr gefürchtet von Eltern, dass man sie am liebsten aus der Welt schaffen oder umgehen würde. Leider geht das nicht, also muss man durch!

Silvia Beyer zeigt in ihrem Ratgeber für Eltern pubertierender Teenies eine neue Alternative auf, wenn es darum geht, Verständnis aufzubringen. Aber nicht nur das. Mit Hilfe der Spiegelgesetz-Methode nach Christa Kössner ist es sogar möglich, dass Eltern in unangenehmen oder abstoßenden Verhaltensweisen ihrer halb erwachsenen Kinder ein »Geschenk«, eine Liebes-Botschaft, für sich selber herausfinden können. Keine Spiegelung ist purer Zufall ... sondern eine Chance!

Mit einer Prise Humor gewürzt, ist dieses Buch motivierende Hilfestellung, wenn es für Eltern und deren Sprösslinge darum geht, gemeinsam eine der schwierigsten Entwicklungsphasen zu meistern.

Ennsthaler *Bücher für ein bewusstes Leben*